신천에 철학 카페를 짓다

김영필 지음

신천에 철학 카페를 짓다

• 목 차 •

7월

8월

Aug.

11-12월

Nov.-Dec.

매일 걸었다. 2022년 6월부터 12월까지 6개월을 하루 평균 만 보 정도를 걸었다. 나이 들어 얻은 소중한 직장으로 매일 걸었다. 대구 수성구 범어동에 있는 후마네르 작은 도서관이다. 걸으면서 스친 소소한 일상에 철학이란 옷을 입혔다. 나는 대학에서 36년간 철학 강의를 했다. 내 생각의 실마리가 철학일 수밖에 없는 이유다. 매일 걷는 대구 신천 둔치에 나만이 볼 수 있는 작은 철학 카페를 하나 지었다.

신천은 팔조령에서 침산동까지 27.06km에 걸쳐 흐른다. 대구 중심을 남북으로 흐르는 하천급 강이다. 신천은 대구의 문화적 젖줄이다. 단순한 물리적 하천만이 아니다. 이 신천을 걷는 것 역시 단순한 물리적 운동만이 아니다. 일상에서 지친 영혼을 치유하는 퍼포먼스이다. 혼탁한 현실에 매를 맞고 사는 나에게 신천은 치유의 뜰인 셈이다. 철학은 영혼을 치유하는 학이다. 자기 치유의 학이다. 나를 성찰하는 거울인 셈이다. 걸으면서 생각하고, 잠시 쉬면서 생각하고, 다시 걸으면서 또 생각한다. 그러다 보면 내가 걷는 게 아니라, 생각이 나를 걷게 한다. 나에게 걷는 것보다 더 좋은 치유는 없다. 걸으면서 나만 볼 수 있는 나만의 철학 카페를 신천에 지었다. 사유의 집이다. 철학으로 지은 정원이다. 내가 지은 철학의 정원은 주로 근대철학자 스피노자(B. Spinoza)와 내가 전공한 현대철학 현상학의 창시자 에드문트 후설(E. Husserl)의 사유가 그 뼈대이다.

이 책의 주제어는 '사랑'과 '죽음'이다. 물론 이 주제를 정해 놓고 글을 쓴 건 아니다. 나이가 들면서 느껴진 아쉽고 서툴렀던 사랑에 대한 고백이 담겨 있다. 잘 지켜 내지 못한 사랑에 대한 미안함과 죄스러움을 묵언(默言)으로 말하고 있다. 죽음 역시 나이가 들어가면서 절실하게 다가온다. 물론 죽음에 더 가까이 와 있어 죽음 이야기를 많이 한 것인지는 모르겠다. 하지만 우린 젊었을 때부터 이미 죽어오고 있었다. 죽음이 삶과 다른 것은 아니다. 삶은 죽음의 부재(不在)가 아니라 부채(負債)이다. 우린 죽음으로부터 시간을 연장받아 빚을 지고 덤으로 사는 존재이다. 누군가로부터 받은 사랑 역시 부채이다. 죽을 때까지 등에 짊어지고 갚아가야 할 빚이다. 난 아직 그 사랑의 빚을 다 갚지 못한 채 방황하고 있다.

신천 둔치를 매일 걸어서 출근한 것은 나에겐 더 없는 축복이다. 마지막엔 오른쪽 다리에 약간의 무리가 왔다. 하지만 난 걷는 동안 너무 행복했었다. 가장 행복한 때는 걷다가 글감을 찾는 순간이다. 평시에는 그냥 스쳐지나간 소소한 일상을 글로 소환하면서 마냥 행복했었다. 그 행복은 지금도 계속된다. 지난해에 이어 올해도 대구남구시니어행복센터에서 일한다. 매일 출근해 세 시간 근무한다. 2023년 1월부터 11월까지다. 내가 하는 일은 찾아오시는 분을 안내하는 일이다. '어서오세요', '안녕히 가세요', '화장실은 이쪽입니다'. 인사하는 데 인색했던 내가 평생 할 인사를 다 하고 있다. 행복한 인생 이모작을 하고 있다.

걸을 수 있는 건강과 주변의 좋은 분들, 걸으면서 생각하지도 못한 일들이 드문드문 소환되어 나의 영혼 깊은 속으로 찾아와주는 일상, 이 모든 게 고맙다. 나는 걷는다. 고로 존재한다.

Jul.

7월

바람

오늘이 도서관으로 출근한 지 딱 한 달째 되는 날이다. 나이 70이 다되어 얻은 소중한 일자리이다. 물론 6개월짜리 단기간이긴 하지만, 나에겐 너무나 소중한 인생 이모작이다. 65세가 지나면서 출근하는 일상이 사라졌다. 그러다가 대구 평생교육원에서 실시하는 2022년 신중년 일자리 사업에 신청해 얻은 일자리가 대구 수성구의 후마네르 작은 범어도서관이다.

매일 아침 출근할 곳이 있다는 게 소중한 걸 새삼 느끼는 요즘이다. 나는 오늘부터 출근하면서 만나는 소소한 일상을 철학이란 그릇에 담아보려 한다. 출근일기 형식으로 매일 쓸 예정이다. 오늘 아침은 선선한 바람이 분다. 몸에 닿는 바람이 기분이 좋다. 신천 둔치 수성교 하류 징검다리를 건너면 작은 벤치가 있다. 그 벤치에 누군가 써놓았다. '꽃잎이 떨어져 바람인가 했더니 세월이더라'.

오늘 만난 글귀는 새삼스럽지 않다. 너무나 평범한 글이다. 세월의 무상함을 말하는 듯하면서도 나이 듦의 소중함을 일깨워준다. 나이가 들어간다는 것은 물리적으로는 노쇠하여 시들어가는 과정이다. 어쩔 수 없는 물리적 변화이다. 나이가 들어 몸이 약해지는 것 앞에서는 누구도 예외가

될 수 없다. 하지만 우린 그저 물리적으로 나약해져만 가지 않는다. 정신
적으로는 더 숙성되어 간다. 세월의 흐름에 수동적으로 대응하는 것보다
는 능동석으로 대응하는 섯이 필요하다. 나이가 들어간나는 외적 원인에
수동적으로 대응할수록 삶이 능동적일 수 없다. 나이가 들어가는 현상에
수동적으로 대응하는 것보다는 노년의 삶을 새로운 의미로 창조하려는
능동적인 태도가 필요하다. 그래야 노년을 살아가는 역량이 더 강해질 수
있다.

세월이 '젊음'이라는 꽃잎을 떨어지게 한 물리적 원인이다. 하지만 떨어졌다가 다시 피고 다시 떨어졌다간 또다시 핀다. 세월은 꽃잎이 수없이 떨어지고 다시 피게 하면서 다시 피울 때마다 새로운 의미로 피워낸다. 꽃엔 바람이 선생이다. 연단시키고 다듬어 내는 선생이다. 그 선생이 던져주는 의미를 그때그때 지혜롭게 읽을 수 있을 때 우리의 노년이 하루하루 그저 지나가는 게 아닌 놀라운 사건으로 경험된다.

우리도 결국 꽃이다. 피었다가 사라지는 들꽃과 다름이 있을까? 바람이 피워내는 꽃잎은 하나의 사건이다. 그저 피고 지는 게 아니다. 세상에 의미 없는 변화는 없다. 모든 변화는 그 변화를 일으키는 원인이 있다. 세월은 인고의 시간을 허락하기도 하고, 지복의 순간을 경험하게 한다. 우린 그저 크로노스의 시간의 노예만이 아니다. 크로노스의 지배를 벗어나 날마다 새로운 나의 시간적 사건을 만든다. 카이로스로서의 시간이 우리에게 귀중한 선물이다. 우리의 하루하루가 사건을 창조하는 기회이다. 하루 24시간은 누구에게나 동일한 크로노스의 시간이다. 하지만 24시간이라는 균질한 시간 속에서도 자신만의 시간을 창조하는 기회를 놓치지 말아야 한다. 청년은 청년의 때가, 노년은 노년의 때가 있다.

세월의 흐름이라는 물리적 변화는 누구에게나 동일한 사건이다. 하지만 이 동일한 사건을 경험하는 각자의 삶은 다 다르다. 누구에게나 바람은 분다. 힘겹게 살아낸 누군가에게는 그 바람은 폭력이다. 하지만 그 바람이 '세월'이란 이름으로 우리에게 다가올 때는 우리의 삶을 버티게 한 조력자이기도 하다. 바람이 불어 꽃잎이 떨어지든, 꽃잎이 떨어져 바람이 일든, 우린 그저 바람과 함께 힘든 삶을 살아냈다. 매일 똑같은 바람은 없다. 오늘 분 바람은 내일 불 바람이 아니다. 오늘의 내가 내일의 나와 동일할 수 없듯이. '지금'이라 말하는 순간 이미 지금이 아니다. 젊은 시절의 나와 지금의 내가 동일할 수도 동일해도 안 된다. 매일매일 다시 피어나야 한다. 다시 필 수 있는 힘은 바람의 선물이다. 바람이 아니면 떨어져 다시 필 수 없다. 떨어지지 않고서는 다시 필 수가 없다. 매일 죽지 않고서는 매일 다시 살 수 없다. 인간은 죽음을 앞서 경험할 수 있는 유일한 존재이다. 동물은 죽음을 앞서 경험할 수 없다. 죽음이 임박했을 때야 비로소 죽음의 공포를 느낄 수 있을 뿐이다. 인간만이 매일 죽어서 새로 태어날 수 있다. 죽음은 아직은 아니지만 언젠가 나에게 찾아올 달갑지 않은 손님이다. 그러면서 죽음은 인간에게는 귀한 손님이기도 하다. 죽음을 통해 삶이 더욱 새롭게 태어날 수 있다. 그래서 죽음은 피해야 할 혐오의 대상이 아니라 기꺼이 맞아야 할 선물이다.

바람은 오히려 고마운 인생의 조력자이다. 바람이 없으면, 꽃잎이 떨어질 이유가 없다. 떨어져 다시 필 이유도 없다. 우린 모두 흔들릴 자유가 있다. 흔들려 예상치 못한 새로운 삶을 누릴 자유가 있다. 우린 바람을 이길 역량이 없다. 마음만 먹으면 모든 바람을 잠재울 수 있다는 것은 허황된 상상이다. 바람이라는 외적 원인에 흔들릴 수밖에 없다. 난 어떤 바람도 정신적으로 지배할 수 있다는 착각에서 벗어나야 한다. 우린 몸이다. 몸인 이상 외적 원인에 영향을 받지 않을 수 없다. 정신은 몸의 변용이다. 몸이 흔들리면 마음도 흔들린다. 바람을 맞으면 된다. 부는 대로 자유롭게 흔들리면 된다. 물론 이 자유는 바람에 흔들리지 않는 평온한 마음의 자유가 아니다. 그저 부는 대로 흔들리면서 온몸으로 부대끼는 게 바로 자유이다. 몸이 흔들리면서 마음이 흔들리지 않을 수 없다. 그럴 수 있다는 것은 착각이다. 언제라도 마음만 먹으면 무엇이든 할 수 있다는 상상에서 벗어나는 게 바로 자유로운 상태이다. 그러면서 몸도 마음도 평온을 회복한다. 오늘따라 신천에 부는 바람이 고맙다.

포클레인

오늘도 신천을 걸어 도서관으로 왔다. 신천을 걸을 때마다 포클레인이 이곳에 왜 있어야 하는지 고개를 저으며 걷는다. 이곳을 굳이 포클레인으로 파헤칠 이유가 있을까? 자연은 관리의 대상이 아니라 보호의 대상이다. 어느 날 갑자기 인공적인 생태공원이 들어선다. 그것도 굴착기로 파헤쳐서 만드는 데 시간이 그리 걸리지 않는다. 과연 '생태'란 말마디에 대한 고민이 있는가? 생태주의는 인간중심주의에 대한 저항에서 생겨난 말이다. 인간이 자연의 지배자이고 자연은 인간이 필요할 때마다 가져다 사용할 수 있는 부품으로 생각해 왔다. 자연에 대한 인간의 간섭을 넘어 닦달이 극에 달한 것이 근대과학주의 혹은 인간중심주의 때문이다.

'인간'이라는 특정 개체를 우위에 두는 이러한 생각을 치유하기 위해 생대주의가 등장한다. 생태주의는 모든 개체 사이의 평등을 강조한다. 인간이 모든 것의 중심이 될 이유가 없다. 인간과 자연을 포함한 모든 존재를 전체론적(holistic) 관점에서 이해하고, 각자의 존재론적 위상을 존중할 필요성에서 생태주의가 등장한다. 만약 '생태'란 말마디가 이러한 배경에서 생겨났다면, 신천 둔치에 갑작스레 등장한 생태공원은 정체성을 잃는다. 지나치게 인위적이고 작위적이다. 인간의 편의를 위해서 혹은 인간의 쾌적한 삶을 위해서 그리고 인간의 행복을 위해서 인공적으로 만들어진 공원은 반(反) 생태적 공간이다. 자연은 말 그대로 저절로(自) 그러그러하게(然) 있다. 인간의 간섭을 뒤로한 채 자신의 방식대로 존재한다. 인간의 편의를 위한다는 명분으로 행해지는 어떠한 자연에 대한 폭력도 윤리적으로 정당화될 수 없다.

인간 홀로 도덕적 주체가 될 수 없다. 이른바 도덕 확장론은 인간 이외의 동물과 식물 그리고 무기적 존재에 이르는 모든 존재를 윤리적 주체로 확장한다. 인간이 유일한 도덕적 주체가 될 수 있었던 것은 인간만이 이성적 존재라는 데 있다. 하지만 이성을 가졌다는 이유만으로 동식물을 포함한 타자에 도덕적으로 우선할 이유가 될 수 있는가? 이성에서 생명으로 지평을 확장할 경우, 동식물을 포함한 모든 유기체도 도덕적 주체가 되어야 한다. 인간에 의해 폭력을 당하는 동물 역시 인간 못지않게 생명의 위협을 받는다. 생명중심주의로 확장할 경우 도덕적 주체 역시 자연스럽게 그 외연이 확장된다.

생명중심주의 역시 생명이 없는 무기체를 배제하기는 마찬가지다. 발에 차이는 돌멩이나 하찮은 무기적 존재 역시 전체론적으로 보면 모두 도덕적 주체로 자리매김되어야 한다. 무기적 질서가 오염되면 유기체 역시 오염되는 데는 시간이 오래 걸리지 않는다. 모래도 말미잘도 모두 도덕적 위상을 부여받아야 할 이유이다. 모든 존재는 그 나름의 가치를 지닌다. 어느 존재도 다른 존재보다 존재론적으로 우위를 점할 수 없다. 생태주의적 평등이 들어설 자리이다.

신천을 이루는 생태공동체의 주요 구성원은 두루미, 왜가리, 잉어, 수달

등이다. 수달은 쉽게 볼 수 없지만, 왜가리와 잉어는 언제나 반갑게 만나는 생태의 동반자들이다. 그런데 신천이 포클레인으로 멍들기 시작하면서, 왜가리는 우울해 보인다. 자기 자리를 찾지 못한 채 물끄러미 서 있는 왜가리의 모습이 어딘가 가련해 보인다. 인간이 만들어 놓은 반생태적 공간을 외면하는 듯하다. 인간의 질서에 저항하는 듯 먼 곳을 바라본다. 어도(魚道)를 만든다는 명분으로 온통 회색 공간이 들어섰다. 어도(魚道)를 인공적으로 만들어야 할까? 인위적으로 만든 어도는 결국 인도(人道)인 셈이다. 옛날에 바닷새가 노나라 인근에 날아와 앉았다. 노나라 임금은 이 새를 종묘 안으로 데려와 술을 권하고, 좋은 음악을 연주해 주고, 소, 돼지, 양을 잡아다가 대접하였다. 그러나 새는 어리둥절하고 슬퍼할 뿐, 고기 한 점 먹지 않고 술 한잔 마시지 않은 채 죽어버렸다. 이것은 자기 같은 사람을 기르는 방법으로 새를 기른 것이지, 새를 기르는 방법으로 새를 기른 것이 아니다.

공중의 새를 잡아 집 안의 철창에 가두어 두고, 인간이 먹고 마시는 방식으로 기른다면 결국은 죽는다. 인위적인 것이 자연을 거스른다면, 자연은 더 이상 자연이 아니다. 잉어 관망대가 나름 신천의 핫플레이스이다. 잉어 먹잇감도 던져주면서 사진을 찍는 장소이다. 먹잇감을 받아먹는 잉어는 나름 고통이다. 잉어를 위해서 던져주는 먹잇감이 아니라 던져주는 것 자체에 쾌감을 느끼는 인간의 알량한 욕망이다. 잉어는 인간 주체의 즐거움을 위해 즐거움을 주어야 할 객체일 뿐이다. 인간은 한 번도 잉어되기를 해보지 않았다. 장자의 나비 꿈은 사치인가? 내가 나비이고 나비가 내가 되어, 주체와 객체의 경계가 허물어지기는 여전히 멀다. 관망하

는 자와 관망되는 대상 사이의 경계가 허물어질 때 생태적 평등이 실현될
수 있다.

　나만 모든 것의 중심이 되어야 한다는 인간중심주의는 이제 사라지지
않으면 안 된다. 인간 스스로 비인간인 것과의 관계망 속에서 비로소 그
정체성을 담보 받을 수 있을 뿐이다. 왜가리와 두루미와 잉어는 더 이상
인간에게 즐거움을 선사해야 할 객체가 아니다. 그 스스로 생태공동체의
주체들이다.

동반자

대구은행 본점 비켜 건너편에 전국에서 소문난(?) 병원이 하나 있다. 지난주 경주 감포 갔다가 작은 횟집에 들러 술 한잔하고 있는데, 우리 일행이 대구사람인 걸 알고 내일 대구 이 병원에 진찰받으러 간다고 묻지도 않았는데 말했다. 서울 사는 아들이 예약을 해주어서 간다고 말하면서 아직 가 보지 않은 이 병원의 유명세를 앞서 자랑하고 있었다. 이 병원의 원장이 고등학교 후배이다. 전국에서 이명을 잘 치료하는 병원으로 소문이 난 곳이다. 오늘 아침 그 병원 앞을 지나면서 새삼스럽게 나의 오랜 동반자인 귀에서 귀뚜라미 소리가 나는 달갑지 않은 친구가 소환된다. 전국에서 이명을 고치기 위해 환자들이 몰린다. 나도 몇 달 전 이 병원을 찾은 적이 있다. 검사하고 약을 먹으면서 20여 일간 치료를 받았다.

난 병원을 그만 다니고 이명이란 놈과 친구 되기로 마음먹었다. 물론 달갑지 않은 친구이다. 하지만 피할 수 없는 친구라면 기꺼이 맞아 응대할 수밖에 없다. 쉽지 않다. 잠들기 전 귀에서 들리는 소리는 수면을 방해하는 침략자였다. 그런데 시간이 흐르면서 익숙해진다. 이 글을 쓰고 있는 순간에도 작은 소리가 들린다. 잠시 멈추었다간 다시 시작한다. 이명은 특정한 질환이 아니라 귀에서 들리는 소음에 대한 주관적 느낌이다.

시간이 약인 것 같다. 시간이 승리자이다. 모든 고난도 시간 앞에선 별 효력이 없다. 주기적으로 나를 찾아오는 손님은 나의 존재를 확인시켜주는 일종의 귓속 알람과 같은 것이 되었다. 귀찮은 이방인이 아니라 어느덧 나의 존재의 동반자가 되었다. 그의 방문이 그리 싫지 않다. 아니 싫지만 싫어할 수 없다. 그러다 보니 싫어도 반가운 손님이 되었다.

우리의 몸은 습관의 메커니즘이 정밀하게 작동하는 곳이다. 습관이 되면 주어진 환경에 적응하는 일종의 스키마(schema)가 생긴다. 스키마는 어떤 유형의 정보를 선택적으로 수용하고 보게 하는 통제적 기제로서 이미 수립된 이해방식이나 경험이 새로운 정보를 이해하는 데 영향을 미치는 것을 말한다. 즉 어떠한 사건에 대해 자신이 알고 있는 범위 내에서 판단하고 수용하는 행위이며 무엇이 지각되어야 하는지를 결정하고 통제하여 환경에 대한 개인의 경험을 구축하는 기능을 한다. 처음에는 불편하지만, 시간이 지나면서 몸이 주어진 환경에 적응하는 특이한 능력이 생긴다.

30대에 테니스를 치다가 상대가 내려친 공이 나의 왼쪽 눈을 때렸다. 그 순간 실명(失明)을 확신할 정도로 당황했었다. 경산에 있는 병원에서 다행히 큰 상처가 아니라는 사실을 알고서야 마음을 놓았었다. 그때 후유증을 아직도 앓고 있다. 눈에는 까만 점이 둥둥 떠다닌다. 빛이 밝은 곳에서는 더욱더 까맣다. 참 불편했다. 시간이 흐르면서 익숙해졌다. 잠시 사라지면 굳이 그놈을 찾아낸다. 지금도 그 까만 실체는 마치 나의 존재를 확인시켜주는 도장처럼 생생하게 각인되어 있다. 그리 불편하지 않다.

최근 갑자기 오른쪽 눈에 역시 까만 물체가 생겼다. 의사는 나이 들면서 찾아오는 증세라고 한다. 비문증(飛蚊症), 까만 무늬 같은 것이 떠다니는 현상이란다. 질병이라기보다는 나이 들어 나타나는 증상으로 분류된다고 말해주었다. 처음은 불편했지만 두 달 정도 지나면서 그 무늬도 나의 동반자가 되었다. 나이가 들어서 그런지 나의 몸이 주변 환경에 잘 적응하는 것 같다. 아마도 그만큼 자극에 민감하게 대응할 힘을 상실했다는 게 아니겠는가!

정도의 차이가 있겠지만 우린 자신의 정체성을 확인시켜주는 저마다의 특이한 증세나 질병을 지닌 채 살아간다. 평생 만성 간장질환을 앓았던 마르크스는 병약했다. 그의 병약함이 오히려 그를 글 쓰는 일에만 몰두하게끔 하지는 않았을까? 건강이 허락하지 않아 모든 일에 관여할 수 없어 오직 글 쓰는 일에만 겨우 힘을 쓸 수 있었던 그였으리라. 그에게 당장 죽지 않을 정도의 질병은 차라리 그의 정신을 더욱 강하게 한 선물이었을 것이다.

삶은 주어진 것이다. 질병 역시 나와 타협하지 않고 찾아온다. 갑작스럽게 찾아오는 예기치 못한 일이 주어진다. 주어짐을 피할 수 없다. 다만 그 주어짐을 받아들이고 스스로 이겨낼 힘을 달라고 기도하는 게 더 현명하다. 나의 귀에 들리는 작은 속삭임은 이젠 내가 살아있음을 알려주는 메시지가 되었다. 주어진 사건에 너무 민감하게 집착하는 것이 오히려 또 다른 질병을 불러올 수 있다. 나의 귀에 들리는 작은 소리가 아직은 폭포수와 같은 큰 소리가 아니라 감사할 뿐이다. 어차피 남은 여정을 함께 해야 할 동반자라면, 기꺼이……

메멘토 모리

나는 녹슨 자전거를 전시(?)해 놓은 이곳을 하루에도 여러 번 지나쳐 다닌다. 굳이 이 집 주인에게 왜 이렇게 해두었는지 물어보지는 않았다. 하지만 나름의 이유는 있을 듯하다. 여러 개의 자물쇠를 몸에 칭칭 감고 힘겹게 매달려 있는 녹슨 자전거이다. 자전거를 매고 있는 나무 역시 늙은 나무이다. 힘없어 보이는 나무 위에 간신히 매달려 있다. 이 모습이 마치 우리의 삶을 얘기하는 듯하다. 세월의 흐름을 감당하지 못하고 하루하루 녹슬어 가는 자전거의 모습이 나이가 들면서 점차 쇠약해져 가는 나의 모습과 중첩된다.

다만 자전거와 같은 물체가 녹슬어 가는 모습을 인간이 나이가 들어 늙어가는 모습과 같은 맥락에서 얘기하는 것은 너무 가혹하고 슬플 뿐이다. 자전거는 녹슬어 가지만(rusting), 인간은 나이가 들어간다(aging). 인간이 나이가 들어가는 것이 단순히 물리적 변화만은 아니다. 물리적으로 쇠약해지긴 하지만, 정신적으로는 더욱 성숙해져 가는 것이다. 나이가 들어가는 것은 더욱 지혜로워지는 과정이고, 세상을 좀 더 높은 곳에서 내려다볼 수 있는 역량을 갖추어 가는 과정이다. 그러니까 anti-aging, de-aging이 아니라 well-aging이다. 나이가 들어가지 않는 것이 아니라, 나이가 잘 들어가는 것이 중요하다.

이 녹슨 자전거는 인간에게 죽음이 무엇인지를 성찰하게 해주는 메타포이다. 나이가 들어가는 것에 대한 철학적 성찰이 왜 필요한가? 죽음에 대한 성찰이 없는 삶은 무의미한 삶이다. 잘 죽기 위한 연습을 하는 것이 철학이라는 소크라테스의 말이 이해될 듯하다. 잘 살지 않고서는 잘 죽을 수 없다. 인간에게 삶과 죽음은 별개 사건이 아니다. 마치 동전의 앞뒷면처럼 삶이 죽음이고 죽음이 삶이다. 살아있으면서 하루하루 죽어간다. 하루하루 죽음으로 다가가는 것이 아니라 죽음이 우리의 삶으로 다가온다. 그래서 미래(未來)가 아닌 도래(到來)이다.

내가 철학과에 막 입학했을 때, 신입생 환영회에서 교수님이 말씀한 '매일 죽어라!'라는 말은 마치 화두처럼 들렸었다. 매일 죽는 삶을 살라고 충고해 주신다. 이상한 말이 아닌가? 죽으면 살 수 없고, 살아있는 이상 죽을 수 없는데, 어떻게 죽는 삶을 살 수 있는가? 살아있는 동안 사망할 수는 없다. 하지만 죽음은 사망과 다르다. 사망은 동공이 열리고 호흡이 정지되는 물리적 사건이다. 하지만 죽음은 삶과 양립할 수 있다. 우리는 죽음을 미래의 사건으로 앞서 경험할 수 있다. 철학자 하이데거(Martin Heidegger, 1889~1976). '죽음으로 미리 달려감'(Vor-laufen)이라 한다. 불안은 아직은 오지 않았지만, 언젠가는 도래할 죽음에 대한 불안이다. 인간만이 불안을 느끼는 존재이다. 동물은 공포는 느끼지만, 아직 다가오지 않은 죽음 때문에 불안해하지는 않는다. 메멘토 모리(memento mori), 항상 죽음을 기억하라는 수행자의 격언은 하루하루 참된 삶을 살라는 메시지이다.

고대 그리스 신화에서 죽음은 하데스가 관장하는 지하세계로 내려가는 것이다. 스틱스강을 건너 하데스로 이른다. 강을 건너기 위해 뱃사공 카론에게 뇌물을 주어야 한다. 강을 건너면 지하세계의 문지기 개인 케르베로스에게도 뇌물을 주어야 들어갈 수 있다. 이렇게 죽음의 세계로 들어가는 과정은 힘들다. 힘들어서 가기 싫은 곳이다. 죽음이 쉬운 사람은 없다. 영웅 아킬레우스도 죽어 지하세계에 살면서, 비록 노예로 살아도 지상 세계에 사는 게 훨씬 낫다고 고백한다. 이처럼 신화에서는 죽음을 지하로 내려가는 어두운 것으로 규정한다. 하지만 고대 철학에서 죽음은 이데아의 세계인 영원한 세계로 초월하는 것이다. 죽음은 현실에서 영원한 세계로 이사 가는 것이다. 보다 나은 세계로의 상승이다. 그래서 소크라테스는 제자들에게 철학은 잘 죽는 연습하는 학문이라고 가르쳤다. 잘 죽는 것은 잘 사는 것이라고.

스승은 생사(生死)를 건네주는 사람이다. 죽음이 무엇인지 앞서 경험하고, 죽음의 강을 건너기를 주저하고 불안해하는 제자에게 건너편에서 건너오라고 용기를 주는 자가 스승이다. 바로 너의 삶 속에서 죽음을 보고, 죽음이 삶의 이웃이라고 일깨워주는 자가 스승이다. 그저 스쳐 지나간 이 녹슨 자전거가 스승처럼 다가온다. 인생은 살수록 무거운 짐을 지는 것이다. 하지만 자전거는 당신은 나처럼 살지 말라고 말하는 듯하다. 자전거인 나와 사람인 당신은 전혀 다른 존재라고 말하는 듯하다. 나는 그저 물리적으로 녹슬어 가지만, 당신은 녹슬어 가는 삶을 살지 말아야 한다고 말하는 듯하다. 인생은 녹슬지 않는다. 끊임없이 닦아가야 할 보배와 같은 것이다. 나이가 든 만큼 더 깨끗하게 갈고 닦아야 할 인생이다. 노탐(老貪)의 묵은 때를 지속적으로 씻어내는 게 나이가 들어가는 과정이다. 나이가 들면서 더욱 탐욕스러워지는 게 우리의 모습이다. 하지만 자전거는 우리에게 당신은 자기처럼 마냥 녹슬어 가는 헛된 삶을 살지 말라고 주문한다. 지나는 사람들이 볼 수 있도록 녹슨 자전거를 전시해 놓은 집 주인의 생각을 이해할 법도 하다.

만3 범4

만촌 3동과 범어 4동이다. 나에겐 낯선 어휘다. 현재 대구 교육의 메카를 이 두 곳으로 말하는 것 같다. 이른바 서울 명문 대학에 많이 보내는 고등학교가 다 이곳에 있다. 나는 매일 남구에서 도서관이 있는 수성구 범어 4동으로 출근한다. 집에서 이곳으로 출근하면서 눈에 유난히 많이 띄는 것이 학원이다. 특히 수학 전문 학원이 많다. 아마도 수학이 대학입시의 관건이라 그런 것 같다. 현란하게 나붙은 각종 홍보문구를 보면 이곳에서 서울대학을 100명 정도는 너끈히 보낼 것 같다. 대구의 숨은 고수들이 이곳에 다 모여 있다.

서양 최초의 대학인 아카데미아는 플라톤이 세운 학원이다. 이 학원의 현관에 '기하학을 모르는 자는 입학 불가'라 쓰여 있다고 전해진다. 물론 확인된 것은 아니지만, 그저 전해오는 얘기다. 사실 여부는 제쳐놓더라도 당시에도 기하학이 모든 학문의 기초였다는 것은 분명하다. 기하학적 사고는 합리적으로 사유하고 논증할 수 있는 능력이다. 이 기본적인 능력이 없이 어떤 학문도 할 수 없다. 수학을 모르고서는 대학에 입학할 수 없다는 홍보는 이미 고대 그리스 때부터 시작되었던 것 같다.

근대 철학자 스피노자는 그의 윤리학책을 기하학적 방식으로 논증하고 있다. 그는 신을 중심으로 표현된 세계의 질서 어느 하나에도 우연은 있을 수 없다는 사실을 기하학적 방식으로 증명하고 있다. 피타고라스 역시 세계의 질서를 수학적으로 상징화한 철학자였다. 그를 단순히 수학자가 아닌 수리 철학자로 부르는 것은 수학이 단순한 계산학이 아님을 말하는 것이다.

현대철학자 에드문트 후설 역시 박사학위 논문을 수학에 관한 주제로 작성했다. 그는 수학이 우리의 삶과 별개의 계산이나 산술학이 아니라고 말한다. 수학이 근대 과학의 토대가 된 이유는 수학이 가장 객관적인 학문이기 때문이다. 후설은 바로 이러한 생각이 근대 학문의 위기를 초래한 것으로 생각한다. 수학이나 근대 과학은 우리의 주관과 분리된 객관적인 학문이 아니다. 모든 수학적 실재는 계산하고 연산하는 의식 활동의 산물이다. 의식이 구성한 대상이 바로 수학적 실재이다. 의식적 삶을 떠난 수학, 삶과 무관한 수학은 있을 수 없다. 단순히 대학에 입학하기 위한 수단으로서의 수학은 기능적 계산학 이상이 될 수 없다. 수학을 포함한 모든 학문은 우리의 생활세계에 기초하고 있다. 좋은 삶을 살 수 있는 합리적 추론이 되어야 한다. 이성의 올바른 사용을 통해 감정의 노예가 되는 삶을 치유하는 학으로서의 수학이 필요한 이유이다.

수학이 좋은 대학에 입학하기 위한 수단이나 기능이 되는 데 그친다면, 우리의 행복한 삶을 위해 욕망을 조정하는 생활학문으로서의 수학의 생명은 포기할 수밖에 없을 것이다. 생활학문으로서의 수학은 어떤 것인가. 수학은 관계의 학이다. 숫자 4는 다른 숫자와의 관계 속에서 의미가 있다. 다른 숫자도 그렇다. 독립된 실체인 숫자는 없다. 서로 얽혀 있으면서 일정한 규칙을 유지하는 세계의 질서를 표현하는 기호가 바로 수다. 우리의 삶 역시 다른 사람들과 서로 얽혀 서로 관계를 맺으면서 살고 있다. 수학도 철학도 남과 더불어 사는 방법을 가르치는 학문이다.

내가 사는 남구 학부모들은 자식 교육을 포기한 것 같은 느낌이다. 좋은 대학에 보내는 것을 포기한 것 같다. 이른바 교육의 수준이 남구와 수성구는 엄청 다르다. 특히 범어네거리에서 만촌네거리에 이르는 만3 범4 지역이 대구 교육의 중심인 것을 쉽게 알 수 있다. 이곳에서 10년 이상 도서관을 운영해 온 관장의 말을 빌리면, 이곳 학부모의 교육 열정은 광기에 달한다. 학부모의 전략은 삼국지에 나오는 책사의 전략 못지않다. 이곳 한 초등학교 학생들 절대다수는 의사가 되려고 공부한다고 말한다. 아니 부모가 그렇다는 게 정확하다. 경제적으로 여유가 있는 젊은 엄마들이 자식을 특정 대학 특정 학과에 보내려는 입시전략을 나로서는 상상하기 힘들다. 자식을 맡겨만 주면 모두 명문대학에 들어가게 할 수 있다는 학원 광고판이 현란하게 붙어있다.

좋은 대학에 들어가도록 가르치는 것이 좋은 교육이다. 기능적으로 잘 가르치는 것이 바로 좋은 교육이다. 하지만 교육의 원래 의미는 좋은 인성을 기르고 보편적 지식과 가치관을 가르치는 것이다. 동굴 속에 갇혀 있는 죄수들을 진리의 세계로 끌어내는 것이 파이데이아(paideia), 즉 교육이다. Education 역시 끌어낸다는 의미이다. 독일어 표현인 Erziehung 역시 같은 의미이다. 과연 우리의 현실이 교육의 본질을 논할 여유를 하락하는가? 교육은 실종되었고 오로지 학습만 남아있다. 학습은 배운 것을 기능적으로 잘 습득하는 기계적 능력이다. 이 능력이 좋은 대학에 들어가는 절대적 무기가 되고 있다.

난 대학에 재직할 때 학내 분규 문제로 교육부에 자주 들락거리면서 공무원들과 접촉한 경험이 있다. 그때 난 이미 교육부엔 교육이 없고, 단지 교육행정만 있을 뿐이라는 생각을 했었다. 교육 관료의 기계적 사고가 최첨단화되어 있다. 교육을 기능으로 보는 철학 부재의 현장을 목격했었다.

인성은 액세서리가 되었고, 교육은 입학의 수단으로 전락하였다. 대한민국은 학습 공화국이다. 정규학교가 학원으로 포위되어 있다. 자식을 학원으로 태워가려고 학교 문 앞을 기다리는 최고급 승용차들이 좁은 거리를 가득 메우고 있다. 우리 민족의 기본 신앙이 무속이다. 무속을 토대로 여타의 종교를 받아들였다. 복을 비는 무속적 양태가 기독교나 불교 등에 자연스럽게 스며들어 있다. 자식을 부모인 나보다 더 잘 가르쳐 좋은 대학으로 보내, 좋은 직장을 구해 잘 살게 해야 한다는 기복적 신앙이 광적인 교육열로 전환된 것으로 보인다. 만3 범4에서 미래 한국의 인재들이 많이 배출되기를 바라면서, 오늘도 범어네거리 횡단보도에서 녹색불을 기다리고 있다.

나는 타자이다

오늘도 타자의 군상(群像) 속을 걸어 출근 중이다. 다른 사람을 의식하지 않고 열심히 걷는다. 하지만 난 이미 타자 속에 서 있다. 내가 걷는 것조차 타자가 허락한 선물이다. 수성구 범어네거리 횡단보도에 서 있다. 매일 보는 그 높은 건물들과 스쳐지나가는 그 사람들이지만, 그 안에서 내가 살아 숨을 쉬고 있다는 것만으로도 행복하다. 나의 출근을 허락한 것도 타자의 배려 때문이다. 물론 이 '타자'는 다른 사람, 즉 타인만 의미하지 않는다. 나를 둘러싼 건물들, 내가 걷는 길, 내 발에 차이는 돌멩이와 호흡하는 공기까지 모두이다.

신천둔치는 총 14개의 다리로 연결된 길이 12.6km이다. 난 대봉교를 지나면서 이미 다음 다리인 수성교를 앞서 걷는다. 더 나아가 수성교와 동신교를 지나 침산교에 벌써 앞서 도착해 있다. 지금 대봉교 밑을 걷지만 난 이미 앞으로 걸을 다리를 같이 걷고 있다. 내 마음은 이미 침산교 밑에서 쉬고 있다.

나의 의식은 나를 초월하여 다른 것을 지향한다. 의식은 자기초월적이다. 나의 의식은 당장이라도 튀르키예나 그리스를 자유롭게 갈 수 있다. 의식의 여행은 언제나 가능하다. 의식은 흐름이다. 몸이라는 상자 안에

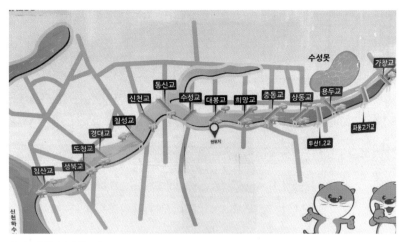

출처: 대구공공시설공단

갇혀 있지 않다. 나의 의식은 공간과 시간을 자유롭게 여행한다. 지금을 살고 있지만, 나의 의식은 과거나 미래로 향할 수 있다. 과거는 이미 나의 '지금'에 침잠되어 있어, 언제나 소환 가능하다. 과거는 이미 지나간 과거가 아니다. 현재 속의 과거로 기억되어 있다. 미래 역시 아직 오지는 않았지만, 언젠가는 오게 될 현재이다. 의식은 미래로 뻗어나갈 수 있다. 미래 지향(protention)이다. 죽음이 미래의 사건이지만, 우린 이미 죽음을 현재의 사건처럼 의식하고 있다. 그래서 미래를 도래(到來)라고도 한다.

대봉교를 걷고 있지만, 대봉교를 둘러싼 다른 다리와 주변의 환경들이 연출하는 하나의 콘텍스트로 경험하면서 걷는다. 나의 시선은 한 군데 집중하지만, 나의 시선의 배경을 이루는 것들이 비록 희미하기는 하지만 함께 경험된다. 어떤 경험도 분리되어서 경험될 수 없다. 보이는 것과 보이지 않는 것의 앙상블이다. 교직(交織)이다. 서로 분리할 수 없을 정도로 얽혀 있다. 이처럼 우리의 경험은 애매하다. 어느 것이 보이는 것이고, 어느 것이 보이지 않는 것인지를 분리할 수 없을 정도로 애매하게 얽혀 있다. 난 앞산을 보지만, 앞산의 배경을 이루고 있는 것들을 함께 본다.

나의 삶 역시 마찬가지다. 난 혼자 살지 않는다. 아니 혼자 살 수 없다. 혼자 살아온 것처럼 생각하지만, 타자의 도움 없이는 불가능하다. 나의 정체성을 결정한 것도 타자이다. 나의 삶의 주인은 내가 아니다. 나를 둘러싼 가족, 친구 그리고 머그잔과 노트북 등등. 모두 '타자'란 이름으로 불리는 것들이다. 나는 결국 타자이다. 타자가 욕망하는 것을 내가 욕망하고 타자가 꿈꾸는 것을 나 역시 꿈꾸고 산다. 타자가 원하는 대학에 나도 들어가고 싶고, 타자가 살고 싶어 하는 수영장이 있는 집에 나 역시 살기를 원한다. 다른 집 아이들이 신고 다니는 운동화를 내 자식에게도 사주고 싶어 한다. 난 결국 타자의 삶을 산다. 대봉교가 희망교와 수성교 사이에 있어 그 정체성을 확인할 수 있듯이, 나 역시 타자들과의 관계 속에서 비로소 그 정체성을 확인할 수 있다.

나의 시선 속으로 들어오지 않은 것들이 나의 시각 경험을 가능하게 한다. 난 내가 보지 못하는 다른 세상의 소리를 더 소중하게 들어야 한다. 내가 볼 수 있는 것은 한계가 또렷하다. 기껏해야 나의 시선이 하락하는 범위만 볼 수 있다. 그러니 내가 보는 것, 내가 판단하는 것이 항상 옳을 수 없다. 우리의 시선을 타자로 옮겨갈 때 내 생각이 하나의 편견에 지나지 않음을 고백하지 않을 수 없다. 나는 내 앞의 머그잔의 뒷면 하나도 제대로 볼 수 없다. 마치 내가 세계를 다 본 것처럼 주장하는 것이 얼마나 허황한 일인가?

딸 생각

오늘은 대구 봉산동 웨딩거리를 지나 대백프라자 주차장 옆으로 난 좁은 길을 걷는다. 이 길을 지나면서 파리에 사는 딸이 문득 생각난다. 딸은 한국에서 다니던 대학을 그만두고 11년 전 혼자 파리로 갔다. 달랑 가방 두 개를 들고 떠났다. 파리에서 재수해 대학을 다시 들어갔다. 그 딸이 3년 전 결혼했다. 사위 미셸 임해진은 파리에서 태어난 교포이다. 충청남도 홍성군이 원적(元籍)이다. 레스토랑 책임 셰프로 일한다. 파리에서 결혼식을 하고, 한국에서 간단하게 결혼식을 치를 계획으로 친한 친구 8명과 함께 한국에 왔었다. 하지만 아쉽게도 결혼식을 치르지 못하고, 친구들을 한국 전통 식당에 초대해 저녁 한 끼를 대접하는 것으로 미안함을 대신했다. 딸은 웨딩스튜디오에서 사진을 찍는 것으로 결혼식을 대신했다. 그 일이 못내 아쉽다.

이 길에서 딸이 생각난 것은 2년 전 딸이 한국에 왔을 때, 같이 식사한 자그마한 식당 앞을 지나고 있기 때문이다. 딸이 이곳저곳을 검색해서 찾은 식당이다. 주변에 백화점이 있어 장사가 잘 될 것 같다. 딸이 한국에 오면 나와 데이트하는 걸 좋아한다. 난 사실 젊은 시절 딸과 그리 친하게 지내지 못했다. 학교에서 집까지 가끔 태워오는 게 고작이었다. 당시 집은 칠곡이었고 학교는 경북여고였다. 꽤 먼 거리다. 딸은 서울여대 불문과를 2학년 1학기까지 다녔다. 어학연수를 다녀와서 파리로 도망가듯이 떠났다. 난 그때도 딸에게 그리 관심을 주지 않았었다. 딸은 주로 엄마와 상의해서 파리로 떠났다. 지금 생각해 보면 딸은 이미 파리로 갈 계획이 있었던 것 같다. 경제적으로 그리 넉넉하지 못한 부모의 처지에서는 딸의 행보가 그리 탐탁하지는 않았다. 대학을 졸업하고도 갈 수 있는데, 굳이 대학을 중단하고 갑자기 떠난다고 하니 당황스럽고 황당하기까지 한 일이었다.

그렇게 떠난 딸은 파리8대학에 입학했다. 첫 입학시험은 실패했다. 그도 그럴 것이 언어도 잘 안 통하는데 대학 수학능력시험인 바칼로레아를 통과할 리가 없다. 다시 입시 준비를 하면서 철학을 전공하는 나에게 철학책을 보내달라고 해 보내주었다. 특히 한국어로 번역된 프랑스 고등학교 철학 교재를 보내주었다. 철학을 공부하지 않고서는 통과할 수 없는 바칼로레아이다. 이듬해 합격 소식을 듣고 좋아하던 아내의 모습이 생생하다. 딸이 원하는 길이라 부모도 좋을 수밖에 없다. 혼자 가서 누구의 도움도 없이 대학에 입학할 수 있다는 게 부모로서는 감사하고 자랑스러웠다. 딸이 공부하던 시기는 한 달 생활비로 매달 백만 원이 조금 넘는 돈을 보냈다. 학비는 거의 없고 주로 집세가 비싸다.

　딸이 근 7년을 살았던 집은 일명 '하녀방'(chambre de bonne)이라 불리는 7층 꼭대기 옥탑방이다. 물론 엘리베이터도 없고 공동 화장실이다. 여름에는 덥고 겨울에는 추운 열악한 환경이다. 주로 돈 없는 유학생이 산다. 아래층은 돈이 많은 사람이 사는 호화주택이지만, 위로 갈수록 빈곤계층이 산다. 좁은 복도에 작은방이 연결되어 있다. 프라이버시조차 보장되지 않는 열악한 조건이다. 하지만 이 방도 월세가 유학생에겐 감당하기 힘들다. 파리에 사는 유학생의 실존적 비애가 오롯이 장소화된 곳이다. 딸은 이 불편한 집에 살면서 아르바이트로 생계를 이어가면서 대학을 졸업했다. 내가 보낸 돈은 유학생이 파리에서 살아내기 위한 최소의 경비에 지나지 않는다. 아버지로서 딸에게 좀 더 넉넉하게 보내주지 못한 것이 지금까지도 미안하다. 딸은 아버지도 넉넉하지 않은데, 매달 돈을 보내달라고 하기가 얼마나 힘들었을까? 돈이 필요할 때마다 "조금만 보내주면 안 돼요?" 하곤 미안해했다. 난 딸이 돈을 보내달라고 할 때마다 10분을 넘겨서 보내준 적이 기억나지 않는다. 최우선으로 송금했다. 그게 즐거운 일이었다. 낯선 곳에서 돈이 떨어지는 것은 죽는 것과 마찬가지다.

2017년 2월, 내가 파리에 갔을 때는 딸이 결혼하기 전이다. 여전히 하녀방에 살고 있었다. 자기가 사는 열악한 환경을 아빠에게 보여주기 싫어 친구가 잠시 사용하지 않는 방을 세를 얻어 나를 그곳에 묵게 했다. 딸은 1985년생이다. 오빠보다 6살 아래다. 아내가 경북 소속 중등교사여서 자주 근무지를 옮겨 다녔다. 대구에서 출근하기 먼 곳도 있다. 그러다 보니 아이를 하나 더 낳을 생각을 미처 하지 못했다. 아내가 딸을 낳으면 좋겠다는 마음이 있어서 첫아이 이후 6년이 지나 낳은 딸이다. 참 귀하게 얻은 딸이다.

딸도 이제 적지 않은 나이다. 항상 아버지 걱정이다. 연로한 아버지가 걱정거리다. 지금도 거의 매일 화상으로 아버지의 안부를 묻는다. 딸은 "내가 잘 돼서 아버지를 편하게 모실게요"라고 말하곤 한다. 난 딸이 행복했으면 한다. 멀리 떨어져 있지만, 항상 내 곁에서 숨 쉰다. 이제는 부녀의 관계를 넘어 힘든 세상을 함께 살아가야 할 동반자인 셈이다. 그 딸은 파리 S전자에 다닌다. 어쩌면 딸이 꿈꾸던 파리지앵의 삶을 하나하나 이루어가는 중일지도 모른다. 내가 이 글을 쓴 2022년은 비정규직이었다. 출판을 앞두고 원고를 다시 정리하는 바로 2023년 7월 1일 자로 정규직으로 발령을 받았다. 아주 드문 일이다. 쉬운 일이 아니다. 주변에서 정규직으로 추천해 정직원이 된 경우이다. 요즘 딸은 매우 행복해한다. 딸이 행복하니 나도 너무 행복하다. 올해 11월쯤 딸을 만나러 파리로 갈 예정이다. 마음은 벌써 딸에게 가 있다.

범어성당

출처: 대구공공시설공단

    대구 수성구 범어성당은 2013년부터 2016년까지 3년에 걸쳐 완성되었다. 성당의 전체 길이는 100m이고, 본당 정면의 왼편은 회랑(바실리카 양식)이고, 오른편은 부속시설이다. 전체 양식은 로마네스크이다. 로마네스크 양식은 로마제국이 멸망한 뒤 10세기에 들어서면서, 수도원 제도가 안정된 시기에 생겨난 양식이다. 건물의 무게를 견디기 위해 거의 창문이 없는 두꺼운 기둥과 벽을 사용한다. 무게의 압력을 분산시키기 위해 반원형 아치형 구도를 많이 사용하는 특징이 있다. 건물의 전체 구도는 대체로 무겁고 어둡다. 어두운 인간 세상의 방패로서 그리고 구원자로서 육중하게 서 있다. 높은 구도와 큰 창문을 특징으로 하는 고딕 양식으로 건축하기에는 아직 기술적 한계가 있었던 시기의 양식이다. 범어성당의 전체 분위기와 가장 많이 닮은 것이 프랑스 레세(Lessay) 지방의 성삼위일체 수도원이다.

언젠가 범어성당을 지나면서 옆에 있는 건축사에게 물었다. "이 성당은 무슨 양식이지요?" 답은 "글쎄요, 특히 무슨 양식이라 하기는 힘듭니다. 요즘은 대체로 이런저런 양식을 융합하여 실용적으로 짓습니다."라고 말해준다. 전문가의 답은 특정한 양식에 구애되지 않고 자유롭게 짓는다는 것이다. 나는 경남 창원시 마산구 양덕성당을 가 본 적이 있다. 이 성당을 생각하면 내 질문이 우문이란 걸 깨닫는다. 건축가 김수근의 작품이다. 이 성당은 우리가 성당에 대해 가지는 보수적인 고정관념을 완전히 허물고 있다. 반드시 고딕이어야 권위가 있다는 낡은 생각을 사라지게 하는 성당이다. 대구에는 오래된 계산성당이 있다. 설립한 지 100년이 훨씬 넘는다. 전체 양식은 로마네스크와 고딕의 혼합이다. 범어성당에 비하면 고딕이 또렷하다. 범어성당은 고딕은 취했지만, 전체적으로 나지막하고 겸손한 고딕이다. 계산성당이 지어질 당시의 주변 환경과 범어성당의 주변 환경은 전혀 다르다. 계산성당이 높은 고딕 양식을 취할 수 있었던 것은 주변 환경에 구애되지 않았기 때문일 것이다. 범어성당은 이미 조성된 주변의 아파트 속에 설립되다 보니, 주변의 환경을 고려하여 짓지 않을 수 없다. 고딕인 듯 고딕이 아닌 듯, 한편으로는 돔의 양식도 느낄 수 있다. 전체적으로는 주변과 소통하려는 듯, 나름 보수적인 위풍도 지키면서도 겸손한 모습이다. 공간이 주변을 지배하지 않으려는 흔적이 또렷하다. 지배가 아닌 소통의 흔적이 강조된 느낌이다.

'공간이 의식을 지배한다'라는 다소 주술적 표현은 중세 로마 가톨릭주의의 절대 권위를 은유하는 공간의식이다. 공간이 의식을 지배한다는 생각은 인간의 의식을 마치 사물처럼 규정하는 유물론과도 연결된다. 공간의 양식이 종교적 신앙에 어느 정도 영향을 줄지는 몰라도 지배한다고 하는 것은 지나친 결정론적 패러다임이다. 인간이 공간을 짓고, 그 공간이 인간에게 영향을 미친다. 공간에 거주하는 인간은 우선 공간적 경험을 하지만, 그 경험된 자료들을 가지고 자신의 방식대로 새로운 공간성을 구성한다. 의식과 공간의 상호성이다. 성당의 양식이 어떻든, 그것이 나의 신앙을 결정하는 것은 아니다. 신앙은 양식이 아니라 본질이기 때문이다. 마치 교도소의 건축 양식이 그 안에 감금된 죄수들 모두를 교화할 수 없듯이.

우린 오래된 건물을 보면서 우선 양식사적으로 분류하는 데 익숙하다. 마치 그래야 전문가인 냄새를 풍긴다고 생각하기도 한다. 양식사적 분류가 건축물을 이해하는 중요한 규준인 것은 분명하다. 하지만 양식을 먼저 분류하고 건물을 이해하면 자칫 건축 자체의 본래 의미를 형식적으로 혹은 인위적으로 재단하는 오류를 범할 가능성이 있다. 누가 봐도 도리아 양식인 그리스 파르테논 신전도 군데군데 이오니아와 코린토스 양식을 숨기고 있다. 특히 현대 건축은 양식에서 자유로워지는 것을 그 특징으로 한다. 건축 양식을 미리 구분하고 그 양식의 틀 속에서 바라볼 경우, 그 건물은 자칫 양식에 제한된 혹은 구속된 건물일 수 있다.

나는 가끔 범어성당의 광장 의자에 앉아 쉴 때가 있다. 넓은 광장은 주변의 시민들이 수시로 나와 산책을 즐기는 공간으로 활용된다. 인근 초등학교 학생들의 가장 안전한 등하굣길이고, 술꾼들에게는 잠시 쉬어가는 곳이기도 하다. 음악 연주장이 되기도 하고, 맥주 축제의 장이 되기도 한다. 본당 안으로 들어가면 종교적 엄숙을 느낄 수 있지만, 외부의 공간은 시민들의 놀이터라 착각할 정도로 시민스럽다. 그 어디에도 사람을 자신의 선입견으로 저울질하라는 암묵적 강요는 없다. 누구든 와서 죄를 내려놓고 자유로움을 회복할 수 있는 공적 공간이다. 사적 권위나 명예가 자리할 장소는 어디에도 없다. 신 앞에는 모두 다 자유이고 평등하다. 신앙은 양식이 아니라 본질이 중요하다. 양식은 인간들이 만들어 놓은 하나의 규준에 불과하다. 그 규준은 이해의 수단일 뿐이다. 이제 유럽 건축물을 양식사적으로 평가하는 전문적 지식이 부럽지 않다. 문제는 해당 건물 자체를 있는 그대로 아무런 편견 없이 직관하는 것이다. 직관은 계산이 아니고 평가도 아니다. 본질을 직관하기 위해 우리는 우선 자신 안의 비본질적인 전제들을 걷어내야 한다.

운동화

오늘 출근길도 그렇고 항상 느끼는 것이긴 하다. 요즘 초등학생이 신고 다니는 운동화는 거의 다 유명 브랜드이다. 얼마 하는지 잘 알 수는 없지만, 얼른 보아도 고가의 신발인 것 같다. 내가 출근하는 도서관이 수성구라서 더 그런지는 확인할 길이 없다. 물론 이 자체가 문제가 될 필요는 없다. 문제는 우리 모두 타자가 욕망하는 것을 욕망하고 산다는 점이다. 친구 아들이 좋은 신을 신고 있으면, 우리 아이에게도 좋은 신을 신기고 싶은 것은 부모의 한결같은 마음일 것이다.

무릇 운동화뿐인가? 다른 아이들이 학원에 다니면, 내 아이도 보내야 하고, 다른 아이가 서울대학을 가면, 내 아이도 보내고 싶은 게 부모의 마음이다. 친구가 새 차를 구입하면, 나도 차를 바꾸고, 친구가 외국 여행을 가면 나 역시 가야 한다. 그렇다면 도대체 나란 존재는 누구인가? 나의 정체성은 어디에서 오는가? 내가 욕망해서가 아니라 타자의 욕망을 욕망하는 나는 결국 타자가 아닌가? '나는 나다'라는 생각은 착각이 아닌가? 결국, 나는 타자가 사는 방식대로 산다. 나는 능동적으로 생각하면서 사는 것이 아니다. 나는 타자가 생각하는 대로 생각하고 사는 건 아닌가?

그렇다면 우리는 결국 운동화를 내 발에 맞추는 것이 아니라, 내 발을 운동화에 맞추는 것이 아닌가? 모든 사람이 선호하는 고가의 운동화에 내 발을 맞추는 꼴이 아닌가! 우린 모두 자기의 정체성을 타자의 정체성에 맞추어 살고 있다. 나도 내 기준에서는 고가인 유명 브랜드 운동화가 한 켤레 있다. 그런데 사고 나니 발이 그리 편하지 않다. 이보다 저가인 다른 브랜드 운동화를 하나 더 샀다. 요즘 거의 이 운동화를 신는다. 내 발에 맞아야 좋은 운동화이다. 운동화에 내 발을 맞출 수는 없다. 나에게 맞는 운동화가 있듯이, 나에게 맞는 삶이 있다. 나의 역량에 맞지 않는 삶을 추구하는 것은 평생 발에 맞지 않은 불편한 신을 신고 다니는 꼴이 된다.

고대 철학자 엠페도클레스와 관련해서 그가 신고 다녔다는 샌들 이야기가 전해진다. 그는 시칠리아 아그리젠토 출신이다. 그의 샌들은 청동으로 만들어졌다. 그가 에트나 화산 속으로 뛰어들어 자살한 뒤, 분화구가 토해낸 샌들이다. 불가사의한 신화 같은 얘기다. 사실 여부와는 별도로, 우리는 그가 얼마나 불편한 신발을 신고 다녔으면 거의 걷지 않았다고 전해졌을까? 그가 분화구로 뛰어들어 자살했지만, 왜 분화구에서 샌들이 튀어나왔을까?

물론 여러 가지 상상이 가능하다. 우리는 그가 얼마나 불편한 샌들을 신고 다녔으면 자살하면서도 자신의 샌들을 세상에 남겼을까? 난 이렇게 불편한 샌들을 신고 다니면서 거의 걷지 못하고 살았지만, 당신들은 나와 같은 어리석은 짓을 하지 말라는 충고로 들으면 어떨까? 우린 엠페도클레스의 불가사의한 샌들 얘기를 통해, 나는 나에게 불편한 신을 신고 살지는 않았는지 성찰할 필요는 없을까? 신뿐만 아니라 몸에 맞지 않는 옷을 걸치고 다니는 것 역시 역설이다. 몸에 맞지도 않는 옷을 화려하게 걸치고 다닌다고 얼마나 행복했을까? 목숨을 스스로 끊는 사람들이 가지런하게 벗어 놓는 신발. 오죽 불편한 신발이면 벗어 두었을까? 자신에게 맞지 않은 신발을 신고 살아내야만 했던 삶을 그의 신발 안에 그대로 묻어 놓고 세상을 떠난 것이 아닐까.

모루

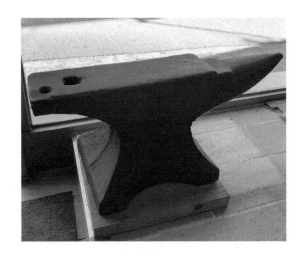

오늘 대구 중구 반월당을 지나 출근한다. '반월당'이란 곳을 지나면 항상 부모님 생각이 난다. 반월당 옛 신민당사(지금은 민주당사) 옆, 관상용 새를 파는 자그마한 가게가 아버지가 북한에서 남한으로 내려와 처음 자리를 잡은 터다. 대장간이다. 내 초등학교 생활기록부의 아버지 직업란에는 '철공업'이라 되어 있다. 대장간과 철공업은 차이가 나도 너무 난다. 하기야 틀린 말은 아니다. 대장일도 철로 물건을 만드는 것이니까. 종교는 예수교인으로 기록되어 있다.

대구에 정착한 아버지는 14살 연하인 어머니를 만나 결혼해 슬하에 자식 다섯을 두었다. 난 장남이다. 1953년 8월 18일에 태어났다. 초등학교 생활기록부에는 단기 4286년을 긋고 1953년으로 수정되어 있다. 서기 (西紀)를 공식적으로 사용한 것은 1962년부터다. 그러니 내가 3학년 때 출생 연도를 서기로 수정했던 것 같다. 참 오래 살았다. 어머니 23세, 아버지 37세 때 나를 낳았다. 부모의 나이 차가 많이 날 수밖에 없다. 난 초등학교 다닐 때, 아버지 나이가 많은 게 좀 부끄러웠을 것이다. 다른 아버지와는 차이가 너무 나니까. 아버지는 북한에 아내와 자식 셋을 두고 와 이곳에서 어머니와 결혼했다.

난 이곳을 지날 때마다 어머니가 생각난다. 아버지를 도와 남자도 하기 힘든 일을 어머니가 하시는 것, 아니 해내시는 것을 보았다. 풀무질로 벌겋게 단 쇳덩이를 아버지가 모루에 놓으면 어머니는 그 무거운 해머로 내리치신다. 모루는 불에 단 쇳덩이를 올려놓고 작업을 하는 받침대이다. 대장간에서는 없어서는 안 될 도구이다. 편편한 면과 한쪽으로만 뿔이 나 있는 기형적인 모양이다. 사진 속 모루는 아버님이 당시 사용하시던 것이다. 어머니는 아버지가 그만하실 때까지 해머질을 하신다. 어릴 때는 미처 몰랐다. 그 일이 여자에게 얼마나 힘든 일인지. 난 항상 어머니가 그렇게 하시는 걸 봤기 때문이다. 나이가 들면서 거친 일을 해오신 어머니의 건강이 걱정될 때가 많았다. 젊었을 때부터 당신의 허리가 많이 휘어지셨다. 그러셨던 어머님은 93세까지도 건강을 유지하고 계신다. 자식으로서 특히 장남인 나로서는 더없이 기쁜 일이다.

부모님은 대구 남구 대명동 영선시장 옆 남흥교회 목사님의 중매로 만났다. 지금도 있는 이 교회는 1954년 설립되었고, 다음 해 아버지는 40세에 장로가 되셨다. 내가 알기로는 당시 대구에서 가장 젊은 장로님이셨다. 난 아버지의 신앙을 물려받지 못했다. 항상 나는 아버지와 겸상했다. 밥을 먹다 보면 생 계란이 밥 속에 숨겨져 있다. 어머니가 동생들 모두에게 줄 수 없어 장남인 내 밥 속에만 감추어 두었다. 시간이 지나 동생들이 그때 정말 형이 미웠다고 털어놓는다. 자기들도 너무 먹고 싶었는데, 형만 챙겨주셨던 어머니에 대해 웃음 섞인 불만을 토로한 적이 있다.

언젠가 경북 고령 장날 구경을 갔다가 오래된 대장간을 보았다. 그리고 경남 통영 서호시장 안에서도 본 기억이 있다. 대장간 중앙에 놓여 있는 모루를 볼 때, 문득 어머니가 소환된다. 대장간의 중심에 서 있는 모루처럼 어머니는 다섯 자식을 키우기 위해 온갖 궂은일을 해오셨다. 어머니는 우리 다섯 자식에겐 모루와 같은 존재였다.

아버지의 대장간은 북에 가족을 두고 홀로 남으로 내려와야 했던 당신의 실존의 한이 쓰린 곳이고, 그 한을 불 앞에서 달랬던 곳이다. 당신의 일터는 자신만의 한을 무언가를 만들면서 스스로 치유했던 고대 그리스 신화의 헤파이스토스의 대장간과 같은 곳이었다. 부모님에게 모루는 당신의 자식들이 올바르게 자라도록 다듬어낸 사랑의 작업대였다. 다섯 자식을 위해 어머니는 당신의 등짝을 기꺼이 내어주시고 수없이 두들겨 맞으셨다.

징검다리

신천에 동서를 잇는 돌다리가 몇 개 있다. 고마운 다리다. 담장과는 달리 다리는 서로를 잇는다. 담장은 높이 쌓지만, 징검다리는 낮게 놓는다. 자신을 낮추어 다른 사람이 등을 밟고 지나가도록 겸손하게 엎드리고 있다. 낮아질 대로 낮아진 모습이다. 혹시나 건너는 사람이 불안해할까 싶어 힘주어 받힌다. 누군가를 위해 징검다리와 같은 존재가 되어 본 적이 없는 것 같다. 이 험한 세상에 누군가의 다리가 되어 본 적이 없다. 힘들고 지친 누군가의 눈물을 닦아 주고 그의 편이 되어 준 적이 별로 없는 것

같다. 참 이기적으로 산다. 모든 것은 나를 중심에 놓고 생각한다. 철학에 유아론(唯我論)이 있다. 말 그대로 오로지 나밖에 존재하지 않는다는 극단적인 자아중심적 세계관이다. 내가 진리의 척도이고, 내가 세상의 중심이라는 생각이다. 나와 타자 사이를 건널 수 있는 다리가 실종된다. '타자'란 존재가 실종되었다.

담장은 경계를 짓지만, 다리는 경계를 허문다. 타자를 나의 섬으로부터 추방하고 나와 타자 사이의 높은 담장을 쌓는다. 데카르트는 나 아닌 모든 것들을 나로부터 분리하기 위해 담장을 쌓는다. 나는 생각한다. 고로 존재한다. 생각하는 나와 몸으로서의 나를 분리한다. 단지 마음만 생각할 수 있고, 몸은 그렇지 못하다는 이유로. 담장을 쌓아 놓고, 이쪽과 저쪽을 이어줄 다리를 찾아낸 것이 뇌 내부의 '송과선'이다. 마치 솔방울처럼 생겨 '송과선'이다. 데카르트는 뇌가 마음과 몸을 이어주는 다리라고 생각한다.

나와 타자 사이의 관계 역시 담장과 다리의 메타포로 말할 수 있다. 우리는 개별적으로는 서로 담장을 쌓고 자신의 섬 안에 산다. 하지만 인간은 결국 서로에게 의존하지 않고서는 살 수 없는 존재이다. 서로가 험한 세상의 다리가 되어 이마를 맞대고 오순도순 살 수밖에 없는 것이 인간이다. 인간(人間)이란 한자가 말해주듯, '인간'은 '사이'(inter, 間)를 산다. 인간은 사이-존재이다. 타자와의 관계 속에 산다. 관계(relation)란 말은 '상호의존적'이란 뜻이다.

마음은 창문 없이 홀로 존재할 수 없다. 마음은 이미 타자로 향해 있다. 그것이 신이든 사람이든, 마음은 항상 무언가로 향해 있다. 나와 타자 사이에는 이미 다리가 놓여 있다. 내가 누군가를 사랑하든 미워하든, 항상 사랑하고 미워하는 누군가에 대한 것이다. 대상이 없는 사랑은 없다. 비록 짝사랑이라 해도 짝사랑의 대상은 있다. 그래서 마음은 막힌 상자가 아니다. 흘러가는 물과 같다. 마치 타자로 흘러가는 다리와 같다. 우린 서로의 다리가 되어 함께 살아야 할 존재이다. 혼자 두면 참 힘들고 외로운 존재들이다. 누군가가 내가 건널 수 있는 다리가 되어 준다는 것은 더없이 고마운 일이다.

자연은 담장이 필요 없다. 로버트 프로스트(Robert Frost, 1874~1963)의 〈담장 고치기〉(Mending Wall)의 첫 구절은 '무엇인가 담장을 사랑하지 않는 게 있나 보다'로 시작한다. 화자는 담장 쌓기를 싫어하는 자연주의 시인이다. 자연은 그 어디에도 스스로 담장을 쌓지 않는다. 오히려 인간이 쌓아 놓은 담장을 허문다. 하지만 담장 쌓기를 좋아하는 인간은 허물어진 담장을 고치면서 "좋은 담장이 좋은 이웃을 만든다."(Good fences make good neighbors)라고 중얼댄다. 자연은 언 땅을 녹여 부풀게 하여 담 위의 돌들을 햇빛 속으로 흩어지게 한다. 그리고 두 사람이 통과할 수 있는 틈을 만든다. 하지만 인간은 봄이 되면 담장을 수리해 다시 쌓는다.

내 것과 남의 것이 분명해야 서로 다투지 않는다. 그린 의미로 보면 담장이 필요하다. 하지만 우리 민족은 담장 쌓기를 그리 좋아하지 않는다. 이에 반해 중국은 담장 안에 담장을 쌓는다. 일본은 겉으론 담장이 없다. 그들에겐 바다가 해자(垓子)이고 담장이다. 하지만 안으로 들어갈수록 여러 개의 문으로 차단되어 있다. 우리의 경우, 담은 안과 밖을 구분하는 물리적 경계일 뿐이다. 헛담이란 게 있다. 있으나 마나 한 담이다. 고 이

어령 박사는 한국 담은 어른이 까치발을 들면 밖에서 안을 들여다볼 수 있는 정도의 높이라고 말한다. 너무 낮아서 안이 훤히 다 보인다. 그러니 안은 밖에서 경치를 빌려온다. 이걸 '차경'(借景)이라 한다. 안은 밖의 덕을 입어서 아름답다. 나는 타자에게 빚지고 산다. 나와 타자 사이의 담을 허물자! 그때 타자가 내 속으로 들어온다. 내가 타자고, 타자가 나다. 서로에게 징검다리가 된다.

공감

며칠 비가 내려 선선하던 날씨가 오늘은 아침부터 덥다. 내일이 중복이라 더운 건 당연하다. 자연의 배려인가? 무더운 날씨를 견디고서야 가을의 선선함을 맞을 수 있다는 자연의 교훈일지도 모른다. 희망교를 내려 신천 둔치를 걷는 마음만큼은 행복하다. 매미 군상의 떼창은 오늘따라 유난히 요란스럽다. 간간이 마주치는 잠자리를 보니, 어릴 때 살던 대구교대 앞 영선못이 생각난다. 철갱이 암놈 한쪽 다리를 긴 나무막대 끝에 실로 묶어서 휘휘 돌리다 보면, 수놈 철갱이가 암놈과 교접하려 달려드는 순간 확 낚아챈다. 철갱이는 잠자리의 경상도 방언이다. 내 기억에 '부리'라고 한 것 같기도 하다. 물론 이 못의 매립 시기가 정확하지는 않지만, 지금은 영선초등학교와 아파트가 들어서 있다.

어제저녁 마신 술을 털어내야 할 것 같아 오늘은 좀 더 걷는다. 수성교를 지나 동신교까지 내려갔다가 도서관으로 출근했다. 동신교를 건너 대구 중앙고등학교(예전엔 중앙상고) 옆길로 걸었다. 걷다가 예쁜 찻집이 눈에 들어왔다. 꽃차를 파는 곳인데 '차 그리고 공감'이란 타이틀을 붙인 카페이다. 우선 건물이 예뻐 들어가 보고 싶은 공감이 생긴다. '공감'(sympathy)은 '함께'(sym)와 '견디다'(pathy)의 합성이다. 남의 고통을

함께 아파한다는 의미 정도로 이해하면 될 것 같다.

　그런데 우린 가끔 말 안 해도 당신의 마음을 다 이해하고 공감한다고 한다. 그런데 다른 사람의 마음을 공감한다는 것이 과연 쉬운 일인가? 서로의 감정을 함께 나눈다는 의미의 감정이입(empathy)이다. 난 타자를 얼마나 이해하고, 그와 함께 고통을 나눌 수 있을까? 감정이입은 나의 감정을 타자에게 이입한다는 것인데, '이입'(移入)은 어디까지나 내가 주체가 되어 내 처지에서 타자의 마음을 이해한다는 의미이다. 타자의 처지에서 그를 이해하기란 여간 어려운 일이 아니다.

　물론 우리는 인간으로서 겪는 보편적 정서라는 것을 가지고 있다. 다른 사람이 어려움에 처해 있을 때, 그에 대해 안타까움을 느낀다. 존재의 유비(analogy)라고 할까, 모든 존재가 유사하게 느끼는 정서 중 가장 대표적인 것이 공감일 것이다. 하지만 냉정하게 말하면, 과연 타자와 내가 느끼는 정서가 다 같을 수는 없다. 연민을 느끼는 것을 어떤 사람은 바람직한 정서라고 하지만, 다른 사람은 비도덕적인 정서라고 말한다. 연민은 그 사람을 더욱 불쌍하게 만드는 경우가 되기 때문이다. 이렇게 본다면 '공감한다'라는 것이 너무 낭만적인 것은 아닌지 모르겠다. 말로는 이해한다고 하지만 그 말을 듣는 사람이나 그 말을 하는 사람이 과연 얼마나 서로에게 공감할 수 있을까?

나와 타자 사이에는 유비적으로 공감하는 무언가가 있다는 감정이입론이나 공감이론은 자칫 심리적 유추에 머물 수 있다. 심리적으로 아마 그도 역시 나와 같은 생각을 가질 거라고 생각한다. 내가 나를 이해하는 방식으로 타자를 이해할 수는 없다. 결국은 내 관점에서 타자를 바라보는 것에 지나지 않는다. '다 이해해. 걱정 말고 좀 참아봐, 그러면 좋은 날이 올 거야!' 이게 그에게 얼마나 위로가 될까? 얼마나 타자를 공감하고 있는가? 타자는 영원한 타자가 아닌가? 나와 타자 사이에는 근본적인 비대칭이 존재하는 것은 아닐까? 그렇다면 타자를 이해하거나 내 생각과 일치시키려는 것보다 타자가 나와 다름을 인정하는 것이 더 바람직할 것이다. 공감은 나와 다름을 인정하는 것이다. 대화 역시 합의(合意)가 아니라, 이의(異意)를 끌어내는 과정이다.

수성구 세무서 앞을 걷다가 내가 잘못 봤나 하고 다시 돌아가 확인하니, '용무 외 주차 시 시간당 3만 원'이라는 경고성 글귀가 붙어 있다. 세무서가 단독으로 사용하는 건물이다. 참 공감 능력이 없구나 하는 생각이 들지 않을 수 없다. 물론 건물주가 붙여 놓았을 것으로 생각은 들지만, 시민들의 눈에는 세무당국의 처사로 비친다. 시민을 징세의 대상으로만 보는 행정당국으로 비칠 수도 있다. 다른 말로 충분히 그 뜻을 전달할 수 있다. 군이 이렇게 써 붙여 놓아야 하는가? '용무 외 주차는 삼가 주세요'라고도 쓸 수 있는 게 아닌가? 출근길 어느 아파트 주차장에서 읽었다. '외부 차량은 족쇄 채운다'. 지나다가 보는 사람의 마음도 헤아리는 공감력이 필요하지 않는가?

어제 일요일 대구교대 장 교수와 경북대 철학과 성박사와 같이 시내 냉면 집에서 식사했다. 식사하고 나서 장 교수가 별다방 매장 중에 특별서비스를 해주는 매장이 있다고 해 검색해 보니, R 자가 붙은 매장이다. 대구에 몇 군데 없다. R은 Reserve의 머리글자로 손님이 주문하는 대로 서비스를 제공한다는 일종의 예약제 서비스인 것 같다. 이런 서비스를 하는 모 호텔로 찾아가 꽤 비싼 커피를 주문해 마셨다. 그런데 입이 참 보수적이다. 매일 아침 내려 먹는 내 커피에 길든 내 입에는 이 호텔 커피 맛도 그렇고 그렇다. 분명 젊은 친구들은 한국에는 이 브랜드와 이 브랜드가 아닌 것 두 가지밖에 없다고 말할 정도로 이 브랜드를 선호한다. 하지만 내 입에는 그리 맞지 않았다. 장 교수 역시 거의 반을 남겼다. 내가 마시던 커피에 길든 내 입이 공감력이 전혀 없는 것 같다. 입만큼 밉도록 보수적인 곳이 없다. 내 입에 맛있으면 다 맛있고 그렇지 않으면 다 맛없다.

스터디 카페

길을 걷다 보면, 스터디 카페란 게 많다. 커피 마시는 공간이라기보다 혼자 혹은 단체로 공부하는 공간이다. 사실 어디에 앉아 조용히 책을 볼 수 있는 공간도 그리 많지는 않다. 그렇다고 도서관을 찾는 것도 쉬운 일은 아니다. 우리는 자기만의 공간을 갖고 싶어 한다. 프랑스 철학자 미셸 푸코(Michel Foucault, 1926~1984)의 '헤테로토피아'(heterotopia)는 현실 속의 유토피아이다. '헤테로'(hetero)와 '유토피아'(utopia)의 합성어인 이 말은 도서관이나 극장 혹은 도시 정원이나 산 혹은 숲 등등 어느 곳도 될 수 있다. 머릿속 이상향인 유토피아와는 달리 현실 속 이상향이다. 카페에서 공부하든, 음악을 듣든, 게임을 하든, 나름의 이상적인 공간에서 자신만의 세계를 즐기고 있는 학생들이 많다. 커피 마시면서 자신만의 시간을 즐길 수 있는 스터디 카페가 그들의 헤테로토피아다. 살아내기가 녹록지 않은 대한민국의 현실 속에서 그들만이 즐길 수 있는 유일한 공간 중 하나가 스터디 카페이다. 젊은 학생들이 이 공간의 주인이다. 노인들의 모습은 찾기 힘들다. 노인이 노트북을 들고 카페에서 혼자든 단체로든 스터디한다고 상상하는 게 우습다(?). 특히 대구는 시니어를 위한 이러한 공간이 거의 없는 것 같다.

요즘 곳곳에서 인문학 강의다. 길 위의 인문학이 인문학 대중화 운동으로 비교적 잘 운영되고 있다. 바람직한 현상이다. 문제는 '인문학'이란 말마디를 지나치게 확장해서 그 정체성이 혼란스럽다. 노래 교실도 공예나 그 밖의 유사한 형태의 강의 모두 인문학이다. 철학이 인문학의 꽃인 시대는 갔다. 오히려 철학은 어렵다는 이유로 인문학의 서자(庶子)로 취급받는다. 인문학의 대중화가 자칫 인문학의 속물화로 이어지지는 않을까?

시니어 공간은 주로 노래 교실이나 꽃꽂이 혹은 등산이나 아니면 술집 혹은 파크 골프장이나 당구장 등등이다. 누구든 자신만의 유토피아 공간은 가지고 있다. 아쉬운 것은 시니어의 스터디 카페가 거의 없다는 점이다. 요즘 대구 시내 여러 대형 도서관에서 운영하는 프로그램 중 눈에 띄는 인문학 강의가 있다. 다만 이런 공적 공간 이외 거리 어디에서나 쉽게 접할 수 있는 거리의 카페가 많아졌으면 한다. 소크라테스도 길 위에서 철학을 가르쳤다. 스터디 카페가 젊은이만의 전유물이 아니다. 2017년 2월 13일 파리 바스티유 광장 인근 최초의 철학 카페 Café des Phares를 찾았다. 오전에 시니어들의 독서 토론이 한창이다.

커피

커피를 좋아하지 않는 사람이 있을까? 2021년 기준으로 한국 성인의 연간 커피 소비량은 353잔이고, 세계 성인의 평균 소비량은 132잔이다. 소비량이 세계 6위이다. 출근길에 가장 많이 보는 것이 크고 작은 커피 카페이다. 나는 담배를 피우지 않는다. 그 대신 술은 좋아한다. 물론 커피도 좋아한다. 담배를 피우지 않는다는 안도감(?)을 팔아서 술을 사는 꼴이다. 술을 좋아하는 이유는 딱 하나다. 습관이다. 아직 음주 습관을 고치려고 해 보지 않았다. 습관을 고치는 게 여간 어려운 일이 아니다. 의사 앞에서 담배를 피우지 않겠다고 말하고는 병원을 빠져나오면서 습관적으로 담배는 이미 입에 가 있다. 행복은 좋은 습관이 몸에 덕으로 쌓일 때 비로소 가능해진다. 이렇게 몸에 덕을 쌓기는 쉬운 일이 아니다. 누구도 행복할 수 있지만, 누구나 행복할 수 없다. 그만큼 행복을 얻기는 힘들다. 쾌락에 빠지지 않는 습관을 기르는 것이 너무나도 어렵다. 그건 쾌락에 빠지는 나쁜 습관에는 쉽게 길들어지기 때문이다. 담배도 술도 좀처럼 끊기가 힘든 이유이다. 하지만 커피는 굳이 끊을 이유는 없다. 너무 많이 마시지 않는다면, 술이나 담배보다 정신건강에 좋은 기호식품이다.

전 세계적으로 연간 약 4,000억 잔의 커피가 소비된다. 우리나라 커피 매출은 약 1조 8,000억 원으로 추산되며, 이 중 20% 정도를 원두커피가 차지한다. 솔직히 나는 커피 맛을 잘 모른다. 커피의 종류마다 특이한 향이 있다는 데 나에게는 다 비슷비슷하다. 혼자 있는 시간이 많은 나는 커피가 참 좋다. 책 보거나 특히 글 쓸 때 커피는 친구이다. 하루에 석 잔 정도 마신다. 나는 커피 자체보다 만들기를 더 좋아한다. 원두를 분쇄기에 갈 때부터, 이미 커피의 향이 온몸과 방과 거실을 취하게 만든다. 주전자에 물을 끓여 92도 정도의 상태에서 드립한다. 물론 그렇지 않을 경우가 더 많다. 그리 인내심이 없는 편이다. 커피가 다 내려지는 동안 잔잔한 음악을 틀어 놓는다. 커피를 책상으로 가져와 노트북을 여는 순간이 하루 중 제일 행복한 때이다. 내가 마신다기보다는 커피가 나를 마신다. 나의 몸에는 커피의 스키마(Schema)가 이미 각인되어 있다. 커피를 마음이 아닌 몸으로 마신다.

고대부터 와인이 철학의 주 음료로 사용되었다. 와인을 적당하게 마시면서 철학적 담론을 했던 모양이다. 소크라테스는 주당인 셈이다. 기원전 416년 아가톤이 비극경연대회에서 우승한 기념으로 뒤풀이를 한다. 주제는 에로스이다. 참가자들이 술을 마시면서 순서대로 나와 에로스가 무엇인지에 대해 토론한 책이 《향연》이다. 번역된 심포지엄(symposium)은 '함께'(sym) '마시다'(posion)의 합성어이다. 술은 함께 마시는 게 원칙이다. 서로 취해 즐기면서 토론한다. 술 속에 진실이 있다는 것이 상투적인 글귀만은 아닌 것 같다.

《향연》마지막에 "모든 사람이 술 취해 돌아갔지만, 소크라테스는 마지막에 자리를 떠 뤼케이온으로 가 목욕을 하고 저녁이 되어서야 집에 가서 쉰다."라고 서술되어 있다. 예로부터 술과 철학은 어울렸던 모양이다. 지난주, 몇 년 만에 대학 동기들을 만났다. 20명이 입학해 7명이 졸업했다. 그중 한 명은 이미 세상을 떠났고, 한 명은 연락이 잘되지 않는다. 다섯 명이 모여 친구의 사위 별장에서 새벽 5시까지 별장노래방에서 술 마시고, 노래하고, 어깨동무하고 춤추고 놀았다. 말 그대로 향연이었다. "천하는 내 것이다. 세상은 발아래다. 아! 소리쳐도 대답은 없고, 남은 건 힘겨운 부서진 흰머리 인생은 하룻밤 가장무도회야. 부귀도 한 저녁 아부도 한 새벽 잠들면 꿈처럼 지나간 무도회", 이 노래는 남진이 1967년에 불렀다. 대학 다니던 시절 철학과 과노래로 정해서 같이 많이 불렀던 노래다. 철학과와 잘 어울리는 노래다. 옛 생각을 하며 이 노래를 함께 불렀다. 철학과 동기들의 술 솜씨는 여전하다. 나이 70에 술을 아직 마실 수 있는 건강을 잘 유지한 동기들이었다.

요즘 혼술하는 사람들이 있다. 하지만 이건 정상적인 것은 아니다. 사회의 병적 현상이 빚어낸 비정상적 습관이다. 하지만 커피를 혼자서 마신다고 해 '혼커피'란 말은 없다. 커피는 혼자 마시는 게 정상이다. 커피는 혼자서 마셔도 아무렇지 않다. 혼자 마시는 커피는 나를 깊은 사색의 숲으로 안내한다. 특히 아침, 하루를 시작하면서 마시는 커피는 마음을 안정시켜주기도 하지만, 생각할 수 있는 여유를 선사한다. 술을 마시면서 책을 읽을 수는 없다. 커피를 마시면서 책을 읽고 음악을 듣는 게 훨씬 자연스럽다. 그런 면에서 커피가 철학과 더 친화적이다.

커피 애호가로 알려진 베토벤은 매일 아침 원두 60알로 커피 한잔을 만들어 마셨다고 한다. 그 60알 하나하나에서 그의 악상이 흘러나왔다고 해도 과언이 아니다. 아침마다 60알을 세는 의식(儀式)을 치른다. 그 과정이 그에겐 더 행복했을 것이다. 마시는 순간보다 자신이 만들 곡을 생각하면서 커피를 만들어 가는 과정이 더 소중했을 것이다. 글 쓰는 사람에게 커피만 한 친구는 없다. 커피가 글을 쓰는 주인이 되기도 한다. 습관적으로 커피를 마시며 글 쓰는 사람에겐 커피는 글을 쓰게 하는 존재의 동반자이기도 하다.

커피는 신이 내려 준 선물이다. 술을 너무 많이 마셔 병이 들어 죽은 사람은 있어도 커피를 많이 마셔 죽은 사람에 대해서는 듣지 못했다. 커피의 맛은 사람에 따라, 마시는 시각에 따라 다 다르다. 사랑하는 사람과 마시는 커피는 기쁨의 선물이다. 이별하는 사람과 마시는 커피는 악마의 쓴맛일 것이다. 마치 죽음처럼 어두운 색깔이지만, 그리고 생긴 모양이 마치 지옥의 문을 닮았지만, 그 향기는 달콤하다. 천 가지의 맛을 그때그때 연출하는 커피는 하늘이 내려준 맛의 천사와 같다. 커피는 내 친구이다. 변함없는 친구이다. 내가 우울할 땐 우울한 친구로, 기쁠 땐 기쁜 친구로 나를 응대한다. 언제나 변함없는 친구처럼 내 곁에 있다.

젊은 사람들이 즐겨 먹는 브랜드인 별다방의 로고는 호머의 《오디세이》에 나오는 바다 요정 세이렌의 모습을 형상화한 것이다. 오디세우스가 자신을 배의 기둥에 묶고 부하들은 밀랍으로 귀를 틀어막고서야 지나갈 수 있었던 바다 길목이었다. 세이렌은 지나가는 뱃사람의 혼을 흔들어 바다의 제물로 만드는 요정이다. 행인들을 유혹해 매장 안으로 끌어들여 커피 향의 제물로 만들어버리는 요정을 은유하는 것인가?

특이성

오늘 35도의 날씨다. 오후 출근이다. 저녁엔 도서관팀 회식이 있어 오후에 출근했다. 신천을 에워싸고 있는 아파트의 군상들이 한결같다. 모양도 색깔도 거의 유사하다. 잿빛 파노라마를 연출한다. 신천 둔치를 걸을 때나 신천대로나 동로를 차를 타고 지날 때마다 느낀다. 어린애 같은 생각이다. 왜 모두 똑같은 집에 살고 있을까?

대구는 유난히 난개발이 심하다. 곳곳에 옛것을 허물고 다시 짓는다. 말은 재건축이지만 내 눈엔 재개발이다. 재건축과 재개발의 차이를 말하기는 쉽지 않다. 나름대로 정의해 본다. 건축은 건축가의 생각이나 철학에 옷을 입히는 생산적인 작업이다. 누구나 할 수 있는 작업이 아니다. 고대부터 건축을 가장 이상적인 것을 짓는 일이라 생각했다. 재건축은 옛것을 해체하고 새로운 방식으로 보다 창의적이고 예술적인 감각을 가지고 짓는 것이다. 재개발은 말 그대로 이익 창출이 목적이다. 어떻게 하면 적은 돈으로 많은 이익을 창출할 수 있는지를 최우선으로 생각한다. 그러니 새로움이나 특이성은 실종될 수밖에 없다. 이런 시각에서 보면, 신천을 둘러싸고 있는 건물들은 개발 이데올로기의 상처를 고스란히 입고 서 있는 몰(沒)개성적인 물체이다.

　우린 좀 특이한 사람이나 물건을 보면 이상하게 생각한다. 대구에서 화원 톨게이트를 벗어나자마자 왼편에 특이한 색의 아파트가 눈에 띈다. 건물 디자인은 다른 아파트와 다를 게 없는데, 칠해 놓은 색이 특이하다. 얼른 보면 값싼 건물처럼 보일 정도로 색이 유난히 촌스럽다. 장미정원에 호박꽃 하나가 서 있는 듯하다. 하지만 지나다니면서 자주 보다 보니 꽤 괜찮아 보인다.

　이 아파트는 고속도로를 끼고 있는 외곽 중의 외곽에 있다. 장소성으로 보면 존재감이 없다. 분양할 당시 이 아파트 건설사는 이 지역에서 인지도가 그리 높지 않았다. 낮은 인지도를 높이기 위해 특이한 색채 마케팅을 한 셈이다. 어느 정도 성공을 한 사례이다. 특히 고속도로를 끼고 있는 점을 잘 활용한 것 같다. 톨게이트에 인접해 있어 차들이 속도를 줄이는 지점에서 가장 눈에 잘 띄는 색채 디자인이다. 좀 과장해서 말하면 아파트 숲에서 유독 이 아파트만 존재감을 뽐낸다. 이곳을 지날 때마다 '뭐 저리 빛나게 짓노?'라 했던 것이, 조금 익숙해지니, '참 특이한 브랜드 창출이네!로 바뀐다. 특이성은 익숙해지기 전에는 마치 비정상인 것처럼 보이지만, 익숙해지면 이전의 것이 비정상적인 것으로 보이기 시작한다.

우린 '특이성'(singularity)이란 개념에 익숙하지 않다. 너무나 오랫동안 동일성에 길들어 왔다. 동일성에 안주하는 게 훨씬 편하고 안정적이다. 하지만 특이성은 예전의 내 생각을 흔들어 놓을 만큼 모험적인 요소가 될 수 있다. 아마 이 아파트의 색깔도 처음에는 모험적으로 시도했을 것이다.

특이성은 특수성(particularity)과는 다르다. 특수성은 항상 보편과 개체의 이항관계 속에서 사용된다. 각 개체의 특수성이 지닌 공통분모가 보편성이다. 하지만 특이성은 보편성에 예속하지 않고 오히려 보편성이라는 상상된 관념을 해체해 버린다. 우리가 예속해야 할 보편성은 그 어디에도 없다. 각자의 삶을 저울질할 어떤 보편적 규준도 실재하지 않는다. 특이성은 삶의 역동성과 창의성을 창발하는 힘이다. 이런 의미의 특이성을 즐겨 사용하는 철학자가 질 들뢰즈(Gilles Deleuze, 1925~1995)이다.

집은 짓고 사는 사람의 생각의 거푸집이다. 집은 지은 사람의 생각에 옷을 입혀 놓은 것이다. 어떤 생각으로 짓는가에 따라 다른 집이 된다. 그 집에 거주하는 사람 역시 어느 정도 그가 사는 공간에 영향을 받는다. 물론 공간이 의식을 지배할 정도라고는 할 수 없다. 공간이 의식을 지배한다는 생각은 너무 나간 것이다. 공간은 지은 자의 영향을 받고, 그 안에 거주하는 자는 공간의 영향을 받는다. 인간과 공간은 서로 영향을 주고받는다. 마치 사람이 책을 짓고, 책이 사람을 만든 것처럼.

이런 맥락에서 보면, 물론 다른 대도시도 그렇겠지만, 특이성이 없는 아파트에 사는 대구사람의 생각도 거의 차이가 없어 보인다. 거의 같은 색과 모양으로 지은 아파트에 살면서 서로 다른 생각을 가지고 살기가 그리 쉽지는 않을 것 같다. 일제강점기에 지은 초등학교 교사(校舍)에서 공부한 세대와 전혀 다른 공간 구조로 지은 초등학교에서 공부한 세대가 같은 생각을 가질 수는 없다. 난 대구 명덕초등학교를 나왔다. 조금 바뀌었어도 그때 그 시절의 교사 본체는 그대로 유지하고 있다. 이런 공간에서 창의성과 특이성을 기대할 수 있을까? 가장 먼저 고쳐야 할 곳이 초등학교 건물이라는 말은 설득력이 있다.

난 거의 매일 대구의 중심인 범어네거리를 걸어서 도서관으로 출근한다. 범어네거리를 걸으면서 주변의 아파트를 본다. 지금 짓고 있는 아파트와 기존의 아파트로 둘러싸인 네거리를 걷는다. 이리저리 봐도 비슷한 뷰다. 네거리 주변에 조성된 녹색 공간에는 벤치 몇 개가 놓여 있다. 모두 바쁜 출근길에 이곳에 앉아 쉴 수 있는 여유가 없다. 대구사람이 대체로 보수적이듯이 아파트 역시 보수적이다. 조금이라도 달리 지을 여유가 없어 보인다. 그러려고 시도하지도 않는 것 같다. 보수, 즉 있는 그대로의 방식을 유지하려는 성향이 강하다. 개혁은 모험이다. 전과는 다른 방식으로 사는 것 자체가 위험한 베팅이다. 물론 그렇다고 해서 대구에 사는 60대 이상의 노인을 모두 보수적 성향이라 재단해서도 안 된다. 공간이 의식에 절대적 영향을 주지는 않기 때문이다. 같은 집에 살아도 가족 구성원이 비슷하면서도 다 개성을 가지듯.

지금까지는 남이 하는 대로 그저 그렇게 살아왔다면, 이제 특이한 길을 걷고 싶다. 이제라도 지금까지 나의 삶을 옥죄던 현실의 장애들을 훌훌 걷어내고 나만의 길을 가고 싶다. 지금이 가장 빠르다. 지금이 가장 젊다. 나 자신만을 사랑하며, 나의 남은 여정을 화려하게 그리고 싶다. 고흐가 되어 그처럼 그림을 그리고, 〈보헤미안 랩소디〉의 프레디 머큐리처럼 자유롭게 노래하고, 그리스인 조르바처럼 춤추고 싶다. 난 오늘 보라색 점 퍼에 골이 깊은 녹색 코르덴 바지를 입고 출근했다. 내 나름으로는 퍽 특이한 패션이다.

마틸다

어제 도서관팀과 첫 회식을 과하게 했다. 속이 쓰리다. 1차, 2차를 거쳐 3차까지 이어졌다. 3차로 간 집은 마틸다라는 곳이다. 대구 중구 대봉동 웨딩거리 쪽에 있다. 평소에 이곳을 많이 지나다니지만, 밖에서 보면 술집이 아니다. 안으로 들어서는 순간 음악 소리와 가득 찬 젊은이들의 춤과 노랫소리가 시끄럽다. 우리 일행의 나이도 적지 않은 나인데, 그중에서도 내가 나이가 제일 많다. 명실상부 노인이다. 이곳에는 전혀 어울리지 않는다. 이 집은 옛날식으로 DJ가 신청곡을 받아 LP판으로 틀어준다. 수성구 두산오거리에서 범물로 가는 오른편 건물에 있다가 이곳으로 왔다고 한다. 70이 넘은(?) 여사장이 직접 판을 틀어준다. 젊었을 때는 방송국 피디였다고 들었다. 우리 일행은 이곳에서 미친 듯 놀았다. 제일 중앙 자리를 점거하고 젊은이들과 섞여 놀았다. 주의사항에 신이 나도 제자리서 어깨만 흔들라고 써 놓았다. 나로서는 유별난 경험이다. 정말 오랜만에 한없이 흔들었다. 언제 이런 곳을 와 보겠는가 하는 생각이 들었다.

'마틸다'를 검색하니, 뮤지컬 〈마틸다〉가 뜬다. 시놉시스를 보니, 억눌린 아이 마틸다의 얘기다. 부모와 학교에서 자신의 끼를 발산하지 못하고 억눌려 사는 마틸다. 억눌려 있던 마틸다가 끼를 발산하면서 자신의 정

체성을 보란 듯이 찾아가는 내용이다. 기성세대에게 던지는 메시지다. 이 집 주인이 어떤 생각으로 '마틸다'라는 간판을 달았는지는 모른다. 기성세대로부터 자신의 정체성을 상실당한 채 살아가는 청년들이 각자 '마틸다'가 되어 자신의 정체성을 회복하는 공간쯤으로 이해하면 어떨까?

이 집은 젊은이도 레트로 갬성에 빠지기 충분한 술집이다. 벽은 낡은 사진과 그라피티에 가까운 낙서로 가득 메워져 있다. 탁자는 함석으로 된 옛날식 원통 탁자이다. 안주는 오뎅탕이 주류인 것 같다. 어제 참 큰일을 했구나 하는 생각이 든다. 마치 독립운동한 것 같은 기분이다. 젊은이들의 소굴로 찾아 들어가 그들의 삶을 엿듣고 공감했다. 아마 다시 이곳을 찾아갈 것 같지는 않다.

살면서 때론 새로운 경험이 필요할 때가 있다. 청년들이 왜 이 컴컴한 공간에서 술 마시고 있는가? 청년 그들 나름으로 스스로를 치유하는 공간이다. 대한민국에서 청년으로 산다는 게 녹록지 않다. 현실의 매를 많이 맞고 산다. 취업, 결혼, 출산 등등, 어느 하나 만만한 게 없다. 청년의 아픔을 공감한다. 청년이 아프지 않으면 사회는 건강을 잃는다. 슬퍼하고 아파본 청년이 미래 사회를 더 건강하게 만들 것이다. 아픈 만큼 더 성숙할 것이다. 물론 이 말도 청년들에겐 꼰대의 말로 들릴지는 모를 일이다.

원하는 직장을 얻어서 결혼해 자식 낳고 행복하게 사는 게 좋은 삶이라고 가르치고 배웠다. 하지만 요즘은 결혼적령기란 말이 사라졌을 뿐만 아니라 결혼을 반드시 거쳐 가야 할 인생의 통로로 생각하지도 않는다. 의외로 나이가 들어서도 결혼을 하지 않는 자식을 둔 부모들이 꽤 있다. 하지만 자식이 결혼을 안 해 걱정이라고 하면서도 자식의 결혼을 강요하거나 독촉하는 부모는 그리 많지 않다.

정치판이 갈라놓은 이대남과 이대녀의 갈등이 상존하는 한국 사회에서 가장 피로감을 느끼고 살아가는 청년들이다. 그들 나름의 삶의 애환과 갈등 그리고 분노와 질투 등등. 그렇게 가볍지 않은 무게들이 그들의 삶과 경험 속 곳곳에 각인되어 있을 거라 예상할 수 있다. 난 평생 대학생을 가르쳤다. 하지만 그 학생들과 마음 놓고 소통한 적이 거의 없었다. 난 그들의 입장에서 그들을 이해하려고 노력한다. 하지만 나와 그들 사이에는 근원적인 비대칭이 존재한다. 그들은 내가 이해하는 '그들' 이상이 아니다. 아마 그들이 이해하는 '나' 역시 그럴 것이다. 어쩌면 자신의 방식으로 타자를 이해하는 것 이상을 할 수 없다.

'이해한다'(under-stand)는 게 쉽지 않다. 타인을 나의 잣대 하에 (under) 세우는(stand) 것이다. 말로는 이해한다고 하지만 결국 내가 이해한 '그들'에 지나지 않는다. 심지어 말 안 해도 이해한다고 억측한다. 이심전심(以心傳心)만큼 폭력적 대화는 없다. 그들이 이 공간에서 풀어내는 삶의 애환들은 나이 든 사람들이 책임져야 할 일들도 있을 것이다. 한국 사회의 경험을 먼저 한 나와 같은 노인의 입장에서 미래 세대에 대해 윤리적으로 책임을 져야 할 일들이 분명 있다. 특히 국가는 이 문제에 가장 큰 책임을 져야 한다. 청년을 정치놀이의 볼모로 삼지는 않았는지? 기성세대는 미래 세대에 대해 얼마나 고민하면서 그들의 삶의 아픈 곳을 위로해 주었는지?

누구든 목적 없이 살 수는 없다. 거대한 목적을 세워 사는 게 필요하다. 하지만 목적한 대로 이루어지는 게 별로 없다. 물론 하나의 목적을 성취하면 또 다른 목적을 가지고 살려 한다. 이러한 목적론적 삶은 결국 의도한 바가 다 이루어지지 않을 경우, 고통과 슬픔에 빠져 헤어나오지 못하고 종국적으로는 삶을 포기하는 사람도 있다.

그때그때 주어진 상황에서 선택하고 계획을 세운 것이 지나고 보면, 나의 뜻대로 결정했다고 하지만 사실은 그것을 결정짓는 외적인 원인이 있었다. 지금보다 더 강한 기쁨을 주는 원인에 끌려 욕망이 결정한 것이다. 자신의 존재를 유지하는 데 이익이 되는 것을 얻으려는 욕망이다. 이것을 코나투스(conatus)라고 한다. 내 자유의지에 따라 목적을 세우고 그것을 성취하려 애쓴 것이 아니다. 자유의지는 착각이다. 자신의 삶을 이끄는 거대한 목적이 있다는 것 역시 허구다. 상상일 뿐이다. 진정한 자유는 바로 이 사실을 인식하는 데서 온다. 마음대로 할 수 있는 게 아무것도 없다는 것을 깨달을 때 진정으로 자유롭다. 이 자유는 나의 삶을 옥죄는 외적 원인에 영향을 덜 받는 데서 온다. 외적인 충동에 수동적으로 대하면 대할수록 마음은 자유롭지 않다. 능동적으로 대할수록 자유로워진다. 자유는 주어진 것이 아니다. 자유는 외적 원인에 의해 촉발되는 충동에 능동적으로 대처할 수 있는 역량이다.

물론 욕망 없는 삶은 공허하다. 하지만 지혜가 없는 욕망은 맹목이다. 욕망은 새로운 삶을 창조하는 원동력이다. 하지만 과도한 욕망이 문제다. 자신의 역량이 미치지 못하는 계획을 세우고 성취하려는 욕망이다. 욕망이 큰 만큼 고통도 컸다. 살면서 욕망을 조금씩 내려놓는 지혜를 구하는 연습을 게을리해서는 안 된다. 나이 든 노인이 청년에게 하고픈 얘기다. 나름 몸부림치고 살아냈지만, 여전히 그 자리를 맴돌았다는 걸 나이 들어 깨달은 꼰대의 충고쯤으로 들어도 좋다. 결국, 사는 게 아니라 살아내는 것이다.

99계단

　대구 남구 이천동 서봉사 밑 골목길을 걷는다. 중고등학교 6년 동안 매일 다닌 길이다. 이 골목길에는 서봉사를 오르는 99계단이 있다. 계단이 가파르다. 올라서면 서봉사 후문으로 연결된다. 서봉사는 비구니 사찰이다. 건립연도는 정확하게 알 수 없으나 1920년경에 작은 암자의 모습을 갖추었다고 짐작된다. 서봉사 창건주는 재가 여신도 김초향이다. 김초향은 기생의 신분으로 자신의 일생을 돌아보며 평생 기억될 뜻 있는 일을 하기 위하여 서봉암(棲鳳庵)을 창건하였다고 한다. 서봉암이 서봉사의 초석이 되었다.

　이 가파른 계단에 올라서는 순간, 마음은 이미 부처님에게로 향한다. 오르는 고통이 없이 부처님을 만날 수 없다. 올라서지 않으면 만날 수 없는 부처님이다. 한 계단 오를 때마다 번뇌를 하나씩 내려놓아야 한다. 초파일 때 한 번씩 찾는 곳이다. 이 절을 생각하면 떠오르는 친구가 김동성(지금은 현준)이다. 나에겐 '동성'이란 이름이 더 익숙하다. 그 친구는 고등학교 때부터 불교에 심취했다. 대구 중구 대봉성당 부근 그의 집 공부방에는 꽤 큰 불상이 모셔져 있었다.

　나에게 수학은 치명적 괴물이다. 영어나 국어에 비해 수학은 흥미가 없

신천에 철학 카페를 짓다

었다. 나는 이 친구 집에서 수학 과외를 했었다. 내 기억으로는 당시 과외 선생은 경북대학교 수학과에서 가장 공부를 잘했던 대학생 형이다. 그도 그럴 것이 친구의 어머니가 경북대학교 지리학과 교수였고, 아버지는 대구교육대학교 초대 학장이었다. 학장님은 일본 동경대 철학과 출신이다. 우리 집 형편은 이런 금수저 친구와 같이 과외를 할 수 있는 처지가 아니었다. 장남인 나에 대한 부모님의 기대가 얼마나 무모(?)했는지를 뒤늦게야 깨달았다.

동성이 친구가 예비고사가 임박해 학교에 오지 않자, 담임선생님의 심부름으로 몇몇 친구들이 팔공산 어느 절에 있던 그를 찾아 데리고 온 기억이 난다. 졸업하고 친구의 어머니 49재 때 친구 몇이 서봉사를 찾은 적이 있다. 그 후 그 친구와는 서로 소식을 알지 못하고 오랜 시간이 흘렀다. 그러던 중 팔공산 갓바위 밑 절에서 그 친구의 책을 우연히 봤다. 개명하여 '김현준'이란 이름으로 낸 책,《사찰, 그 속에 깃든 의미》(1991)이다. 오늘 검색창에 '김현준 불교'라고 치니 그의 많은 책이 소개된다. 주로 쉬운 생활불교를 알리는 책이다. 그는 최근《뭐가 그리 바쁘노》(2022)라는 경봉 스님 일화집을 출간했다. 그는 불교신행연구원을 만들어 원장으로 활동하면서 많은 책을 십필하여 널리 알리고 있다.

최근 〈불교신문〉이 그를 소개하는 글을 옮긴다. "월간 〈법공양〉 발행인 겸 편집인으로 활동하고 있는 김현준 불교신행연구원장은 30년 전부터 참회에 대한 글을 즐겨 써왔다. 그렇게 세상에 나온 책이 〈참회ㆍ참회 기도법〉, 〈참회와 사랑의 기도법〉 등이다. 70세를 앞두고 문득 참회에 대한 결정판을 만들겠다는 원력을 세운 김현준 원장은 지난해 9월부터 월간

〈법공양〉에 연재를 이어갔고 그 글들을 다듬어 한 권의 책으로 엮은《참회》를 최근 펴냈다"(2022.11.24.). 그는 동국대 불교대학원과 한국학중앙연구원에서 한국불교를 전공했다. 지금은 경주에 산다고 전해 들었다.

나는《한국불교와 서양철학》(한국학술정보, 2010)이라는 책을 낸 적이 있다. 그 인연으로 불교 학회에 발표나 논평자로 참석한 적이 몇 번 있다. 난 서양철학을 하면서 불교를 엿들었다. 물론 동기에 비하면 초학자에 지나지 않는다. 우린 이렇게 나름대로 가야 할 길이 미리 있었던 것 같다. 그 길을 열심히 달려왔다. 우린 각자의 짐을 지고 99계단을 열심히 올라왔다. 이제 짐을 내려놓고 잠시 서로를 기억하며 그리워할 나이가 된 것 같다.

Aug.

8월

비둘기

8월 첫날 월요일이다. 날씨는 무더운데 바람은 제법 선선하다. 오늘도 느끼지만, 신천 둔치 남구청 관할 구역인 중동교에서 대봉교 사이에는 넓은 녹지 공간이 많다. 녹지 공간이 많다 보니, 인위적인 공원이나 운동 시설과 조형물들이 다른 구역에 비해 많다. 인위적인 조형공간이 많으면 많을수록 자유롭게 뒹굴고 활력 넘치게 놀 공간이 줄어든다. 정원을 만들어 놓으면 그곳에 들어갈 수 없다. 정원은 눈으로 보기에는 좋을지 모르나 몸으로 뒹굴 수는 없다. 눈은 인식론적 채널이다. 좀 어려운 말일지는 모르겠다. 본다는 것은 눈앞의 대상(對象)을 보는 것이다. 대상은 ob-ject 다. 나와 마주하고 있는 손님이다. 이 관계에는 보는 주체와 보이는 객체의 분리가 전제된다. 나와 남의 분리이다. 하지만 몸은 보는 게 아니라 느끼는 주체이다. 몸은 인간과 인간 그리고 인간과 자연이 만나는 생태학적 장소이다. 몸으로 뒹굴고 맘껏 뛰노는 장소를 인위적으로 축소하는 행정 당국의 불편한 배려가 와닿지 않는다.

수성교 하류 징검다리를 건넌다. 다리를 건너 항상 쉬어가는 벤치에 앉았다. 인간이 만들어 놓은 물리적 장애물과는 상관없이 몸으로 사랑하는 현장을 본다. 내 앞에 비둘기 두 마리가 놀고 있다. 그저 노는 게 아니다.

사랑놀이다. 수컷은 암컷보다 덩치가 크다. 그 큰 덩치로 암컷 앞에서 교태를 부린다. 이들의 사랑놀이를 방해하는 인간 이방인이 지나가고 나면, 헤어졌다가 잠시 후에 다시 만나 사랑을 나눈다. 끈질기다. 잠시 떨어졌다간 다시 만난다. 비둘기의 사랑놀이 현장을 바로 눈앞에서 리얼하게 보는 것은 처음이다. 일어서 가려다가 아쉬움이 있어 다시 앉아 기다린다. 그들이 내 앞에서 사랑하는 현장을 사진에 담고 싶어서다. 그들은 행인의 방해에도 무릅쓰고 그들만의 사랑을 열정적으로 나눈다. 그들의 입맞춤은 가히 키스라 해도 과언이 아니다. 매우 열정적으로 키스한다. 서로의 몸을 떨면서 사랑을 표현한다. 절박하다. 더는 방해하고 싶지 않아 자리를 떠 아파트 옆길로 걸었다.

잠시 생뚱맞은 생각을 해 본다. 이 많은 아파트에 사는 사람 중, 방금 목격한 비둘기 커플처럼 서로를 애틋하게 끌어안고서 사랑하는 커플이 얼마나 될까? 쓸데없는 참견인가? 사랑을 결혼이라는 계약으로만 대체할 수는 없다. 서로가 필요해 짝은 이루었지만, 처음 조건이 충족되지 않으면 쉽게 헤어지는 것이 인간이다. 인간은 어떤 조건을 사랑했다. 아니 좋아했다. 사랑하는 것과 좋아하는 것은 다르다. 고양이는 쥐를 좋아하는 한다. 그러나 사랑하지는 않는다. 조건이 좋아서 관계를 맺은 것은 그 조건이 싫어지면 헤어진다. 하지만 사랑은 조건이 없다. 다만 그저 사랑했을 뿐이다. 우린 어차피 이런저런 조건을 따져 보고 계산해 보고 만나 보고 사귀어 보고 결혼한다. 합리적으로 계산한 후의 만남이다. 하기야 신어보지 않고서 신을 살 수는 없는 노릇이다. 그 합리적 계산이 현실과 맞지 않을 때 쉽게 헤어진다.

아폴론은 사랑에 실패한 대표적인 신이다. 제우스와 레토 사이에 태어난 엄친아이다. 트로이의 공주 카산드라는 아폴론의 연인이 되는 조건으로 아폴론으로부터 예언의 능력을 받았다. 그런데 자신의 미모가 없어지면 자신을 버릴 것을 예언하고는 청혼을 거절했다. 화가 난 아폴론은 카산드라의 예언을 누구도 신뢰하지 않도록 해버렸다. 결국, 그리스 연합군이 두고 간 목마를 트로이 성안으로 끌어들이면, 자신의 조국 트로이가 멸망할 것이라 예언했지만, 그녀의 예언을 아무도 믿지 않고 끌어들이는 바람에 조국이 멸망하게 된다. 조건을 내건 사랑의 후유증이 이렇게도 비극적이다.

오늘 우연히 훔쳐본 비둘기의 사랑을 인간의 사랑과 비교할 수 있을지는 모르겠다. 다만 인간의 편견으로 그들의 사랑놀이를 판단하지 말자. 어쩌면 인간보다 더 절실한 그들만의 사랑을 목격한 것일지도 모른다. 그들은 결코 인간처럼 따져 보고, 만나 보고, 결혼해 보고 사랑하지는 않았을 것이다. 신어보고 신발을 사듯이 사랑을 구할 수는 없다. 사랑은 이성의 개입이 일어나기 이전의 원초적 사건이다. 사건은 이미 일어난 감당할 수 없는 사태다.

덩치 큰 수컷이 암컷 앞에서 구애하며 뒤뚱거리는 모습이 우스꽝스럽다. 거의 열광적인 춤에 가깝다. 비둘기처럼 사랑을 숨기지 않고 있는 그대로 표현할 수 있을까? 느낌이 없는 거짓 사랑을 얼마나 했을까? 우리도 비둘기처럼 절박하게 애무하고 교태를 부리며 사랑할 수 있을까? 우리도 비둘기처럼 몸으로 사랑할 수 있을까? 마음으로 계산하고 따져 보는 사랑이 아니라, 몸이 이끌리는 대로 몸을 맡겨두는 사랑을 할 수는 없을까? 비둘기에게 플라토닉 러브는 사치고 페이크(fake) 러브다. 온몸으로 사랑하는 비둘기의 사랑놀이 앞에 인간의 계산된 사랑은 그저 부끄러울 뿐이다. 온몸을 다해 짧은 순간이긴 하지만, 하나도 남김없이 털어내는 그들의 사랑이 황홀하다. 그 현장을 도둑질한 오늘이다.

카이로스

수성구 학원가를 지나다가 '카이로스'라는 간판의 학원을 봤다. 이름 잘 지었다는 생각이다. 카이로스(kairos)는 고대 신화에 나오는 신이다. 카이로스의 모습은 우스꽝스럽다. 앞머리는 풍성하고 뒷머리는 머리털이 다 빠진 대머리이다. 양어깨와 발에 날개가 달려 있다. 앞머리는 풍성해서 쉽게 잡을 수 있지만, 뒷머리는 머리털이 없어 잡기가 쉽지 않다. 남은 시간은 앞머리 털만큼 많지만, 지나고 나서 잡으려 하면, 잘 잡히지 않고 잡을 머리털도 별로 없다. 머리털처럼 많아 보이는 시간도 지나면 다시 돌아오지 않는다. 날개가 달린 시간은 기다려주지 않고 쏜살같이 달린다. 카이로스는 한 손에는 저울을, 한 손에는 칼을 들고 있다. 때, 즉 기회가 주어졌을 때 저울로 달아 분별력 있게 판단하여 칼같이 결단을 내려야 한다.

이처럼 카이로스의 모습은 우리가 지나쳐 버린 시간을 후회하지 말라는 충고를 은유하는 신이다. 때는 '좋은 기회나 알맞은 시기'다. '그'때는 항상 오지 않는다. 올 때 잘 잡아야 한다. 특히 젊을 때는 그 기회를 놓쳐버리기 쉽다. 앞으로도 기회가 많다고 생각하기 때문이다. 고등학교 다닐 때, 우리가 '야마리'라고 불렀던 선생님의 말씀이 기억난다. 자주 말씀하셨다. '시간이 구우일모인 줄 아냐! 열심히 해라' 아홉 마리 소의 털이 헤아릴 수 없이 많지만, 하나하나 뽑으면 언젠가는 다 뽑힌다. 그러니 털 하나도 소중하다. 하루하루를 소중한 기회로 붙잡으라는 요지이다.

'구우일모'(九牛一毛)라는 고사성어는 중국 한 무제 때의 역사가 사마천(B.C. 145년경~ 85년경)과 관련이 있다. 사마천이 이릉의 편을 들다가 궁형을 당한다. 이릉(李陵 미상~B.C. 72)과 소무(蘇武, 미상~ B.C. 60)는 한 무제 때의 장군이다. 이들은 똑같이 북방 흉노에게 잡힌다. 소무(사진)는 흉노에 사신으로 갔다가, 부하들의 잘못으로 결국 한(漢)으로 돌아오지 못했다. 이릉은 흉노와의 전쟁에서 중과부적으로 기원전 99년 흉노에 투항한다.

소무는 끝까지 흉노에 굴복하지 않는다. 이 사실이 알려지자 한 무제는 이릉의 일가를 모두 죽이라고 한다. 반대로 소무는 한 무제의 환대를 받는다. 소무는 바이칼 호수에서 19년간 양치기로 연명하면서 한으로 돌아갈 날만 기다리고 있었다. 이후 한과 흉노가 화친하자, 소무는 한으로 돌아올 수 있었다. 소무는 이릉과는 달리 그 단 한 번의 기회를 잘 잡았다.

한 무제 사후 이릉과 친한 세력이 정권을 잡는다. 사람을 보내 이릉의 귀환을 도모했지만, 이릉은 자신은 이미 오랑캐 옷을 입었다고 말하면서 거절한다. 이릉으로서는 한에 돌아가 봐야 가족이나 친구가 모두 죽고 자신을 반겨 줄 사람이 아무도 없다. 또한, 한 무제 때는 자신을 변호해주지 않다가 무제가 죽고 난 후에야 자신을 데리러 온 것이 못마땅한 처사였을 것이다. 이릉은 한으로 돌아오지 않고 흉노에서 생을 다한다.

이릉이 소무를 찾아가 흉노에 남기를 권유했지만, 소무는 한으로 떠난다. 우리는 이 두 사람 중 과연 누가 자신에게 찾아온 기회를 잘 잡았는지에 대해 단적으로 평가하기는 힘들다. 둘 다 그 나름으로는 주어진 기회를 잘 잡았다. 한으로 돌아온 소무나 돌아오지 않은 이릉 둘 다 자신에게 주어진 때를 잘 포착했다고 말할 수 있다. 그 후의 역사적 평가와는 별개로.

이릉이 어려워지자 사마천이 나선다. 사마천은 이릉이 이렇게 된 것이 지휘관 잘못이라고, 당시 지휘관이던 이광리에게 책임을 물어야 한다고 주장한다. 이광리는 무제의 처남이다. 당연히 사마천도 무제로부터 해를 당하는데, 궁형에 처해진다. 궁형은 생식기를 자르는 극형이다. 사형 다음의 극형이다. 사마천이 궁형을 당하자, 차라리 자결하는 게 어떠냐고 지인들이 충고한다. 하지만 사마천은 친구인 임안에게 보낸 편지에서, 자신이 '아홉 마리 소 중의 터럭 하나'(九牛一毛)에 지나지 않는 미물인데, 내가 죽는다고 세상이 알아주기는커녕 오히려 내가 죄를 지어 마땅히 죽은 것으로 말들을 할 것이라 하면서 치욕을 참고 살아남는다.

이후 사마천은 아버지 사마담(司馬談) 뒤를 이어 태사령(太史令)으로 복직되어 궁중에서 아버지의 유언대로《사기》를 완성한다. 이것 역시 사마천이 주어진 때를 잘 잡았다고 할 수 있다. 만약 자결했다면, 그의《사기》가 후세에 전해질 기회가 사라졌을 것이다. 나는 2008년 중국 산시성(陝西省) 시엔양(咸陽)과 2011년 바오지(寶鷄)에서 개최된 소무기념국제학술대회에 참석한 적이 있다. 위 사진은 2008년 시엔양 무공현(武功縣)에서 찍은 것이다.

태어나서 죽는 것은 누구에게나 동질적이고 객관적인 크로노스(chronos)의 시간이다. 하지만 이 시간을 어떻게 활용하는가에 따라 각자는 전혀 다른 시간 경험을 할 수 있다. 물리적으로 똑같은 시간(크로노스)을 살았지만, 그 시간을 어떤 기회(카이로스)로 삼았는지는 각자가 다르다. 나이가 들수록 기회를 잘 잡아야 한다. 노년에는 하루하루가 소중하다. 나이가 든 만큼 기회는 드물다. 오늘 하루를 생애 가장 소중한 카이로스로 만들어야 한다.

관계

오늘 아침 중동교에서 상동교 사이를 걷다가 평범한 장면을 카메라에 담았다. 그런데 기시감(데자뷰)이 든다. 화가 이우환(1936~)의 작품인 듯 착각할 정도다. 그는 경남 함안 출신이다. 그의 생가 터에는 그의 작품 하나가 자리를 지키고 있다. 잔디로 둘러싸인 중앙에 꽤 큰 동그란 돌덩어리가 놓여 있다. 그의 작품이다. 〈항(項)-조용히〉(2006)라는 제목의 작품이다. 얼른 보기에는 그저 돌덩어리 하나 덩그러니 놓여 있는데.

내가 마치 이우환에 빙의된 것처럼, 그의 작품과 유사한 작품을 폰으로 찍었다. 나름으로 가제도 붙여 본다. 〈관계항-신천〉(2022). 둔치를 걷다 보면 가끔 큰 바위와 나무 그리고 주변의 다른 것들이 서로 관계를 맺고 있는 것으로 경험될 때가 있다. 이우환의 작품은 매우 비싸게 팔리고, 한때 그의 작품의 위작이 떠돌아다닐 정도로 유명한 작가이다. 나의 책《여행, 인문학에 담다》(2020)에 그의 생가 터의 작품과 파리 베르사유 궁전 앞에서 전시했던 작품 〈관계항-대화×〉(2014)를 실었다. 저작권을 허락받는 데도 절차가 쉽지 않았고, 저작권료로 나로서는 꽤 큰돈을 지불했었다. 그의 작품의 주된 오브제는 돌과 철판이다. 오브제를 이런저런 모양으로 배치해 놓는 게 전부이다. 초심자로서는 이해하기 힘든 작품이다.

그는 서울대학교 미술대학을 다니다가 도일(渡日)하여 일본에서 작품 활동을 했다. 그의 작품은 일본의 모노하를 대표한다. 〈네이버 일본어사전〉에는 모노하(もの派)를 '1960년대 말부터 70년대 초두에 걸쳐 일어난 미술 동향. 나무·돌·철 등의 물질이나 물체를 인스톨레이션(installation, 설치미술)에 이용하는 미술가들을 지칭한다'로 정의한다. 이처럼 '물파'(物派)로 번역되는 모노하는 일본의 미술이 그렇듯 돌과 모래와 철판 등과 같은 단순한 일상적 오브제를 사용한다. 그는 철학, 특히 현상학에 관심을 많이 가졌다. 아마 당시 서울대 철학과 윤명로 교수와 친분이 있어, 그 인연으로 현상학에 관해 관심을 가진 것 같다.

도대체 '물파'란 게 뭘까? 그리고 현상학과 어떤 관계인가? 현상학은 사물의 본질을 직관하려는 철학적 방법이다. 요즘 젊은 사람들이 '직관'이란 말을 많이 쓴다. 직관(直觀)은 말 그대로 바로 본다는 뜻이다. 판단이나 추론을 통해 본질에 도달할 수는 없다. 왜냐하면, 나의 판단이나 추리는 나의 선입견에서 벗어날 수 없기 때문이다. 직관은 우회로 돌아서 본질에 도달하는 게 아니다. 사실 우리가 직관한다고 하지만 항상 자신의 입장에서 평가하기 십상이다. 그 대상이 사람인 경우는 더 그렇다. 사람이든 사물이든 그 본질을 있는 그대로 통찰한다는 게 쉽지 않다. 직관하기 위해서는 사람이나 사물에 대해 가지고 있는 편견이나 선입견을 내려놓아야 한다. 그렇지 않으면 본질이 굴절되어 나타난다.

왜 작가는 돌덩어리 하나를 덩그러니 놓아두었을까? 왜 사물의 본질인 물성(物性)을 드러내려고 하는가? 우린 지금까지 인간적 편견을 가지고 사물을 판단했다. 사물을 욕망의 대상으로 규정한다. 사물은 사물일 뿐이다. 탐욕을 내려놓기 위해서는 사물 본래의 물성을 회복해야 한다. '황금 보기를 돌같이 하라'라는 말이 여기에 적절한 비유가 될지는 모르겠다.

이우환의 주요 오브제는 돌과 철판이다. 이것들을 서로의 관계항으로 구성한다. 사람을 사람 그 자체로 직관함으로써, 사람과 사람의 관계를 인종이나 권력 혹은 부로 판단하는 것을 중지하자는 현상학적 태도가 작품에 표현되어 있다. 돌을 돌로 직관해야 하듯이, 사람은 사람으로 직관해야 한다. 타자에 대한 나의 잘못된 판단을 중지해야 할 이유이다. 일본에서 소수자로 살아야 했던 작가의 존재가 그의 작품에 표현된다. 나는 오늘 이우환의 시선으로 신천 둔치에서 바위와 나무와 가로등과 자전거와 사람 그리고 멀리 보이는 지상의 도시철도 사이의 '관계'를 읽었다. 잔디에 놓여 있는 큰 돌과 그 옆으로 서 있는 나무들, 그 곁을 지나는 자전거 탄 사람과 그 배경들이 서로의 관계항(關係項, relatum)이 되어 전체를 구성한다. 나무는 돌에, 돌은 나무에 서로의 관계항이다. 각각의 관계항들이 전체의 관계 속에서 의미를 부여받는다. 우린 서로 서로의 관계항이 되어 살아간다.

나무는 돌을 만나 나무가 되고, 돌은 나무를 만나 돌이 된다. 나는 너를 만나 내가 되고, 너는 나를 만나 네가 된다. 우리는 모두 세상을 이루고 있는 하나의 관계항이다. 인간과 사물 그리고 동물과 식물, 모든 존재자는 서로에게 의존하면서 서로의 의존처가 되어 서로 잇대어 존재하는 관계항들이다.

나의 골목길

골목길을 없애는 정책이다. 모든 도로 너비를 4m 이상으로 규정한다. 너비 4m 이하의 골목길에서 건축하려면 건축선을 2m 이상 대지 안쪽으로 후퇴시켜야 한다. 골목길 재생화를 위해서는 이 법규를 개정해야 하고, 골목길의 특수성이 잘 살아나도록 정책적 배려를 해야 한다(한겨레, 2018.03.14.). 도심에서 골목길이 줄어드는 이유이다.

대로에 늘어선 잿빛의 아파트 군상보다는 골목길 양옆에 비뚤비뚤하게 늘어선 집들이 연출하는 다양성이 더 좋다. 난 30m도 채 안 되는, 집 앞 골목을 매일 걷는다. 이 골목의 몇 안 되는 집들이 각기 다양한 모습을 연출한다. 대문 색이나 모양과 문고리 문양이 각양각색이다. 도심의 아파트는 모든 게 획일적이다. 그 획일성에 식상한 도시인들이 감성적인 치유를 받을 수 있는 공간이 골목길이다. 도심에서 골목길로 접어드는 순간, 복잡한 생각을 내려놓는다. 그 골목 끝에서 만난 자그마한 카페에서 일상을 성찰할 수 있는 여유가 생긴다. 철학은 원래 한가함, 여유로움에서 출발한다. 생각할 수 있는 여유가 준비된 곳이 골목길이다.

모두 각자의 골목길이 있고, 그 길을 열심히 걷고 있다. '내 스타일이다'라고 할 때 'right up my alley'라는 관용구를 사용하기도 한다. alley는

골목길이다. 골목길은 나만이 다녀서 익숙해진 길이다. 그냥 다니는 길은 아니다. 생각하면서 걷는 길이다. 걷다 보면 생각이 걷는다. 나는 내가 사는 집 바로 뒤에 있는 좁디좁은 길을 5년간 거의 매일 다닌다. 5년 전 집을 이곳으로 옮긴 후, 이 골목길은 나의 집이라 해도 될 정도로 많이 걷는다. 난 65세로 학교 강의가 끝난 후, 5년 동안 이 길을 걸으면서 나름 많은 일을 하고 있다. 젊었을 때는 강의에 쫓겼고, 연구비 지원을 받아 쓰지 않으면 안 될 글을 쫓기듯 썼다.

이제는 나의 책을 쓰고 싶다. 2017년 파리에 사는 딸에게 다녀온 후, 쓴 《여행, 인문학에 담다》(2020, 울력)라는 책은 10년 이상 중국을 다녀온 경험과 그리스 신화를 강의한 경험 그리고 파리와 프라하를 다녀온 경험을 모아서 쓴 책이다. 그리고 나의 전공과는 다소 거리가 있는 책, 《욕망으로 성찰한 조선의 공간》(2021, 울력)을 다음 해 출간했다. 조선의 서원과 고택을 욕망의 공간이라는 관점에서 들여다본 책이다. 물론 서양철학의 방법이 적용되기는 했지만, 나로서는 모험적 글쓰기였다. 한국출판문화산업진흥원에서 2021년 우수출판콘텐츠로 선정한 책이다.

이 작업을 하는 동안, 나의 골목길을 걸으면서 많은 생각을 했다. 나에게 이 길은 나의 철학적 사유를 퍼낸 샘과 같은 장소이다. 이 길은 적어도 나에겐 '철학의 길'이다. 칸트는 57세 때 그의 주저 《순수이성비판》을 썼고, 하이데거가 《존재와 시간》을 쓴 것이 38세 때이다. 철학의 천재들이다. 이 거장들에 비하면 나의 작업은 보잘것없다. 게으른 철학도이다. 종심이 되어서도 아직 주변을 서성인다. 중심으로 들어가 보지 못한 채 그저 흉내만 낼 뿐이다. 종심은 자신에게 책임져야 할 나이다. 남은 길은 이

전보다는 나 자신에게 책임을 다하는 철학자가 되고 싶다.

철학자 칸트의 산책은 유명하다. 그는 하루도 거르지 않고 매일 오후 5시 정확하게 산책에 나선다. 시민들이 시계를 칸트 산책 시각에 맞출 정도이다. 그가 단 한 번 지각한 것은 1789년 프랑스 혁명이 일어난 날, 급히 신문을 사러 가야 했기 때문이다. 그의 산책길은 그 생각이 싹튼 길이다. 군중이 떼로 걸으며 잡담을 쏟아내는 길이 아니라, 그의 생각을 빌드업 하는 길이다. 서울 서초구 양재천의 '칸트의 산책길', 인천광역시 인하대학교 안의 '하이데거의 숲길'이 있다. 그리 낯설지 않은 길 이름이다. 도심 한가운데서 철학자가 되어 사색할 수 있는 길이다. 길은 사람이 만들지만, 길이 사람을 만들기도 한다. 사유가 부재한 시대에 필요한 공간이다. 경북 군위에 '사유원'(思惟院)(Sayuwon)이라는 정원이 있다고 들었다.

내가 걸어온 골목길은 내가 전공한 독일 철학자 에드문트 후설과 동행한 길이다. 나 혼자 걷는다고 했지만, 그는 나의 진실한 동반자였다. 내길의 안내자였다. 나는 후설의 고향을 가 보았다. 체코 프라하 외곽지에 있는 프로스테요프이다. 기차에서 내려 시청으로 걷다가 그의 이름으로 만든 '후설거리'를 지나면서 흥분되기 시작했다. 우리식으로는 '퇴계로'와 같은 거리다. 나치 점령지에서 태어난 유대인으로서 제한된 거리를 지나다녀야 했던 그를 연상하면서 걸었다. 그는 애로(隘路)가 하나도 없는 확 트인 길보다 앞을 예측할 수 없는 골목길을 걸어왔다. 유대인으로서 독일 교수로 살아야 했던 그는 걷다가 막다른 길에 서서 수없이 당황했을 것이다.

내가 골목길을 좋아하는 이유는 우선 골목길에 들어서는 순간 발길이 느려진다는 점이다. 대로처럼 빨리 걸을 수 없다. 느리게 걸으면서 주변의 집이나 작은 정원을 훔쳐(?)보면서 걸을 수 있다. 자본의 논리로 재단된 성형미인의 길을 걷기보다 손을 덜 댄 자연미인을 만나는 곳이다. 자본의 논리로 자를 대어 기획한 도심대로는 불규칙한 삶의 조각들이 거추장스러운 존재이다. 하지만 골목길에서 만나는 조각들은 우연과 불규칙과 질서 없음 그 자체이다. 도심의 르네상스 양식의 자로 잰 듯한 반듯한 얼굴과는 달리, 골목길은 자연스러운 바로크 양식들이다. 곡선과 구부러진 길 그리고 전혀 대칭적이지 않은 양옆의 건물들. 이 모든 것들이 도심의 아파트나 건물과는 달리 앞으로 예측할 수 없는 우연의 연속이 골목길을 채우고 있다, 그러다간 막다른 골목이라는 우연을 만난다. 그 우연이 싫지 않다. 살면서 만나는 '사랑'이란 우연이 싫은 이유가 없듯이.

차가 다닐 수 없어 걷지 않으면 올 수 없다. 걷는 자유가 허락된 곳이다. 다만 길이 좁아서 다소 불편하기는 해도. 자유와 불편함은 양립한다. 불편하면서도 자유롭다. 도심은 편하지만 자유롭지 못하다. 차 때문에 남의 시선 때문에, 신호등 때문에 자유롭지 못한 곳이 도심대로이다. 도심대로는 자유로움을 볼모로 편리함을 선택했다. 덜 개발되어 불편해도 감성이 곁들여진 골목길이 더 많아지면 좋겠다.

《주역》

아침 9시 현재 31도이다. 신천 둔치에 내려서자 더위는 폭력에 가깝다. 인간 바이러스에 대한 자연의 복수가 매섭다. 올해 들어 가장 더운 아침 날씨인 것 같다. 신천대로 쪽을 조금 걷다가 징검다리를 건너 신천동로 쪽으로 옮겼다. 아침에는 동로 쪽이 대로 쪽보다 그늘이 많다. 주변 아파트 때문에 그늘이 진다. 오후 되면서 대로 쪽으로 그늘이 옮겨가면 동로 쪽이 덥다. 그런데 아침 동로 쪽은 그늘은 지지만 출근 시간이라 자동차 소음과 매연이 심한 게 단점이다. 세상의 모든 일이 좋은 면이 있으면, 좋지 않은 면이 늘 같이 존재한다. 높음이 있으면 낮음이 있고, 더움이 있으면 서늘함이 공존한다. 짧은 게 있어서 긴 게 있고 그 반대 역시 그렇다.

《주역》은 바로 이러한 이치를 음과 양의 관계로 풀이한다. 복잡해 보이는 세상의 이치도 음과 양의 조화로 해석할 수 있다. 음은 '--'로, 양은 'ㅡ'로 상징화한다. '효'(爻)라는 짧은 막대기로 복잡한 세상의 이치를 풀이하는데, 그 원리는 바로 음과 양의 상대적 관계이다. 기호, 즉 심볼(symbol)은 부호(sign)와는 다르다. 기호는 수학 기호처럼 실재와는 아무런 유사성이 없다. 음양의 막대기가 어떤 실재를 닮은 게 아니다. 물론 음양을 남성과 여성의 성기를 형상화한 것으로 풀이하기도 하지만, 그렇다고 해서 실재와 닮지는 않았다. 하지만 부호는 실재와 어느 정도 닮았다. 이순신의 동상이 실재 이순신을 닮았듯이 그렇다. 그런데《주역》은 왜 복잡한 세상의 이치를 음과 양의 기호로 단순화하는가? 과연 이렇게 단순화해 복잡하게 돌아가는 세상의 모습을 다 상징화할 수 있을까?

서불진언 언불진의 입상진의(書不盡言 言不盡意 立象盡意), 글은 말을 다 담을 수 없고, 말은 뜻을 다 담을 수 없다. 글은 말을 다 담을 그릇이 못 되고, 말은 뜻을 다 담을 그릇이 못 된다. 그래서 상(象)을 세워 뜻을 다 담는다. 상은 바로 기호이고 그림이다. 복잡한 세상의 이치를 말로 다 표현할 수도 없고, 표현한다고 하더라도 그 뜻을 헤아릴 수 없다. 프랑스 정신분석가이자 철학자인 자크 라캉(Jacques Lacan, 1902~1981)은 언어 체계인 상징계와 실재계 사이의 틈을 메울 수 없다고 말한다. 언어로 상징화되는 순간 이미 그것은 실재가 아니다. 언어로 캡슐화되는 순간 실재가 언어적으로 탈색되어 버린다. 도를 도라고 말하는 순간, 이미 그것은 도의 실재가 아니듯이(道可道 非常道). 그래서 언어로 표현되기 이전의 상(象)으로 세상의 뜻을 담으려 한 것이《주역》이다.

그런데 상(象)으로도 뜻을 다 담을 수 있을까? 상은 코끼리 상이다. 글자가 코끼리를 그대로 형상화한 것이다. 고대 중국에는 황하 유역에 코끼리가 서식했다고 한다. 象 자가 코끼리를 얼마나 있는 그대로 재현했는지는 모를 일이다. 실재를 아무리 있는 그대로 재현한다고 하더라도, 인간의 해석이 개입되는 한, 실재는 이미 굴절된 실재이다.

이런 사실을 고려해 보면,《주역》은 가능하면 인간의 자의적 해석이 개입되기 이전의 가장 간단한 음과 양 두 개의 원리로 풀이한다. 그런데 이

것이 오히려 음양에 관한 다양한 해석을 가능하게 하기도 한다. 《주역》은 풀이하는 사람마다 다 다르다. 그리고 다 나름대로 이유가 있는 풀이이다. 세상의 이치를 음양의 두 막대기로 단순화한 것은 과도한 해석을 차단하기 위한 것이다. 하지만 단순화된 것을 풀어내는 방식은 각양각색이다. 세상살이가 그렇게 간단하지 않다는 의미이다.

《주역》은 힘들 때, 위안을 주고, 가장 잘 나갈 때 조심하라고 충고한다. 아무리 힘들어도 항상 좋은 일이 함께 있고, 가장 좋을 때도 나쁜 일이 함께한다는 이치를 일깨워준다. 음양은 태극에서 생한 것이다. 태극은 음양의 경계가 지어지기 이전의 원천이다. 그래서 큰 대(大)보다 더 클 태(太)의 극이다. 태극은 무한의 극이다. 무한은 한계가 없다. 그것이 한계지어진 것이 음양이다. 음은 태극의 소극적 활동이고 양은 적극적 활동이다. 음양은 동전의 앞뒤와 같이 일란성 쌍생아이다. 세상은 좋은 것과 나쁜 것이 상대적으로 이마를 맞대고 있는 형국이다. 권력이 최고에 달할 때 이미 권력의 쇠락을 준비해야 한다. 권력이 영원할 거라는 것만큼 어리석은 것이 없다. 《주역》은 바로 이 변화의 원리를 쉽게 풀이한다. 《주역》의 영어는 *The Book of Changes*이다. 《주역》은 주술이 아니다. 변화의 과학이다. 그래서 주역의 易은 변할 '역'이기도 하고 쉬울 '이'이기도 하다. 이 변화를 거부할 때 우린 탐욕에 빠진다. 지구는 돌고, 물은 흐른다.

박대와 문어

　오늘은 휴일이다. 어제 금요의식을 치르고 오늘은 다소 취한 상태로 일어났다. 금요의식은 근 10년간 매주 금요일, 마치 독립운동하듯이 만나서 술 마시는 나름의 세리머니이다. 내가 기억하는 한, 거의 빠지지 않았다. 특별한 사건이 없는 한, 매주 마셨다. 어제도 그랬다. 우리 일행이 자주 가는 식당이 몇 군데 있다. 어제는 두 군데 들렀다.

　먼저 들른 집은 남구 봉덕동 가화다. 이름이 참 예쁘다. 얼핏 들으면 여느 요정 집 같다. 아가씨들이 한복을 입고 장구를 치면서 가객을 맞는 풍류가 서린 집 같다. 하지만 이 집은 소박한 선술집이다. 2006년 개업한 거로 알고 있다. 이 집 안주는 그때그때 다르다. 메인 안주는 빈대떡이다. 그리고 꼭 시켜 먹는 안주는 생선구이이다. 조기구이가 주로 나온다. 그런데 재수 좋은 날엔 박대구이도 먹을 수 있다.

　〈나무위키〉에서 박대를 소개한다. 가자미목 참서대과로 우리나라 남해와 서해 쪽에서 난다. 이 생선은 비린내가 나지 않아서 생선을 싫어하는 사람도 잘 먹는다. 맛도 고소하고 발라먹기가 쉽다. 단단한 육질 덕분에 식감도 좋다. 박대는 넓적하고 길쭉하며 눈이 한쪽으로 심하게 몰려 못난 모양 때문에 문전박대(門前薄待)를 당했다는 데서 '박대'라고 불렸다는 얘기가 전한다. '서대'라고도 불리는데 엄격히 말하면 박대가 서대보다는 좀 더 얇고 길쭉하다. 서대는 박대보다는 숏다리고 약간 통통하다. 소의 혀를 닮았다고 해 혀 설(舌) 자를 써 서대라 부른다고 한다. 박대는 엷어서 엷을 '박'(薄) 자를 써 '박대'라고 한다고 한다. 요즘 식으로 말하면 몸짱 미인형의 몸매이다. 식객 허영만은 신발 깔창 같다고 비유한다. 충남 서천과 전북 군산에서 많이 잡힌다. 시집간 딸에게 박대를 선물하면 버릇이 되어 친정에 자주 들린다는 말이 있을 정도로 맛이 좋다.

이 식당 주인은 박대와 같이 키도 눈도 길다. 얼굴도 박대와 같이 길쭉한 미인형이다. 항상 밝은 모습으로 손님을 맞는다. 손님들에게 무언가를 자꾸 내놓는다. 박대를 주문하면 굽는 시간이 10분 정도 걸린다. 주인의 고향이 어딘지는 모르겠다. 대구에서는 접하기 어려운 박대를 안주로 내는 재치가 돋보인다.

사람도 뼈를 발라 먹기 어려운 생선과 같은 사람이 있다. 항상 따지는 게 많고 소통이 잘 안 되는 사람이다. 반면에 박대처럼 뼈를 발라내기 쉬운 사람이 있다. 이것저것 따지지 않고 자신의 속을 시원하게 드러내는 사람이 있다. 몸속 곳곳에 뼈를 숨기는 청어와는 다르다. 그래서 박대를 정직한 고기라고도 한다. 다른 사람에게 해가 되는 말을 질 하지 않는다. 이 집 주인 역시 서글서글한 눈매로 손님과 소통을 잘 하는 분이다. 아쉽게도 작년에 문을 닫았다.

또 다른 집은 수성구 노동청 뒤편 복개도로에 있는 일본풍 술집이다. 메인 안주는 문어 튀김이다. 그리고 전복구이나 조림도 일품이다. 문어를 고추, 양파와 함께 튀긴다. 싱싱한 문어를 현지에서 공급받아서 한 요리라 맛이 맑다.

문어는 수심 200m의 깊은 바다에서 서식한다. 그래서인지 문어의 생활사가 그리 많이 알려져 있지는 않다. 문어는 왜 文魚가 되었는가? 먹물을 내 품는다고 해서 아는 것이 많은 물고기라는 의미로 글월 '文'을 이름에 붙였다고 전해진다. 문어는 글을 아는 똑똑한 물고기라는 뜻이다. 중국에서는 글 '장'(章) 자를 붙여 장어(章魚)라 한다. '문'과 '장'(文章)이라는 고상한 어휘를 달고 있다. 연체동물 중에 가장 머리가 좋은 문어이다. 문어의 몸통이 사람 머리를 닮은 데 반해, 오징어나 꼴뚜기는 그렇지 않다. 그래서 오징어와 꼴뚜기는 문어가 될 수 없다.

서양에서는 octopus라 부르는데, 여덟 개의 다리를 가진 모습을 묘사한 이름이다. 여덟 개의 다리는 탐욕의 상징이다. '문어발 경영'이란 말이 그 뜻을 담고 있다. 가끔 모든 걸 삼켜버리는 괴물로도 묘사된다. 이처럼 문어 이야기는 좋은 뜻으로도, 나쁜 뜻으로도 전해진다. 극에서 극이다.

그녀는 20대 때부터 이 식당을 운영한 베테랑이다. 공주 같은 딸을 키우며 사는 평범한 30대 후반의 주부이다. 문어는 오래 살지 않는다. 집단생활을 안 하고 혼자 사는 게 특징이다. 그 속성을 이용해 어부들은 단지를 이용해 문어를 잡는다. 한 마리 이상 들어가지 않는 독방에 산다. '다코베야'라는 문어방(文魚房)은 일제강점기 조선인을 강제 수용한 방을 말한다. 그곳에 갇히면 죽어서 나올 수 있는 방이다. 문어가 은신처에서 혼자서 자신의 살을 뜯어 먹으면서 6개월을 산다는 특성에서 연유한 말이다. 암컷은 수컷과 교미한 후, 혼자서 알을 낳고 부화하기 위해 먹지도 움직이지도 않는다. 알이 부화가 되면 서서히 죽어간다.

자녀에게 헌신하지 않는 부모가 어디 있을까? 이 식당의 주인 역시 오로지 하나뿐인 딸을 위해 모든 걸 희생하는 평범한 부모이다. 속된 말로 대구 수성구 바닥에서 소문날 정도의 식당이 되려면 카멜레온이 되지 않으면 안 된다. 때로는 손님을 잡아당기는 문어발 같은 마력도 있다. 괴물처럼 모든 걸 삼키려는 욕망도 있다. 그녀의 미모가 한몫한다. 그녀의 변신이 딸을 위한 의도된(?) 퍼포먼스라면, 그녀의 변신은 무죄이다.

사랑은 늘 도망가

　난 글을 쓸 때 습관적으로 음악을 틀어 놓는다. 요즘 나에게 가장 핫한 노래는 〈사랑은 늘 도망가〉이다. 임영웅은 힘 안 들이고 술술 잘 부르는 게 매력이고, 허각은 마치 전투하듯이 온 힘을 쏟아내면서 부르는 게 좋다. 사랑은 그렇게 왔다가 사라지는 것인지 아니면 전투적으로 붙들어야 할 것인지는 모르겠다. 같은 노래인데 가수에 따라 이렇게 다른 감정을 이입한다.

　발라드는 대중음악에서, 감상적 곡조에 사랑을 주제로 한 서정적인 노래이다. 무릇 사랑을 노래하지 않은 노래가 있을까? 요즘은 트로트와 발라드의 경계가 허물어지고 있다. 트로트도 발라드 풍으로 부르는가 하면 발라드 역시 트로트 풍으로 부르기도 한다. 발라드의 기원과 한국 발라드의 전개과정에 대해서는 〈나무위키〉에서 잘 소개한다. 다만 발라드가 감성에 호소하여 지나친 감정이입에 몰두한다는 비판은 새겨둘 만하다. 사랑은 아프고 매일 술로 달래고 그러다간 다시 사랑하고 등등 한결같은 곡조와 노랫말에 다소 식상하기도 한다. 그러나 요즘 발라드의 노랫말은 한 편의 시이다. 듣는 사람에게 호소하는 힘이 하늘에 닿는다. 사랑해 보지 않은 사람이 어디 있을까? 우린 모두 사랑으로 병들었고 이별을 수없이

하며 현실을 살아낸다.

사랑과 이별은 음악의 샤프와 플랫 같다. 마치 뫼비우스의 띠처럼 얽혀 있다. 산이 있으면 계곡이 있듯이, 사랑은 이별의 계곡으로 이어진다. 고운 모래를 손으로 한 움큼 잡는 순간 이미 빠져나가듯, 사랑은 움켜잡으려 할수록 도망간다. 사랑은 그저 흘러가는 물과 같다. 흘러가는 물을 가둘 수 없듯이, 사랑은 움켜잡으려는 집착과 함께 그 집착이 얼마나 어리석은지를 알려주고 도망간다. 사랑은 마치 자동차 사고가 나듯 왔다가는 어느 한순간 안개처럼 사라져 버린다. 사랑은 영원해야 한다는 생각은 집착이다. 이 세상에 영원한 것은 없다. 사랑은 붙잡는다고 돌아오는 것도 아니고, 놓아버린다고 가는 게 아니다. 그저 왔다가 그저 사라져 버린다.

김광석이 노래하듯, 너무 아픈 사랑은 사랑이 아니다. 사랑은 그저 사랑일 뿐이다. 슬퍼할 것도 기뻐할 것도 아니다. 기쁨과 슬픔은 외부에서 주어지는 수동적 감정이다. 능동적 감정은 이 수동적 감정에 휘둘리지 않는다. 능동적 감정은 사랑의 기쁨은 영원하지 않다는 것을 인식하는 이성의 역량이다. 기쁨에 집착하면 언젠가 슬퍼진다. 슬픔에 내 의지와 상관없이 언젠가 다시 올 사랑의 기쁨을 준비하지 못한다. 집착은 수동적 감정이다. 보다 수동적일수록 덜 능동적이다. 사랑은 원래 이슬처럼 왔다가 햇빛과 함께 사라지는 것이기에 도망간 사랑에 대해 성내지 않는다. 후회하지도 않는다. 사랑을 내 의지대로 선택한 것이 아니다. 내가 자유롭게 그 사랑을 선택했다고 착각할 뿐이다. 사랑은 선택이 아니라 주어진 것이다. 주어진 것이기에 내 의지와 상관없이 언젠간 도망가 버린다.

타자기

아내는 초임지인 경북 성주군 가천면 가천(창천)중학교에서 3년을 근무했다. 그 당시 아내는 무척 힘들었다. 첫애를 임신하고서도 몇 달 동안 대구에서 출퇴근했다. 만삭이 되어 학교 앞 작은 방을 얻었다. 1979년 10월 첫애를 출산했다. 그 아들은 대구 소방공무원이다. 며느리는 경북 구미시 공무원이다. 두 손자 재윤이와 성윤이를 낳아 행복하게 잘 살고 있다. 잘 사는 것을 보는 것만으로도 행복하다. 아내는 출산 휴가 3개월을 끝내고 다시 출근했다. 주말에 어머니가 해주는 음식을 싸 들고 대구 서부 정류장에서 수륜을 거쳐 가천으로 간다. 작은 촌방이지만 이곳에서 무척 행복한 시절을 보냈다. 아내를 만나러 가는 버스를 타면서 벌써 설렌다. 마당에 나가야 화장실을 갈 수 있었다. 그래서 겨울엔 요강을 방안 머리맡에 끼고 살았다.

두 달 전 도서관에 같이 근무하는 김근중 선생과 가천에 한 번 갔었다. 추어탕이 일품이었다. 아내와 같이 살던 집을 가 보고, 학교도 가 보았다. 학교가 썰렁하다. 아내가 근무하던 당시는 중학교 18학급, 고등학교 6학급이었다. 지금은 성주중학교 가천분교장으로 규모가 줄어서 2022년 졸업생이 8명, 신입생이 1명이다. 참 세월이 무심하다. 교통이 좋아지니 모두 대구나 인근 도시로 나온다. 아내는 이후 몇 곳을 거쳐 1988년 청송으로 발령이 났다.

8월 7일 일요일, 오랜만에 청송 주왕산을 올랐다. 그 옛날 대구에서 영천을 지나 노귀재를 넘어 주왕산까지 5시간이 족히 걸렸다. 요즘은 길이 좋아져서 두 시간도 채 안 걸린다. 제3폭포인 용연폭포에서 인증사진을 찍고 내려왔다. 걷기가 쉬운 산이다. 거의 평지 수준이라 아이들도 엄마 손을 잡고 걷는다. 청송은 나의 젊은 시절의 한 부분을 차지하는 곳이다. 나는 이곳에서 3년을 살았다. 아내가 청송고등학교 3년 근무하고 경산중학교로 옮기기까지 살았던 곳이다. 30대 중반 나는 주중에는 대구에서 강의하고, 금요일은 안동대학교에서 강의하고 청송으로 간다. 청송으로 가는 날이 가장 행복한 날이었다.

주왕산을 뒤로하고 주왕산 관광호텔 온천 사우나로 향한다. 이곳 사우나는 일품이다. 7천 원의 가격도 착하고, 시설이나 물이 너무나 맑고 깨끗하다. 온천으로 가던 중 아내가 근무했던 청송고등학교 앞 세를 얻어 살던 5층짜리 단독 건물을 지난다. 1989년 나는 이곳에서 박사 논문을 마무리해 학위를 취득했다. 그리고 운전면허증을 따 차를 샀다. 당시 현대 프레스토였는데, 단종되기 바로 직전에 사 후회한 기억이 난다. 차를 산 지 일주일 만에 대구에서 노귀재를 넘어 청송으로 운전해 왔다. 그것도 겨울 눈 쌓인 산을 넘어서. 저승에 갔다 온 기분이었다.

청송에서 대구로 오고서야 알았다. 내가 논문 작성할 때 사용한 타자기 소리가 이웃을 얼마나 잠 못 들게 했는지를. 나는 습관적으로 타자기 자판을 세게 두드린다. 내가 들어도 요란하다. 난 심야에 이웃이 잠든 시간에 타자기 소음을 내 품는 폭도였다. 그런데 놀라운 것은 내 타자기 소리 때문에 잠 못 든다고 항의하는 이웃이 한 사람도 없었다. 바로 옆집에 청송경찰서 형사 분이 살고 있었는데도. 그 폭력적인 소음을 묵묵히 견뎌준 이웃에게 죄송스럽고 고마웠다. 도시였다면 어땠을까?

나의 폭력적인 타자기 소리가 이웃에게 폐를 끼쳤다. 고전적 자유주의의 원리는 '타자에게 위해(harm)를 가하지 않는다면 무엇을 해도 좋다'이다. 이 생각은 공동체의 덕을 위협하는 것이다. 사람은 혼자 사는 게 아니다. 마이클 샌델(Michael Sandel, 1953~)의 말처럼, '개인은 가족, 공동체, 사회관계가 각인되어 있다'. 따라서 내가 타자기로 이웃을 불편하게 폐(trouble)를 끼친 것 역시 처벌의 대상이다. 내가 이웃에게 직접 위해를 가하지는 않았더라도, 이웃의 행복한 수면권을 방해하였다. 이런 경우 내가 법률에 따라 처벌을 받지 않더라도, 여론에 의해서 처벌을 받는 것은 정당하다.

타인에게 폐를 끼치지 않는다면, 전봇대로 이빨을 쑤시든 말든 아무 문제가 안 된다? 그런가? 우린 원자(原子)처럼 따로 분리되어 살지 않는다. 유기체적 공동체 안에서 산다. 따라서 내가 담배를 피우는 행위가 타자에게 폐를 끼친다면 법적 처벌을 피할 수 없다. 이웃에게 위해만 가하지 않는다면 무엇을 해도 좋다는 것은 공동체가 실현해야 할 덕에 반하는 생각이다.

만약 국가의 공직자가 국민에게 직접적인 폐를 끼치지 않았기 때문에 어떤 책임도 없다고 한다면, 그 행위는 국가 공동체의 덕을 실현하는 데 방해되는 옳지 않은 일이다. 공직자로서의 도덕적-정치적 책임은 피할 수 없다. 지하철에서 화장(化粧)하는 것이 자신에게는 이익이 되더라도, 타인에게 폐가 된다면, 법적 책임 이전에 도덕적 책임을 피할 수 없다. 이 것이 공동체의 윤리이다. 하물며 공직자는 더 큰 책임을 져야 한다. 법적 책임 이전에 품성과 덕성이 우선이다. 공동체 윤리의 기본인 덕을 상실할 때, 자유는 공허한 메아리다. 공동체의 문화를 퇴폐와 혼미로 이끌 위험 이 있다. 엄밀히 말하면 이웃에게 폐를 끼치지 않은 행동은 거의 없다. 좀 더 과장하면, 내 방에서 코딱지를 후벼대는 일조차도 나 혼자의 행동이 아니다. 세상에 '내 것'이라고 할 수 있는 게 아무것도 없다. 내 몸도 내 것이 아니다. 내가 내 몸을 불편하게 하는 것 역시 아무 문제가 없지 않 다. 자유주의의 허상은 타자와 분리된 채 혼자서 스스로 자유를 만끽하고 살면 행복할 거라는 생각이다. 하지만 나는 이미 타자다.

오랜만에 찾은 주왕산은 변한 게 없다. 아이들과 함께 고디(고둥)를 잡 던 청송 냇가도 여전하다. 주왕산의 거대한 암석은 인간 세상을 굽어보면 서 탐욕의 때를 벗어던지라고 주문하는 듯하다. 자신의 행위에 대한 책임 하나도 기꺼이 짊어질 수 없는 인간의 탐욕을 꾸짖는 듯하다.

배롱과 동백

여름꽃 배롱나무가 신천 둔치 드문드문 피어있다. 녹색과 대비되어 꽃이 더 눈에 띈다. 원래는 꽃이 오랜 핀다는 의미로 백일홍이라 불렸는데, '배기롱'에서 지금은 '배롱나무'로 더 알려져 있다. 꽃은 분홍과 붉은색을 합해놓은 것 같다. 분홍보다는 붉고, 붉음보다는 덜 붉다. 백일을 꽃피우기 위해 얼마나 인내했을까? 분홍으로 남기에는 붉음이 아쉽고, 붉음을 유지하려 해도 세월을 못 견뎌 색이 바랬다. 그래서 분홍빛을 띤다. 떨어지면 다시 피우고, 다시 떨어지면 또다시 얼마나 피웠길래 백일 동안 필까? 물론 '백일'이란 건 은유이다. 오래 핀다는 것을 은유한다. 꽃은 피는 게 아니라 피워내는 것이다. 얼른 보면 꽃이 만발하지만, 그 순간에도 떨어지는 꽃은 많다. 대한민국 역시 지금까지 수많은 민중의 희생으로 해서 자란 나무이다.

나의 기억에 남아있는 배롱나무는 안동 병산서원 앞마당과 강진 백련사 만경루 앞뜰에 있는 배롱나무이다. 병산서원의 외삼문인 복례문 앞뜰에 배롱나무가 많이 있다. 방문객을 맞아 활짝 피어있다. 만대루 계단 양 옆에도 두 그루 있다. 배롱나무는 병산서원의 안팎에 있으면서 서원과 앞의 검은 병산을 이어주는 꽃 다리와 같은 역할을 한다. 앞뜰의 녹색 잔디

와 대조를 이루면서 서원에 들어서는 사람의 마음을 활짝 피어나게 한다. 서원 앞을 병풍처럼 가로막고 있는 병산 때문에 막힌 마음을 훨훨 열어젖히게 한다. 만대루에 올라 병산을 바라보면 마치 꽃구름 위에 둥둥 떠 있는 느낌이다.

강진 만덕산 백련사 만경루 앞뜰의 배롱나무는 시안 색의 만경루 창살문과 어울려 더욱 진한 이미지를 풍긴다. 시안 색은 녹색과 파란색을 띠는 색이다. 난 개인적으로 이 색을 참 좋아한다. 이 색과 배롱의 붉은 꽃이 어우러져 절정을 이룬다. 백련사와 초당을 동백 숲이 다리 놓고 있다. 이 동백 숲을 지나 다산과 혜장은 서로 오고 가면서 학문을 논하였을 것이다. 혜장 선사가 백련사로 온 것은 1805년 그의 나이 서른넷일 때다. 다산이 혜장을 처음 방문한 것은 그해 4월 17일이다. 그땐 동백이 활짝

핀 길을 따라 백련사로 왔을 것이다. 다산과 혜장은 초당과 이 절을 몇 번 왔다 갔다 하면서 학문적 소통을 했으리라! 이 두 사람은 혜장이 마흔의 나이로 죽을 때까지 교분을 유지했다. 혜장이 서른넷, 다산이 마흔넷의 나이에 둘이 처음 만났다. 이들의 교분은 6년으로 길다면 길고 짧다면 짧다. 만경루에 앉아 창으로 배롱나무를 내려다보면서 둘 사이의 우정을 돈독히 했을 것이다. 다산과 혜장은 서로 유교와 불교라는 두 학문 사이에 다리를 놓았다. 그 다리는 동백숲으로 가꾸어져 있다.

배롱이 여름에 꽃을 피우지만, 동백은 겨울에 꽃을 피워 동백(冬柏)이다. 동백은 모두가 지고 난 후, 겨울의 흰 눈 속에 붉은 귀족으로 핀다. 온갖 시련을 다 이겨내고 피어난 겨울 손님이다. 어느 순간 동백은 통째로 낙화한다. 권력의 무상함을 닮은 듯하다. 동백은 낙화해도 여전히 붉다.

떨어졌어도 여전히 붉은 동백이듯, 권력의 뒤안길로 들어앉았어도 다산은 여전히 곧은 선비이다.

동백에 둥지를 튼 동박새에 얽힌 사연도 깊다. 포악한 왕이 자식이 없어서 하는 수 없이 왕위를 동생의 아들에게 물려줄 수밖에 없다. 하지만 왕은 자리를 물려주기 싫어 두 조카를 죽일 궁리를 한다. 이를 알아챈 동생이 두 아들을 멀리 보내고, 아들을 닮은 소년들을 데려다 두었다. 이것마저 알아챈 형은 동생에게 두 아들을 죽이라고 명한다. 차마 자신의 두 아들을 죽일 수 없었던 동생은 자결하여 동백으로 피었고, 두 아들은 새로 변하여 날아갔다. 날아갔던 두 아들은 새가 되어 동백나무에 둥지를 틀었다. 이 새가 동박새이다. 형인 왕의 권력욕으로 인해 무너져버린 슬픈 가족사가 담겨 있다. 동생은 떨어져 자결한 꽃으로 은유 된다. 슬퍼 더욱 아름다운 꽃이다. 하늘의 신을 숭배한다는 이유만으로 한 가족이 폐족이 된 다산의 슬픈 가족사와 겹쳐진다. 다산이 동백인 이유이다. 다산은 동백의 정원에서 유배의 아픔을 치유한다.

난 강진을 세 번 찾았었다. 나의 책《욕망으로 성찰한 조선의 공간》을 쓰면서 다산을 만나기 위해서다. 대구에서 하루로 다녀오기는 다소 멀다. 하지만 갈 목적이 있으면, 물리적 거리가 그리 문제가 안 된다. 초당으로 오르는 길의 뿌리나무는 아직도 내 마음속에 생생하게 살아있다. 무슨 애달픈 사연이 있길래 뿌리가 흙을 뚫고 나왔을까? 정조대왕과 죽은 형 약종과 바다 건너 유배지 흑산도에 있는 약전을 그리워하는 다산의 마음을 읽는다. 2021년 2월 13일 초당에서 백련사로 가는 길목의 동백은 아직 수줍다.

수국

출근길 수성교를 넘어서자마자, 태왕아너스 클럽 아파트 담장 아래 수
국이 한창이다. 삭막한 아파트 담벼락에 수국을 심어 행인들의 메마른 감
성을 충전시켜 주는 배려가 참 고맙다. 수국이 가장 아름다울 때가 8월이
다. 많은 꽃잎이 모여 하나의 꽃다발을 피워낸 모습이 마치 샹들리에와
같다. 많은 작은 불빛들이 전체를 아름답게 구성하듯이, 수국 역시 수많
은 작은 꽃들이 이루어낸 완전체이다. 결혼식장 샹들리에와 닮아서인지
수국은 부케로도 많이 사용된다. 수국은 색이 다양하다. 자체의 색이 없

어서 주변 환경에 따라 색이 다양하게 변한다. 강한 산성 토양에서는 푸른색, 알칼리 토양에서는 붉은색을 띤다. 토양에 다양한 첨가제를 넣어 꽃 색깔을 다양하게 연출할 수 있다.

주변의 환경에 노출되어 줏대 없이 자신의 정체성을 띤다는 이유로 대표적인 꽃말은 변덕이다. 이 꽃의 일본식 학명인 otaksa를 붙인 사람은 18세기 초 일본에 와 있던 네덜란드 식물학자 주카르느이다. 그가 사랑했던 오타키라는 기생이 변심하자, 그녀 이름의 높임말인 otaksa를 학명으로 사용했다. 다양하게 변하는 색을 변심한 여인의 마음으로 읽었다.

색깔이 다양해 변덕 외에도 다른 꽃말도 있다. 재밌는 건 보라 수국의 꽃말이 바람둥이다. 수국 꽃말에 딱 어울리는 인물이 있다. 아테네 정치가인 알키비아데스(기원전 450~404)는 출중한 외모를 지닌 바람둥이다. 스승 소크라테스도 제자의 출중한 외모에 빠질 정도이다. 알키비아데스는 자신의 정치적 야망에 따라 여러 번 변신한다. 시칠리아 원정을 주장하다가, 반대파의 모함으로 스파르타로 망명한다. 적국 스파르타의 장군이 되어 펠로폰네소스 전쟁에서 조국 아테네를 물리치는 데 한몫한다. 그리고 스파르타에서도 추문을 일으켜 페르시아로 도망갔다가, 아테네와 스파르타 사이에 다시 전쟁이 일어나자 스파르타 함대를 격파하는 공을 세운다. 이를 기회로 아테네로 다시 돌아온다. 하지만 다시 정적들에 의해 아테네에서 추방되어, 스파르타의 사주를 받은 자객에게 망명지 프리기아에서 죽는다.

이처럼 어딜 가나 그는 반대파를 만들고 그 반대파에 쫓겨 다닌다. 아마 그의 정적이 많이 생긴 것은 그의 출중한 외모로 인한 복잡한 여성 편력 때문일지도 모른다. 프랑수아 앙드레 뱅상이 그린 〈소크라테스의 가르침을 받는 알키비아데스〉(1776)에서 알키비아데스는 보라색 망토를 걸치고 있다. 여색에 빠져 사는 제자를 구출하기에 바쁜 스승 소크라테스다. 보라색의 옷을 소화할 수 있는 사람이 얼마나 될까? 출중한 미모가 아니면 소화하기 힘들다. 잘못 입으면 한없이 촌스럽다.

무릇 어떤 꽃인들 아름답지 않은 게 있을까? 수국은 자태 그 자체가 귀족이다. 수국의 한자 이름은 수구화(繡毬花)인데, 비단으로 수를 놓은 것 같은 둥근 꽃이란 의미다. 수구화에서 수국화, 수국으로 변했다. 물을 좋아하는 식물이다. 그래서 물국화인 水菊이다. 물을 너무 좋아하기 때문에 관리하기가 여간 귀찮은 게 아니다. 물만 주면 다시 살아나는 순수한 수국이다. 그래서 진심이란 꽃말도 있다.

언젠가 경남 거제 다대포에서 자고 아침 일찍 통영으로 가는 길가에 나란히 피어있던 다양한 색의 수국 행렬이 떠오른다. 마치 사열이나 하듯이 우리 일행을 반겨주었던 고마운 수국이었다. 무척이나 습한 오늘 출근길 삭막한 도시 아파트 담장 아래서 만난 수국 정원 때문에 기분이 한결 좋아졌다. 이 아파트 주민들의 배려에 감사드린다. 역시 꽃보다 사람이 더 아름답다.

필리아

고대 철학자 아리스토텔레스(BC 384~322)는 자신의 책《니코마코스 윤리학》〈제8권〉에서 필리아(φιλία, philia), 즉 친애(親愛)에 관해 다룬다. 그는 친애를 우리가 살아가는 데에 가장 필수적인 것이라고 한다. 누구나 친애하는 사람이 없다면 다른 모든 것들을 가지고 있다고 하더라도 살고 싶지 않을 것이다. 특히 가난할 때나 여러 가지 불운을 당할 때 친애는 유일한 피난처이다. 친애는 젊은이에게는 과실을 범하지 않도록, 연로한 사람에게는 신변을 보호하고, 장년기의 사람들에게는 고귀한 일을 하도록 격려해준다. 나아가 친애는 인간 이외 동물을 포함한 공동체를 구성하는 원리이다. 친애를 좁게 말하면 우정이나 우애로 생각할 수 있다. 아리스토텔레스는 〈제9권〉에서 우애를 다룬다.

아리스토텔레스는 노년에 좋은 친구가 있는 자는 그렇지 못한 자보다 행복할 수 있는 조건을 가진 자라고 말한다. 젊은 시절에는 쓸모가 있어 친구가 필요했고, 나의 욕망을 충족하기 위한 대상으로서 친구가 필요했었다. 친구가 가진 속성 때문에 좋아했다가 그 속성이 사라지면 우정도 사라진다. 친구의 부나 명예 혹은 권력 때문에 우정이 필요했다면, 그 속성이 사라지면 자연스럽게 우정도 사라진다. 로마의 정치가이자 철학자였던 키케로(Marcus Tulius Cicero, BC 106~43) 역시 '이익이 우정의 접착제라면, 이익이 사라질 때 우정도 풀어지는 것'이라 한다.

나는 좋은 친구를 나이가 들면서 만났다. 내가 대구 내외건축 배태현 대표를 만난 건 그리 오래되지 않는다. 14년 전 그를 '배소장'이라는 소박한 친구로 만났다. 나는 지금도 그를 '배소장'이라 부른다. 빌딩 몇 채를 가진 주식회사 대표가 아닌 평범한 설계사무소 소장 배태현이 나에겐 더 친숙하다. 이 건물(사진)은 그가 1996년에 지어 지금까지 사무실로 사용하고 있다. 건축사 개업을 시작한 지 10년째 되던 해에 지은 건물이다. 당시로는 특이한 노출콘크리트 방식이고, 벽돌 한 장 없이 철근과 콘크리트만으로 연출한 건물이다. 자신이 소유할 건물이기 때문에 이러한 디자인이 가능했을 것이다. 어디 하나 가볍고 경솔한 구석이 없다. 건축가의 신중함이 묻어난다. 그 집은 집을 짓는 그 사람의 옷이다. 내가 언젠가 건물이 어둡고 우울하다고 혼잣말을 한 적이 있다. 옆에서 내 말을 듣고 그는 침묵했다. 아차! 내가 경솔했구나! 하고 말꼬리를 감추었다.

나는 그를 종종 소심하다고 생각한 적이 있다. 소심함(despondency)과 신중함(prudence)은 다르다. 소심함은 인간 본성과 잘 어울리지 않는다. 스피노자는 소심함을 '슬픔 때문에 자기에 대해 정당한 것 이하로 느끼는 정서'로 정의한다. 인간 정신은 자신의 활력을 감소시키는 슬픔을 본능적으로 피한다. 따라서 가장 소심하다고 평가받는 사람은 오히려 명예욕이 강하다. 명예는 '타인에게 칭찬받는다고 생각할 때 동반하는 기쁨'이기 때문이다. 인간은 본성적으로 슬픔보다 기쁨을 욕망한다. 아리스토텔레스는 자신이 처리할 수 있는 몇 가지 사물 중 좋은 것을 선택하는 신중

한 욕망을 심사숙고라 한다. 신중한 것은 매사를 심사숙고하여 처리한다는 것이다. 내가 섣불리 생각한 그의 소심함은 바로 신중함이다.

성질이 급한 나에 비하면 그는 느리다. 그는 말도 행동도 느리다. 내가 숟가락을 놓을 때쯤 그는 숟가락을 든다. 너무 지나친가? 물론 그는 자신이 느리다는 걸 한 번도 인정하지 않는다. 간혹 빠를 때가 있는데 술값을 낼 때다. 나는 그가 화를 내거나 큰소리치는 걸 한 번도 본 적이 없다. 2019년 4월 나는 배소장을 따라 베트남 하이퐁에 다녀온 적이 있다. 하이퐁에서 짓고 있는 공장 건물을 현장에서 체크하기 위해 출장을 가는데 동행했다. 그때 현장에서 일처리하는 걸 보고 놀랐다. 더위를 무척 타는 그가 땀을 뻘뻘 흘리며 현장 책임자에게 꼼꼼히 지시하는 모습을 보고, 매사에 신중함이 몸에 밴 친구라고 느꼈다. 요즘도 한 번씩 그를 따라 감정 현장에 간다. 건물을 짓다가 일어난 소송 사건을 법원으로부터 위임받아 현장에 가서 감정한다. 배소장은 이 일을 오랫동안 해왔다. 건축사라고 해서 모두 다 할 수 있는 일은 아니다. 나이가 들어가면서도 일 년에 몇 건씩 감정이 들어오는 것은 그가 지금까지 그 일을 얼마나 신중하고 객관적으로 잘 처리했는지를 말해준다.

나는 철학을 전공하는 인문학자이다. 나는 건축사인 배소장이 가끔 부러울 때가 있다. 자신이 설계한 것을 눈앞에서 현실로 만날 수 있는 건축사의 행복이 얼마나 큰 것인지 나로서는 가늠할 수 없다. 가장 부러운 것은 단번에 스케치하는 능력이다. 펜으로 몇 번 마사지하면 금방 멋진 디자인이 완성된다. 철학과 건축은 분과학으로서는 다르지만, 학문적 이념은 크게 다르지 않다. 철학자는 관념으로 집을 짓는 건축가이다. 칸트도 헤겔도 자신의 철학을 건축학적으로 디자인한다. 건축가는 관념을 현실로 옮기는 실천적인 철학자이다. 차이라면 철학자의 오류는 눈에 잘 보이지 않지만, 건축가의 실수는 눈에 확연히 드러난다. 철학자가 지은 집이 삼풍백화점이 무너지듯이 그렇게 무너지지는 않는다. 건축가의 실수가 엄청난 재난을 불러오기 때문에 그만큼 책임이 무겁다. 건축윤리와 건축철학이 필요한 이유이다.

내가 알기로는, 건축가를 의미하는 영어 architect는 고대 그리스어 아르키테크톤(ἀρχιτέκτων)에 기원을 둔다. 이 단어의 뜻은 전체를 기획하고 지휘·감독하는 사람이다. 오늘날 건축가이다. 총기획자이기에 자기 일에 대한 책임 역시 크다. 그런 만큼 신중함이 최우선이다. 배소장의 타고난 신중함은 건축사인 그의 직업에 딱 맞는 품성이다. 그는 평소 안토니오 가우디에 대해 자주 말한다. 가우디의 곡선 건물만큼 배소장의 성정(性情)도 부드럽고 곡선적이다. 직선이 신(神)이고 선(善)이었던 시기, 가우디는 곡선으로 생각을 표현했다. 기하학적 대칭성을 강조한 르네상스 양식이 전형(典型)이었던 시기, 가우디는 바로크 양식의 곡선 디자인을 했다. 그에게 직선은 인간의 선(線)이고, 곡선은 신의 선(線)이었다. 가우디에게는 직선을 그을 자(尺)는 필요 없다. 그의 창조적인 곡선 철학이 없었다면 '가우디'란 이름이 우리에게 잊힌 지 오래일 것이다. 우정에도 자가 필요할까? 곡선처럼 서로 얽혀 있는 게 우정이다.

나와 그는 학문적 연대성을 공유하고 있었던 거 같다. 그는 철학에 관심이 많다. 내가 쓴 책을 주면, 꼼꼼히 읽는다. 남이 쓴 철학책을 읽는 건 고문이다. 그는 인내심을 가지고 읽어낸다. 철학이 공허하지 않기 위해 건축의 구체성이 필요하고, 건축이 맹목적이지 않기 위해 철학이 필요한 것을 공유하고 있다. 이러한 학제적 연대성이 10년 이상 오랜 우정을 유지한 힘이었을지도 모른다.

　나이가 들면서 일주일에 한 번씩 만나 술잔을 같이 나눌 수 있는 건강을 서로가 유지한 게 다행이다. 가끔은 급한 내 성질 때문에 그의 마음을 아프게 한 적이 종종 있다. 그럴 때도 그는 큰 나무처럼 묵묵히 말없이 내 곁을 지켜주었다. 키케로는 '우정은 찬란한 미덕이 빛을 내뿜고, 유사한 성질의 영혼이 애착심을 느낄 때 맺어지는 거'라고 말한다. 덕이 있는 사람들 사이에서 우정이 싹튼다. 그러려면 나부터 먼저 덕 있는 사람이 되어야 한다. 친구는 제2의 나(the second self)다. 내가 덕이 있어야 덕 있는 친구를 만날 수 있다.

빈 의자

도서관으로 출근하기 전에는 김광석 거리를 한두 번 정도 와 본 게 고작이다. 요즘 이 거리를 관통하는 일이 잦다. 그러다 보니 이전보다 그에게 관심이 더 갈 수밖에 없다. 그의 음악을 들으면서 그를 이해하려고 한다. 너무 짧은 생을 마감했기에 그를 이해하기에는 여백이 너무 많다. 그래도 그를 추모하고 좋아하는 가수들이 그의 삶을 그의 노래로 연장해주고 있어서 다행이다.

그의 노래를 너무 비관적인 그리고 마치 이별을 찬양하는 듯한 노래로 재단하는 것은 성급하다. 발라드가 사랑과 이별을 노래하는 건 맞다. 그것 말고 다른 얘기가 있을까? 인간의 뿌리 정서, 즉 모든 정서의 근원이 되는 것이 사랑의 기쁨이고 이별의 슬픔이다. 이것을 대체할 수 있는 다른 뿌리 정서는 없다.

다만 발라드가 지나치게 이별을 노래하다 보니 감성을 오히려 피폐하게 한다는 얘기도 일견 맞는 말이다. 발라드의 지나친 염세주의를 피하려는 경향도 있다. 어제 8월 9일 늦은 밤 모 방송국에서 발라드 가수 신승훈 씨가 오랜만에 출연해 부른 노래가 〈내가 나에게〉이다. 이 노래는 지쳐 있는 자신을 위로하는 독백을 담은 노래라 한다. 2020년 나온 노래이다. 그는 자신을 지나치게 외면하거나 비하하는 삶보다는 나에게 내가 용기와 희망을 주는 노래를 하고 싶어 이 노래를 작곡했다고 말한다.

그렇다. 발라드는 지나치게 어두운 면이 있다. 김광석의 노래 역시 그렇다. 특히 그의 어두운 삶을 노래한 그였다. 그러나 어두운 면을 지나치게 부각할 필요는 없다. 나는 그의 노래에서 이별보다는 절박한 사랑을, 슬픔보다는 찬란한 기쁨을 그리고 죽음보다는 행복한 삶을 듣는다. 그는 죽어서 '희망'이란 이름으로 다시 살아났다. '대한민국'이라는 척박한 현실을 감당해야 할 청춘들에게 시간이 얼마나 소중한 것인지 노래한다. 그가 노래한 〈어느 60대 노부부 이야기〉가 그렇다.

나는 그의 노래 어디에서도 현실 도피적인 어두움을 찾을 수 없다. 그는 누구보다도 현실을 사랑했다. 현실 바깥에 또 다른 삶을 상상하지 않았다. 그는 현실을 노래하지, 결코 초월적 메시지를 전달하지 않는다. 이것은 누구도 흉내 낼 수 없는 그만의 그였다. 난 아직 그를 잘 모른다. 더 알 수 있을 때까지 그의 노래를 더 사랑하고 그가 환생한 거리를 자주 걷고 싶다. 그는 여전히 일어나 걸으라고 희망의 메시지를 노래한다.

광석이 거의 흐느끼듯 절규한다. 아픈 사랑은 사랑이 아니라고. 그렇다. 아파보지 않은 사람은 모른다. 아파도 뼈저리게 아프다. 하지만 사랑그 자체는 아픈 것도 기쁜 것도 아니다. 사랑 그 자체는 아무런 색깔도 모습도 냄새도 없고 실체도 없다. 사랑은 아무런 죄가 없다. 기쁨을 동반하는 것을 사랑으로 느끼고, 슬픔을 동반하는 것을 이별이라 느낀 건 나다. 이 느낌은 정념(passion)이다. 나의 의지와 관계없이 외부에서 나에게 주어진 수동적 정서이다. 슬픔이란 수동적 정서보다 더 큰 기쁨을 가져다주는 능동적인 정서로 제어하지 못하기 때문에 슬프다. 슬픔에서 자유로워지기 위해서는 사랑이란 게 나에게 기쁨을 주는 정서라서 내가 거기에 몰입했다는 사실을 깨달아야 한다. 자신의 의지와 타협 없이 하나의 사고(事故)처럼 다가온 사랑이란 정서는 나와 타협 없이 사라져 도망간다. 원래 사랑이란 게 그런 놈이다. 결국, 너무 아픈 것은 그만큼 사랑에 집착했기 때문이다. 집착은 수동적 정서에 깊이 매몰되는 것이다. 집착한 그만큼 더 아프다. 이걸 아는 게 정신의 본성이다. 정신적으로 자유로워지기 위해서는 수동적 정서에서 능동적 정서로 벗어나는 길밖에 없다.

자기가 사랑하는 것이 파괴되는 것을 상상하는 사람은 슬프고, 자기가 사랑하는 것이 유지되는 것을 상상하면 기쁘다. 슬픈 것도 기쁜 것도 우리가 상상한 것에 지나지 않는다. 스피노자는 '인간이 사물에 대해 표상한 것에 의해 자극되는 동안에는, 비록 그 사물이 존재하지 않을지라도 그것이 현존하는 것으로 상상한다'라고 말한다. '표상'(re-presentation)은 사물을 마음속에 재현하는 것이다. '사랑이란 사태 자체'를 자신의 방식으로 상상하여 재현하는 것이다. 따라서 표상은 사태로부터 멀어진다. 따라서 이 표상에서 벗어나 '사랑이란 사태 자체'를 직관할 때 비로소 자유롭다. 슬픔은 자신이 표상한 대상에서 자유로워질 때 사라진다. 우리는 외적 자극에 수동적으로 대처할수록 그만큼 상처를 받고, 반대로 능동적으로 대처할수록 그만큼 상처를 덜 받는다. 물론 사랑이 파괴되는 것을 보고 슬퍼하지 않을 사람은 없다. 인간은 그만큼 외적 원인에 자극을 많이 받는 존재이다. 그만큼 더 아프다. 그러나 결국은 집착을 내려놓지 않으면 더욱 아프다. 내가 외적 자극에 휘둘리지 않고 능동적일수록 덜 아프다.

신천 둔치 신성교와 칠성교 사이의 의자

　가수 바비킴이 노래한다. 너무 집착하지 말라고. 사랑을 놓아주라고. 원래 빈자리 하나 만들어 놓고 도망가는 게 사랑이라고. 늘 빈털터리로 만들어 놓고 떠나는 것이라고. 그러면서도 또 다른 사랑이 제멋대로 찾아온다고. 결국, 혼자 앉아야 할 자리를 준비하는 과정이 사는 게 아닐까? 마침내 혼자서 걸어가야 할 길이 인생이 아닌가? 텅 빈 의자에 잠시 앉았다가, 다시 못 올 먼 길을 다리 절면서 혼자 걸어가는 게 우리의 삶이 아닐까?

광석과 머큐리

충청과 수도권에 폭우가 쏟아졌다. 그 영향 때문인지 오늘은 비교적 선선하다. 글을 쓰고 있는 지금이 오전 10시 반인데, 비가 내린다. 빗줄기는 굵지 않다. 오늘도 자주 걷던 길을 걸어 출근하고 이제 막 책상에 앉아 노트북을 연다. 우리는 거리를 걸으면서 아파트, 편의점, 카페 등 많은 건물을 매일 지나다닌다. 그런데 걷다 보면 특정한 장소나 건물이 나의 삶 속으로 들어와 의미로 피어난다. 이럴 때 이 장소는 일반적인 공간이 아니라 나의 실존과 관계된 장소성을 띤다. 나와 관계없는 장소는 그저 스쳐지나 가지만, 장소가 하나의 의미가 되어 나를 소환하는 경우, 그 장소는 나에 대한 장소성으로 구성된다. 특정한 장소가 나의 의식을 촉발한다. 의식은 장소에 얽힌 의미들을 모아서 하나의 의미체를 구성한다. 이게 바로 특정한 장소가 나에게 부여하는 의미인 상소성이다.

김광석 거리로 들어선다. 김광석이 태어난 거리다. 이곳에서 태어나 다섯 살까지 살다가 서울로 이사 갔다. 오늘 이 거리를 걷다가 벽에 그려 놓은 김광석(1964~1996)을 보면서 문득 〈보헤미안 랩소디〉의 프레디 머큐리(Freddie Mercury, 1946~1991)와 겹쳐진다. 앞으로 약간 돌출된 치아가 닮았다. 벽에 그려 놓은 김광석의 얼굴 그림을 보며 느낀 것이다. 김광

석을 본 적은 없지만, 그의 벽화가 그의 입, 특히 치아에 방점을 둔 걸 보면 그의 얼굴 전체의 상을 상상할 수는 있다. 위 작품(사진)은 대구 중구 김광석다시그리기길 예술감독인 조각가 손영복의 〈사랑했지만〉(2010)이다. 작가는 '김광석'으로 상징되는 청년들의 미완성된 삶의 모습을 매끈하지 않은 거친 질감으로 처리했다. 2집 타이틀 곡 〈사랑했지만〉의 후렴구를 부르고 있는 순간의 표정을 담았다.

대구 방천시장은 방천둑을 중심으로 형성된 재래시장이다. 반월당에서 수성교를 건너기 전 오른쪽으로 약간 꺼진 곳이다. 〈나무위키〉는 방천시장을 이렇게 소개한다. 1945년 광복 후 일본과 만주 등에서 한국으로 다시 온 전재민(戰災民)이 모여 형성된 시장으로 신천 옆에 만들어졌다 하여 '방천시장'이라 불렀다. 이곳 출신을 대우그룹창립자인 김우중과 야구선수 양준혁 그리고 김광석이라고 소개한다. 이곳은 한국전쟁 당시 그리고 일제강점기 여러 곳에서 생존을 위해 모여 살았던 곳이다. 이주민과 소수자의 삶터였다. 지금 이곳은 시장의 기능보다는 김광석 다시 그리기로 문화적 공간으로 활기를 띠고 있다. 프레디 머큐리가 소환되는 이유는 그의 삶 역시 김광석처럼 이방인 혹은 소수자로 경계인의 삶을 살았기 때문이다.

수성교를 중심으로 중구와 수성구로 나뉜다. 중구인 방천시장을 지나 수성교를 넘어오는 순간 분위기가 다르다. 중구는 시청이 있는 대구의 중심이지만 그것은 행정적 의미 이상이 아니다. 경제의 중심은 수성구이다. 다리를 경계로 분리된 두 구역은 어딘가 차이가 있어 보인다. 수성교를 건너 범어네거리로 이르는 지역은 경제적으로 여유가 있는 곳이다. 교육의 수준은 두말할 것도 없다.

중구가 수성구보다 상대적으로 가지는 장점은 오랜 문화적 자산이 많다는 것이다. 봉산동과 대봉동을 문화거리로 조성하여 문화적 수준을 높인 것은 중구의 자랑이다. 김광석 거리를 포함한 웨딩거리와 갤러리거리와 가구거리 등이다. 경제가 문화를 주도하지만, 역으로 문화가 경제를 리딩한다. 경제와 문화는 같이 성장해야 한다. 중구와 수성구가 수성교를 중심으로 행정적으로 구획되긴 하지만, 동시에 수성교는 중구와 수성구를 이어주는 역할을 한다. 중구와 수성구를 문화적으로 이어주는 장소성을 띠고 있는 곳이 김광석 거리다. 김광석 거리 만들기는 신의 한 수였다. 이제 이곳은 한국 발라드의 메카로 자리매김하였다.

김광석과 머큐리가 교차하는 부분이 있다. 랩소디는 규범에 얽매이지 않고 자유롭게 자신의 감정을 표출하는 형식의 노래이다. 전통적인 틀에서 벗어나 자유를 추구한다. 〈보헤미안 랩소디〉는 영국 록그룹 퀸(QUEEN)의 싱어 머큐리의 자전적 영화이다. 머큐리는 공항 수화물 담당 노동자였던 파로버사라의 영국식 이름이다. 영국 식민지 아프리카 탄자니아의 잔지바르에서 태어난 그는 조로아스터교를 믿은 이유로 무슬림에 쫓겨 영국으로 귀화한 소수자이다. 그는 영국 식민지 출신으로 영국 본토에서 활동하는 데 많은 제한이 있었다. 하지만 그는 외모나 이념 혹은 전통을 초월하여 자신만의 음악 세계를 구축한다. 다수자의 공간에서 모든 규범을 벗어던진 자유로운 소수자의 대변인으로 살다가, 에이즈 양성자인 그는 1991년 45세의 짧은 생을 마감한다.

광석과 머큐리는 거의 같은 시대정신을 공유했다. 광석 역시 동아리나 소극장을 중심으로 음악 활동을 시작한다. 시대정신을 담은 민중가요를 부르면서 소수자의 편에서 노래해 왔다. 방천은 신천의 물이 넘치는 것을 막기 위해 만든 둑 때문에 생긴 지역이다. 둑을 높이 세우려면 주변을 깊게 파 돌이나 흙을 옮겨와야 한다. 이로 인해 둑보다 낮은 지역이 생긴다. 이곳에 이재민들이 모여들어 살면서 시장이 형성된다. 파로버사라가 노동을 했던 곳과 중첩된다. 그는 영국으로 이주하지만, 그곳에서도 여전히 소수자였다. 김광석이 방천둑을 벗어나 어린 나이에 서울로 갔지만, 서울에서 그의 삶 역시 소수자였다. 어떻게 보면 우리 모두 소수자이다. 어차피 죽음을 향해 달려가는 방랑자이다. 우린 어쩌면 삶이라는 도박에 승산 없는 배팅을 한 방랑자이다. 지친 호모 비아토(Homo viator), 즉 방랑자인 우리에게 그의 노래는 위로의 네비게이션이다.

나무

시는 노래를 만나 다시 새로운 의미로 태어난다. 시는 가수의 선택을 받아 새로운 의미로 재탄생된다. 나는 김광석의 노래 중 3집에 수록된 〈나무〉에 대해 들어 본 적이 없다. 대중에게 그리 알려지지 않은 노래다. 오늘 김광석 거리 위 신천대로에 올라 커다란 나무 아래 검은 돌에 새겨진 이 시를 읽었다. 노랫말은 김윤성이 썼다. 김광석의 노래가 다 그렇듯, 이 노래는 노랫말에 흠뻑 취하도록 배려한다. 그저 흥얼거리면서 노랫말을 읊조린다. 제우스의 메시지를 전달하는 헤르메스(Hermes)가 되어 음유한다. 이 노래는 가수가 가사를 전달하는 충실한 메신저 이상이 되어서는 안 된다는 걸 느끼게 한다.

김윤성(1926~2017)이 남긴 시는 광석의 노래로 다시 태어나 우리 곁에서 숨 쉰다. 게으른 감상자인 내가 이 시를 처음 읽었을 때, 와닿는 게 또렷하지 않았다. 시는 언어 경제학적 글쓰기다. 가능하면 언어를 적게 사용하면서도 최대의 효과를 노린다. 공리주의적 글쓰기다. 그래서 시에 대한 해석은 다양할 수밖에 없다. 같은 시도 볼 때마다 달리 다가온다. 그래서 시다. 해석은 자유이다. 물리적 언어가 아닌 시어만이 갖는 특이성이자 특권이다. '어떻게 해석해도 좋다'이다.

한결같은 빗속에 서서

젖는 나무를 보며

눈부신 햇빛과 개인 하늘을

나는 잊었소

누구 하나 나를 찾지도

기다리지도 않소

한결같은 망각 속에

나는 움직이지 않아도 좋소

(이하 생략)

광석은 나무가 되어 나무처럼 살려고 노래한다. 눈부신 햇빛과 개인 하늘을 기다리다 어느 날 갑자기 황홀한 존재가 되기를 소망하지 않는다. 그저 비 오면 비 맞으며 한결같이 서 있는 나무가 되고 싶어 한다. 찾아오는 이를 기다리지도 않은 채 침묵 속에서 한결같이 존재하는 나무가 되고 싶다고 읊조린다. 그 누구의 간섭도 받지 않고 오롯이 자신의 자리를 지키고 서 있는 나무가 되고 싶다고.

'내일 당장 지구의 종말이 오더라도 오늘 한 그루 작은 나의 사과나무를 심는다'. 이 말을 누가 했는지는 그리 중요하지 않다. 이 어록의 저작권이 스피노자에게 있지는 않다. 아이제나흐라는 독일 시골 마을 한 그루의 사과나무 그늘 아래 이 글귀가 새겨진 기념비가 있다. 이 글귀 밑에는 '마틴 루터'의 이름이 새겨져 있다. 굳이 저작권을 말하면 마틴 루터에게 있다. 그래도 철학자 스피노자 역시 이 글귀에 담긴 의미대로 살다 갔다. 스피노자에게 저작권을 인정해주어도 무방하다. 루터에게나 스피노자에게나 사과나무는 그렇게 살고 싶은 신이다. 루터의 신은 로마교황청에 계시는 거룩한 하나님이 아니다. 그는 부패한 로마가톨릭의 하나님을 내 옆에 계시는 사과나무와 같은 존재로 옮겨 심었다.

스피노자가 심고 싶었던 사과나무 역시 신이다. 그에게 자연은 신의 다른 이름이다. 신의 변용이다. 신의 다른 모습이다. 나무 역시 인간이 닮고 싶은 신과 같은 존재이다. 그는 자유의 나무를 심었다. 신은 자유이다. 인간은 나무와 달리 몸뚱어리를 지니고 있어 온갖 정념을 생산하는 특이한 존재이다. 신과 가장 멀리 있는 것이 인간이다. 그런 인간이기에 신의 모습으로 서 있는 나무를 닮고 싶다.

이 시의 화자는 우연을 꿈꾸거나 거대한 목적을 세우지 않고 한결같이 하늘로 뻗고 싶은 나무이다. 다른 것에 의해 강요받아 활동하지 않고 오직 자신의 존재 원리에 따라 한결같이 존재하는 나무처럼 살고 싶어 한다. 자신의 존재 원인을 자신 안에 갖고 있어서 다른 것에 휘둘리지 않는 나무 신이다.

우리는 살면서 우연을 만나 전혀 다른 삶을 살 것을 기대하고 산다. 좋은 사람 만나는 우연, 갑자기 돈을 벌어 부자가 되는 우연, 필연의 법칙을 벗어나 언제든지 마음만 먹으면 우연의 사건을 만들어낼 수 있다는 인간의 어리석음을 치유해주는 나무이다. 어느 날, 말 탄 왕자처럼 사랑이 찾아올 거라는 우연을 꿈꾸며 사는 게 우리이다. 자신의 존재 원인을 다른 데서 찾는 어리석은 인간에게 나무는 스승이고 신이다. 삶은 다 그런 거라고. 별다른 우연이 삶에는 없는 거라고. 우연이라고 생각하는 것 역시 필연이라고. 이것을 알 때 자유로워진다고 나무는 스승이 되어 인간을 교육한다. 너희들도 자신처럼 살라고 가르친다. 묵묵히 하늘을 찌르는 나무처럼 그렇게 한결같이 걸어가라고.

나 역시 거의 평생을 한결같이 '철학'이란 나무를 키우며 살았다. 철학의 부재 시대에 철학을 붙들고 살아내는 삶이 그리 녹록지 않았다. 그렇기에 더 열심히 나무를 키워보려고 애쓰며 살아왔다. 그러나 아직 그 나무는 나에게 여전히 낯설다. 그 나무를 나의 나무로 키우기에는 여전히 멀리 있다.

광석은 노래하는 철학자이다. 나 역시 철학을 공부하지만, 그것을 노래로 음유하는 능력은 없다. 현학적인 글을 아무런 성찰 없이 내뱉어 놓는 어설픈 철학자이다. 이러한 내 마음에 그가 부르는 노래는 나를 더욱 성찰의 터널로 안내한다. 그의 노래 한 곡이 나의 무딘 철학보다 훨씬 더 철학적이다. 설령 화려한 불빛과 개인 앞날을 내다볼 수 없다고 할지라도 나는 한결같이 위를 향해 무럭무럭 자랄 것이라는 나무의 결기가 존경스럽다. 가수는 아무 노래를 부르지 않는다. 자신의 삶을 은유하지 않는 노랫말로 노래하는 건 자신에게 고문이다. 가수는 스스로 나무가 되어 세상 시선에 개의치 않고 한결같이 자기 길을 가겠노라고 고백한다.

나무는 그저 그 자리에 서 있다. 나무는 누구를 위로하려고 서 있지 않다. 나무는 누구로부터 감사의 말을 듣고자 그곳에 서 있는 게 아니다. 나무는 누구를 사랑하지도 않는다. 그래서 이별의 슬픔도 없다. 누구도 미워하지 않는다. 그래서 슬퍼하거나 기뻐하지도 않는다. 오직 인간만이 기쁨과 슬픔의 정념에 뿌리를 내리고 산다. 그 자양분은 욕망이다. 인간은 이 욕망을 스스로 통제할 수 없다. 마치 욕망이 이성에 의해 유기적으로 조절될 거라고 말하지만 착각이다. 욕망은 통제되지 않기에 욕망이다. 통제된다면 그건 욕망이 아니다. 인간 역시 욕망의 기계일 뿐이다. 욕망의 고깃덩어리에 지나지 않는다. 나무는 이러한 욕망이 없다. 나무는 그저 거기에 '자연'으로 서 있다. 아무것도 바라지 않고 그저 한결같이 하늘을 향해 자랄 뿐이다. 저절로(自) 그러그러(然)하게.

시인은 존재의 진리를 지키는 파수꾼이다. 그의 유일한 무기는 언어이다. 하지만 이 언어는 실재를 있는 그대로 담아낼 수 없는 결여태이다. 그래서 차라리 침묵하기를 원한다. 구태여 소리쳐 부르지 않고 잊힌 언어 속에 침잠하려고 한다. 그 침묵 속으로 가라앉은 시인의 언어를 광석은 노래를 통해 실재(實在)로 승화한다. 시어가 미처 담아내지 못한 여백을 노래로 완성해낸다. 절제된 시인의 언어가 그의 노래를 통해 풍만함을 얻는다. 그는 메마른 시어에 감성의 옷을 입혀 노래하는 철학자이다.

철학자의 언어는 위험하다. 지나치게 관념을 판다. 관념은 실재에 여러 겹의 옷을 입힌 비실재이다. 철학자는 항상 관념의 노예가 되어 스스로 관념의 옷을 벗어 던지지 못한다. 철학을 한다고 하면서도 철학적으로 살지 못한다. 아니 철학적으로 안 산다. 하지만 그는 나와 다르다. 그는 자기 노래처럼 살다가 갔다. 스피노사의 나무로 짧게 살다가, 어느 날 하늘로 떠났다. 우리 모두 나무로 살라고 노래하고 떠났다.

너무 깊이 생각하지 마

너무 깊이 생각하지 마
다시 돌아올 수 없는 시간을
오직 슬픔만이 돌아오잖아
너무 깊이 생각하지 마
외로움이 친구가 된 지금도
아름다운 노랜 남아있잖아
(이하 생략)

아무리 멍 때리고 앉아 있어도 언어가 생각을 교란한다. 언어를 아무리 갈고닦아도 실재(實在)를 온전하게 비추지는 못한다. 생각은 언어를 매개로 한다. 언어가 끝나는 지점에서 생각이 자유롭다는 게 생각의 한계이고 언어의 한계이다. 언어는 피부와 같다. 나는 피부 바깥으로 나갈 수 없다. 언어는 내 생각을 가두는 감옥이다.

4집에 수록된 김창기 작사 작곡, 김광석 노래 〈너무 깊이 생각하지 마〉는 이렇게 시작한다. 이 노래는 얼른 듣기는 그저 너무 깊이 생각하지 말라는 선사의 화두처럼 들린다. 그리고 '나는 벌거벗은 여인의 사진을 보며 그대와 나누지 못했던 사랑 혹은 눈물 없이 돌아서던 그대 모습을 아주 쉽게 잊을 수 있어'라는 가사는 퇴폐적인 뉘앙스까지 풍긴다. 하지만 이 노래는 퇴폐를 노래하지 않는다. 사랑은 그저 그런 것이니까 너무 깊게 생각하지 말라는 데 방점이 있다.

너무 깊게 생각하지 말라고 하지만 실은 그게 쉽지 않다. 사진 한 장으로 잊을 수 있는 게 아니라는 것이다. 하지만 그렇게 해서라도 잊을 수 있으면 얼마나 좋겠냐고 절규한다. 물론 떠난 사랑을 너무 깊게 생각하면 할수록 그만큼 더 아프다. 우린 어떤 것에 대해 너무 깊게 생각하지 말고 가볍게 지나가라고 말하곤 한다. 사랑 때문에 깊은 생각에 빠진 친구에게 관찰자의 입장에서 그렇게 말하곤 한다. 하지만 그건 친구에게 별 위로는 되지 않는다.

생각은 결국 언어적이다. 언어를 매개로 생각한다. 언어가 없이는 어떤 생각도 가능하지 않다. 문제는 언어는 실재로 이르는 투명한 통로가 아니다. 사전(辭典)에 수록된 언어들은 생각을 표현하는 도구에 지나지 않는다. 도구는 사용하고는 곧 버려야 한다. 도구에 집착하면 실재에 도달할 수 없다. 달(진리)을 가리키는 손가락(언어)을 보지 말아야 한다. 고기를 잡았으면 그물은 버려야 한다. 언어도단(言語道斷)이다. 도(道)는 언어로 도저히 잘라서 말할 수 없다. 도는 언어 이전의 실재이다.

언어가 실재에 도달하기에는 호흡이 가쁘다. 너무 좋아서 그걸 말로 표현할 수 없다. 내가 아무리 '사랑'이란 말로 사랑이라는 실재를 표현하려고 해도, 그 실재는 이미 언어로 탈색된 추상적인 사랑일 뿐이다. 언어와 실재 사이에 거리가 있는 한, 언어적 생각이 깊어질수록, 실재와 거리는 더 멀어진다. 잊어야 한다고 생각하지만, '잊어야 한다'라는 실재에는 도달하지 못한다. 그래서 더욱 힘들다. 생각이 깊다고 해서 생각하는 것

(실재)에 이르지는 못한다. 이것이 언어의 한계이고 생각의 한계이다. 그렇다면 우린 언어를 잊고 살아야 하는가? 언어를 내려놓아야 한다. 언어를 내려놓지 않고서는 생각을 내려놓을 수 없다. '내려놓다'는 독일어로 frei-geben이다. '자유를 주다'라는 뜻으로 '생각을 해방한다'라는 것이다. 생각이 집착에서 해방되는 것을 말한다.

말을 잊고 살 수 없다면, 가능한 한, 말을 덜 할 수밖에 없다. 우린 말이 너무 많다. 언어적 사유가 많다는 것은 언어의 매개가 많아서 실재와는 거리가 더 멀어진다는 것이다. 그래서 불교는 '언어를 떠나고 생각을 끊어라'(리언절려, 離言絶慮)라고 한다. 하지만 이 말 역시 언어로 표현할 수밖에 없다. 그러므로 가능하면 묵언(默言) 수행하라고 가르친다. 이건 단순한 침묵(沈默)은 아니다. 말을 하지 말라는 게 아니라, 말을 아끼라는 것이다. 집착에서 벗어나는 길은 말을 아끼는 것이다. 말을 끊을 수 없다면 줄이는 것이 방편이다.

사랑은 실체가 아니다. 실체는 스스로 존재하는 것을 말한다. 사랑은 스스로 존재할 수 없다. 반드시 상대가 있어야 한다. 그러므로 사랑은 관계이다. 그 관계가 사라지면 사랑도 떠난다. 마치 영원히 존재할 사랑의 실체가 있는 것으로 착각하는 것이 집착이다. 사랑의 집착에 빠지는 한, 어린아이들의 가벼운 웃음처럼 아주 쉽게 잊을 수는 없다는 것을 역설적으로 노래한다. 생각이 적어 어리석게 사는 것이 생각이 많아 슬프게 사는 것보다는 낫다. 너무 깊게 생각하지 말자고 광석은 노래한다.

끌림

　모든 게 끌림이 없으면 하고 싶지 않다. 음식도 끌려야 먹고 싶다. 음식뿐이랴, 모든 게 그렇다. 오늘부터 명색이 휴가다. 지난 6월부터 출근하면서 나름으로 휴가를 정한 게 오늘 13일부터 16일까지다. 오늘 군산으로 간다. 설레서 그런지 일찍 일어나 노트북을 열었다가 덮어두고 사우나를 다녀왔다. 사우나를 하면서 글감을 구상하는 습관이 박사 논문을 쓰면서 생겼다. 논문을 쓰다가 막히면 사우나 가서 탕 안에서 눈을 감고 생각하다가 문득 좋은 아이디어가 생기면 급히 집으로 와 책상에 앉아 글을 이어간 적이 한두 번이 아니었다.

　오늘도 탕 안에서 눈을 감는 순간, 갑자기 내 집 주변 자그마한 가게 하나가 떠올랐다. 자주 앞을 지나다니는 가게이다. 여성의 기호품, 옷이나 문갑 등을 파는 곳이다. 내 눈이 끌린 곳은 '끌림'이란 상호이다. 간판에 '끌림'이라 쓰여 있는데 글자 자체가 이미 보는 사람이 끌리지 않을 수 없는 끌림체이다. 여성 고객의 시선을 유혹하기에 충분한 글씨체이다. 글씨 자체가 끌린 체이다.

　나는 무엇에 끌려 글을 쓰는가? 조지 오웰(George Orwell, 1903~1950)의 에세이를 모은 《나는 왜 쓰는가》(이한종 편역, 한겨레출판사,

2010)를 한번쯤 읽어 볼 필요가 있다. 그는 글을 쓰는 목적을 생계 때문에 쓰는 것을 포함해, 독자에게 지적 작자로 알려지고 싶은 순수한 이기심과 예쁘고 아름다운 글을 쓰고 싶은 미학적 열정과 역사적 충동이나 정치적 목적이라고 말한다. 나는 어떤 목적을 가지고 글을 쓰는가? 물론 그것이 생계든 미학적 열정이든 목적 없이 쓰는 글은 없을 것이다. 그러나 그 목적이 무엇이든 그 목적이 좋은 글을 쓰게 하는 원천은 아니다. 설령 좋은 글을 썼다 하더라도 그것은 목적을 위한 수단에 지나지 않는다. 글쓰는 것 자체가 목적이어야 한다.

영국의 철학자이자 역사가인 콜링우드(R.G.Collingwood, 1889~1943)는 예술과 기술(craft)을 구분한다. 어떤 목적을 전제하고 그것을 재현하는 것을 기술이라 한다. 그 목적이 돈이든 명예든 무엇이든 그것을 실현하는 수단이 예술은 아니라는 말이다. 그가 말하는 진정한 예술은 영감이나 상상력에 끌려 표현하는 것이다. 특정한 목적이나 계획 없이 우연적인 영감이나 착상에 의해 만들어진 시가 더 훌륭한 시일 수 있다. 시인이 자신의 시를 낭송해 의도한 대로 청중의 좋은 반응을 끌어낸다고 하더라도, 그 시가 반드시 좋은 시는 아니다. 그 반대도 마찬가지다. 반응이 좋다고 그 시가 반드시 훌륭한 시는 아니다. 슈베르트는 자신의 D단조 4중주를 커피를 마시기 위해 커피 분쇄기를 책상에 옮겨 놓는 순간, 그 분쇄기를 보고 영감을 얻어 단 1초 만에 작곡했다. 그렇다고 이 작품이 진정한 예술이 아닌 것은 아니다.

글을 잘 써야겠다는 목적에 끌려 글을 쓴다면, 그렇게 태어난 작품 역시 그 목적을 실현하는 수단에 불과하다. 따라서 이것 역시 진정한 예술은 아니다. 그가 말하는 진정한 예술은 영감에 의한 것이다. 글 역시 그렇다. 끌림에 의해 자극되지 않는 글쓰기는 지루하고 고된 노동이다. 하지만 아무런 목적에 구애됨이 없이 오로지 영감에 끌려 쓸 때 행복한 글쓰기가 된다. 나의 글 쓰는 습관은 어떤 생각이 떠오르면, 메모하듯이 노트북에 마구 갈겨 놓는다. 시간이 좀 지나서 다시 정리한다. 글감이 떠오르면 주체할 수 없는 흥분 속에서 미친 듯이 메모하는 습관이 있다. 물론 이 습관이 반드시 좋은 글을 쓰게 하는 것은 아니다.

데칼코마니

어제 명절, 온종일 집에 있었다. 실향민은 명절이 더 외롭다. 그래서 오늘 아침도 신천으로 나왔다. 오늘은 신성교까지 걷고 올라와 시내 시청 쪽으로 걸어서 집으로 왔다. 신천 물은 며칠 전보다는 줄었다. 신천의 물을 일정량으로 가두어 두는 곳이 몇 군데 있다. 물의 흐름을 조절하기 위한 인공시설을 만들어, 일정량의 물을 가두어 둔다. 수성교와 동신교 사이에 비교적 많은 양의 물이 고여 있다. 이 물 위로 반대편 아파트의 그림자가 비친다. 실재와 그림자가 마치 쌍둥이와 같다. 데칼코마니 (decalcomanie) 현상이다. 이 용어는 초현실주의의 회화기법이다. 아트지나 켄트지와 같은 매끄럽고 흡수성이 적은 종이 위에 물감을 두텁게 칠한 후, 반으로 접거나 다른 종이를 덮어 찍어서 대칭적 무늬를 만드는 기법이다. 물에 비친 그림자와 실재가 바로 데칼코마니 현상이다.

실재를 있는 그대로 모방하려는 시도는 오래되었다. 플라톤은 예술을 실재의 모방으로 규정한다. 그래서 그는 예술을 실재 흉내를 내는 데 지나지 않는 것으로 규정했다. 아리스토텔레스는 플라톤과는 달리 예술을 단순히 모방적 행위로만 보지 않았다. 어떻든 양자가 다 예술을 실재에 대한 모방 혹은 모사로 규정한 점은 다르지 않다. 이러한 경향은 중세와 근대까지 이어진다. 중세는 인간을 신의 모사체로 규정한다. 신의 형상대로 지음을 받은 인간, 즉 이마고 데이(Imago Dei)다. 근대 역시 대상을 있는 그대로 모사하는 것이 참된 인식이라 생각한다. 이른바 '거울' 메타포이다. 마음이 마치 거울처럼 대상을 있는 그대로 비추는 것을 말한다.

하지만 과연 완전한 모사가 가능할까? 데칼코마니가 가능한 현상인가? 종이 한 면에 물감을 칠해 종이의 다른 면에 찍으면 모양은 비슷하다. 하지만 엄밀히 말하면 찍히는 순간 원본도 변형된다. 원본과 사본이 따로 없이 섞인다. 물에 비친 아파트가 실재의 아파트와 닮은 것은 사실이지만, 이들 사이에 엄밀한 대칭적 관계가 실재한다고 말할 근거는 찾기 힘들다. 그저 닮은 모습일 뿐일지도 모른다.

과연 인생의 데칼코마니가 가능할까? 우린 다른 사람과 비슷하게 살려고 애쓴다. 마치 쌍둥이처럼 같은 아파트에 살면서 비슷한 생각을 하고 산다. 그러나 같은 아파트에 산다고 모두 같은 생각으로 사는 건 아니다. 좋은 대학에 자식을 보내고 싶고 좋은 직장 구해서 잘 사는 것을 바라지 않는 부모가 어디 있는가? 마치 생각의 데칼코마니를 연상하게 할 정도이다. 하지만 속속히 들여다보면 각자는 자신의 방식으로 살 수밖에 없다. 인생의 원본이 실재하지 않는데, 무엇을 모방하면서 살 것인가? 아버지가 자식의 원본이 될 수 없다. 아버지가 자식의 롤모델이 될 수 있을지는 몰라도, 자식은 결국 아버지와는 다른 삶을 살아갈 수밖에 없다. 그렇게 살아야 한다. 그렇지 않으면 자식은 아버지의 삶의 복제물에 지나지 않는다. 그 자식에겐 자유가 없다. 자신의 삶을 모방하라고 주문하는 아버지만큼 폭력적인 아버지는 없을 것이다. 아버지는 자식을 손에서 놓아버려야 한다. 놓아버린다는 말은 자유를 허락한다는 말이다. 스스로 그만의 방식대로 살아가도록 도와주는 것이 아버지의 몫이다. 그의 주체적인 삶을 살도록 해주어야 한다.

프랑스 철학자 미셸 푸코는 유사와 상사를 구분한다. 원본과 복제 사이의 닮은 관계가 '유사'(類似, resemblance)이고, 원본 없는 복제들 사이의 닮은 관계가 '상사'(相似, similitude)이다. 무슨 말인가? 아무리 원본을 복사한다고 하더라도 완전하게 복사할 수 없다. 복사하는 순간에 원본과 복제 사이의 경계가 허물어진다. 원본이 허물어지고 복제만 남는다. 물감이 원본에도 묻어서 원래 모양이 변한다. 원본은 없고 복제만 있다. 이 복제 사이의 비슷한 관계가 상사이다. 조금 더 끌고 가 보자. 각자 눈앞의 컵을 있는 그대로 그린다고 하자. 하지만 그리는 순간 컵은 내가 해석한 '컵'이며, 나 역시 내 방식대로 그린다. 다른 사람도 마찬가지다. 그런데 비슷하다. 이 경우 상사의 관계라고 한다. 우린 비슷하게 살 뿐 똑같이, 즉 유사하게 살지 않는다. 우리가 컵을 복제한다고 하지만, 다들 자기 방식대로 복제할 뿐이다. 각자 자기 방식대로 살지만 비슷한 것처럼 보일 뿐이다.

한때 인간은 자신의 주체성을 잃어버리고 마치 균질한 쌍둥이들처럼 살았다. 자본주의를 원본으로 그것을 모방하는 삶을 살았다. 모두가 기계의 부품이 되어 삶의 주인이기를 포기하고 살았다. 근대 이후 산업자본주의가 시대 정신으로 들어서면서 인간은 마치 기계의 부품처럼 살았다. 이러한 시대정신을 비판하면서 새로운 흐름이 들어선 것이 실존주의이다. 실존은 자신의 주체적인 삶을 말한다. 마르크스(Karl Marx, 1818~1883) 역시 인간의 속물화를 자본주의의 폐단으로 규정한다. 인간의 노동이 주체적이지 못하고 돈벌이의 수단으로 전락하는 현실을 고발한다.

난 예전에 강의하면서 가끔 찰리 채플린이 감독하고 주연한 〈모던 타임스〉(Modern Times)를 학생들에게 보여준 적이 있다. 1936년 제작된 이 무성(無聲)영화는 기계문명이 가져다줄 비인간화를 주제로 다룬 영화이다. 영화 자체는 코믹하지만 슬픈 스토리이다. 요즘 말로 웃픈 영화이다. 기계화가 초래한 인간의 속물화에 대한 고발이다. 이런 상황에서 실존주의는 인간의 주체성을 회복하려는 시대정신으로 나타났다. 실존은 본질보다는 앞선다. '인간이 무엇인가'보다 더 절박한 물음은 '인간이 어떻게 사는가'이다. 어떻게 사는가는 본질의 문제가 아니다. 인간의 보편적 본질을 미리 정해 놓고, 그것을 모방하면서 살기를 강요한 기독교를 비판한 사르트르(Jean-Paul Sartre, 1905~1980)이다. 본질은 실재하지 않는다. 특히 인간이 반드시 모방하여 살아야 할 본질은 없다. 그래서 사르트르는 존재를 무(無)로 규정한다. 그가 기독교를 좋아할 수 없는 이유이다. 인간 존재는 무이기에 자신의 삶을 자기 방식대로 메꾸어 가야 한다. 반드시 이렇게 살아야 한다는 보편적 명제는 이제는 설득력이 없다. 엄격히 말하면 우린 각자가 세계의 주인이다. 실존이 본질에 앞선다는 사르트르의 선언은 암울했던 그 시대를 비추는 자유의 등대였다. 내 인생은 누군가의 데칼코마니가 아니다. 나의 삶의 주인은 나이다. 물론 이것이 실존적 이기주의로 보일지는 모른다. 하지만 나 못지않게 타인 역시 그 자신 삶의 주인이라는 것을 인정할 때, 타자를 배려하는 실존주의가 될 수 있다. 카를 야스퍼스(Karl Jaspers, 1883~1969)는 이를 '실존적 교통(communication)'이라 했다.

난 오늘 신천에 비친 아파트의 데칼코마니를 보면서, 나 자신의 삶을 성찰하는 시간을 가져 보았다. 남과 대칭적인 나의 삶은 없다. 대칭성은 인간의 삶을 예속하는 이데올로기이다. 모두가 그렇게 살아야 할 삶의 대칭적 구도는 실재하지 않는다. 탈근대 철학자들은 한결같이 비대칭적인 삶의 자유를 노래한다. 들뢰즈의 '기관 없는 신체'가 그 예이다. 기관(器官)은 유기체(organism)이다. 유기체는 신체를 대칭적 구조로 이해한 개념이다. 그래서 인간을 마치 이성(理性)이 유기적으로 조정하는 유기체인 것처럼 착각해 왔다. 이것은 자유를 구속하는 이데올로기이다. 유기적 존재에서 벗어난 자유로운 욕망의 인간상을 들뢰즈는 유기체화되기 이전의 알(卵)에 비유한다. 알은 무언가로 규정되기 이전의, 무엇으로도 될 수 있는 자유의 존재이다. 인간은 '~임'(being)이 아니라 '~되기'(becoming)이다. 나이는 들었지만 '청년되기'로 살아야 한다. 오늘이 가장 젊으니까. 우린 규정된 삶에서 벗어나 자유의 주체로 살아야 한다. 욕망의 주체로서 살아야 한다. 인간은 욕망의 기계이다. 욕망 덩어리가 인간이다. 물론 욕망은 선악 이전의 삶의 잠재력과 역량을 뜻한다. 이성에 대립된 악의 근원으로 착각한 그 욕망이 아니다. 욕망은 나의 삶을 창조하는 힘이고 자유이다. 나이가 들수록 욕망적이어야 한다. 자유롭게 살아야 한다. 나는 욕망한다. 고로 존재한다.

아버지

아버지는 1·4 후퇴 때 남한으로 홀로 내려오셨다. 아버지 본적은 평안남도 대동군 남정면이다. 북쪽에 가족 모두를 두고 오셨다. 남한으로 피신 오던 중 가족과 잠시 헤어져 혼자 내려온 것이 긴 이별의 시작이었다. 당신이 남쪽으로 혼자 내려오신 과정에 대해 상세하게 자식들에게 말해 주시지는 않았다. 그리고 우리 역시 기억하기 싫은 당신의 과거를 그리 알고 싶어 하지도 않았던 게 사실이다. 내려오던 중 딸이 발을 다쳐서 인근 친척 집에 가족을 맡겨두고 홀로 내려오셨다.

아버지에게 생각지도 않은 일이 일어났다. 2000년 광복절 남북 이산가족상봉 때, 북한에 갈 100명을 추첨했는데, 아버지가 당첨(?)되었다. 대구 경북에서 4명이 당첨되었다. 100명 중 아버지가 84세로 최고령자였다. 젊을 때 고생을 하셔서 허리가 많이 굽었던 아버지는 불편한 몸으로 다녀오셨다.

우리 가족은 아버지가 북쪽 가족을 만나는 장면을 TV 생방송으로 보았다. 아버지가 북한으로 가시기 전, 서울 MBC 9시 뉴스를 우리 집에서 생방송으로 진행했었다. 머리 뉴스로 다루었다. 당시 고(故) 이득렬 앵커가 진행했다. 앵커와 내가 인터뷰하는 장면이 전국에 나갔었다.

북한을 다녀오신 후로는 당신의 말씀이 적어졌다. 당신의 기도는 더욱 길어지고 깊어졌다. 당신의 한이 얼마나 깊었는지 그저 추론만 할 수 있을 뿐이었다. 아버지는 북한을 다녀오신 후 정확히 5년 후 소천하셨다. 북쪽에서 고생하는 가족들의 모습을 차마 볼 수 없어, 지니고 가셨던 시계와 모든 것을 풀어주고 온 아버지였다. 남한으로 돌아오신 후, 당신은 두고 온 가족에 대한 죄책감으로 잠을 쉽게 이루지 못했다.

아버지는 북에 두고 온 가족을 만나러 가는 기쁨을 남쪽 우리 가족, 특히 어머니에게 내색하지 않으려 했다. 그러나 기쁨을 감추려고 했지만, 당신의 마음은 들떠 있었다. 두고 온 가족에 대한 그리움은 우리 가족 누구도 대신할 수 없는 당신만의 실존적 고통이었을 것이다. 아버님은 그 원초적 아픔을 신앙으로 이겨내셨다. 아버지는 낚시를 좋아하셨다. 한두 번 따라가 본 적은 있다. 술과 담배를 입에도 대지 않으셨던 아버지의 유일한 소일거리가 낚시였다. 낚시로 당신의 한을 스스로 달랬을 것으로 생각된다. 내 기억에 아버지는 말씀이 적었던 분이다. 나 역시 말하는 데 인색한 편이다. 다만 아버지가 교회에서 교인을 대표해서 기도할 때는 카랑카랑한 목소리로 온 교인들에게 은혜가 넘치는 메시지를 전하셨다.

당신이 돌아가신 지 18년이 되었다. 당신의 아픔을 자식들에게 한 번도 토로하지 않으셨다. 당신의 일터였던 대장간은 그 누구에게도 말할 수 없었던 당신만의 실존적 고통을 스스로 달랬던 치유의 장소였으리라. 난 지금도 대구 반월당 그 장소를 그냥 지나치지 않는다. 이산(離散)의 한을 우리 가족에게 남기고 떠난 당신의 존재가 깊게 장소화되어 있는 곳이다. 당신의 한이 풀릴 그 날이 언제 올지?

당신은 이산의 한을 풀지 못한 채, 장남인 나에게 달랑 폴라로이드 사진 한 장을 슬픈 유산으로 남겨두고 주님께로 돌아가셨다. 당신의 가슴에 단 태극기 배지와 당신이 북에 두고 온 장남의 가슴에 단 김일성 배지가 더 슬퍼지는 오늘이다. 이념이 갈라놓은 부자간의 한이 더 애틋한 오늘이다. 한이 이념에 의해 재단되어 한이 더 깊어지는 것이 더 한스러운 오늘이다.

어느 식당

식당은 손님이 많은 게 복이다. 그보다 더 큰 복은 좋은 손님이 많이 오는 식당이다. 이 식당은 좋은 손님이 많아 복 받은 식당이라 할만하다. 항상 손님이 가득 찬다. 비 오는 날이면 줄을 서서 기다린다. 나이 든 손님도 오지만, 젊은 층, 그중에도 여성도 꽤 많다. 이 식당은 주메뉴와 보조 메뉴가 따로 없다. 음식 하나하나가 다 주인공이다. 어지간해서는 집에서는 먹을 수 없는 음식이 나오기 때문에 젊은 분들이 많이 찾는 것 같다.

좋은 손님은 좋은 주인이 만든다. 손님을 내 가족처럼 대하는 덕스러움이 없이 좋은 식당이 될 수 없다. 내가 보기에, 이 식당 사장에게는 음식을 하는 것 자체가 일종의 마음 수행이다. 음식 하나하나에 모든 정성을 쏟는다. 마치 도(道)를 닦듯이 음식을 만든다. 매일매일 신선한 재료로 음식을 준비해 손님에게 내놓는 과정 전체에 한 틈의 허튼 생각도 끼어들여지가 없어 보인다. 음식을 만드는 것이 자기치료다. 음식을 만들면서 마음이 편안해진다고 한다. 일종의 요리치료인 셈이다. 누군가를 위해 음식을 만드는 것만큼 더 행복한 순간이 있을까? 사랑하는 사람을 위해 음식을 만드는 것만큼 행복한 일은 없을 것이다.

식당의 품격은 음식보다 사람이 결정한다. 무엇보다도 그 집을 찾는 손님들의 클래스가 식당의 위상을 올리는 데 절대적이다. 주인과 손님 사이의 품격있는 관계가 유지되려면, 손님에 대한 주인의 배려가 절대적이다. 음식 하나를 내놓더라도 손님에 대한 사랑이 묻어 있다. 동시에 주인에 대한 손님의 배려도 중요하다. '감사합니다'. '잘 먹었습니다'. '다시 올게요'. 사실 나이 든 나는 이런 말을 하는 데 익숙하지 않다. 젊은 사람한테 배워야 한다.

2022년 8월 20일 토요일 이 식당에서 있었던 일이다. 손님 중 한 분이 물병을 옆 자석의 젊은 여성 발목에 떨어트렸다. 물병을 떨어트린 손님이 당황하면서 괜찮냐고 묻는다. 졸지에 물세례를 받은 여성은 다소 부끄러운 듯 다리를 숨기면서 괜찮다고 한다. 이 여성은 물병을 떨어트린 남성이 재차 확인해도, 괜찮다고 웃으면서 말한다.

마침 다른 좌석에서 혼자 술을 마시던 노신사가 이 상황을 지켜보고 있었다. 이 노신사는 사장에게, 여성 테이블의 값을 자신이 내겠다고 말한다. 웃으면서 괜찮다고 말하는 모습이 너무 보기가 흐뭇하여, 만약 실례가 안 된다면 그렇게 하고 싶다고 사장에게 정중하게 말한다. 사장은 그래도 저쪽에서 어떻게 생각할지 몰라 잠시 망설이다가, 노신사의 제안을 받아들인다. 노신사는 자신과 여성 테이블 술값을 같이 계산한다. 그리고 종업원 세 명에게 만 원씩 차비하라고 얹어 주고 나가려다가, 아차! 요즘 택시비가 만 원으로는 부족하다며 만 원씩 더 주고 나갔다. 그 노신사는 자신을 서울의 모 순두부 회사 1대 창업자라고 소개하면서, 인근 호텔에 방을 잡아두고 혼자 술 마시러 왔다고 한다. 그 노신사의 얼굴에는 행복의 꽃이 활짝 피었다. 남의 술값을 대신 내고도 저렇게 행복한 얼굴로 나가면서, 이 집 분위기가 너무 좋아 다시 한 번 오겠다고 약속하고 갔다.

그 여성과 동석한 남자 손님이 계산하려다가 노신사 분이 이미 계산했다고 말하니까 다소 의아해한다. 사장은 노신사가 아가씨의 태도가 너무 착해서 술값을 대신 내고 싶다고 해 일단 받았다고 남자 손님에게 전한다. 이 남자 손님이 나가면서 사장에게 조심스럽게 부탁한다. 다리에 약간 붓기가 있어 일찍 일어나는데, 혹시 모르니까 물병을 떨어트린 분의 전화번호라도 좀 알아 달라고. 사장이 물병을 떨어트린 남성에게 가 전화번호를 좀 달라 한다고 전한다. 이 좌석에는 남자 네 분이 모두 의사이다. 물병을 떨어트린 분은 안과의사이다. 그 옆에 있던 정형외과 의사가 자신의 전공 분야라면서 선뜻 명함을 그 남성 분에게 전한다. 언제든지 자기 병원으로 찾아오라고 하면서.

엉겁결에 다리에 물세례를 맞은 여성은 이 부근에서 꽃집을 하는 분이다. 이 부근에서 오는 손님은 사장이 대충 어떤 일을 하는지는 안다. 꽃집을 해서 그런지 웃으면서 괜찮다고 끝까지 자신의 다리를 감추는 그 여성이 꽃보다 더 아름답다. 우린 서로에게 꽃이 되어 살면 좋겠다. 술값을 대신 내준 노신사나 자신의 명함을 선뜻 내주는 의사 그리고 그 광경을 지켜보면서 흐뭇해하는 다른 테이블 손님들 모두 행복해 보이는 하루였다. 나 역시 그 속에서 덩달아 행복한 하루였다. 이게 진짜 사람 사는 맛이 아닐까!

저녁 시간에 이 식당에서 술을 마시고 있으면, 매일매일 이 식당을 찾아오는 찐단골 손님을 만난다. 술꾼이면 다 아는 노인이다. 큰 가방을 짊어지고 일상용품을 팔러 다닌다. 대구 시내 어지간한 곳은 하루에 다 다닌다. 나는 그 노인을 볼 때마다 그 가방 안에 무엇이 들어 있는지 궁금하다. 무슨 사연이 있길래 자신의 등짝을 휘어지게 한 큰 가방을 메고 다녀야 하는지 궁금했다. 삶의 무게만큼 가방이 힘겨워 보인다. 마침 최근 다른 식당에서 만났다. 그분도 날 안다. 자주 보니까. 조심스럽게 물었다. 힘들지 않냐고. 그는 말문을 연다. 이혼한 지 30년이 되어 혼자 산다고. 그런데 말하는 그의 모습 어디에도 불행하다는 느낌은 찾을 수 없다. 건강해 보인다. 내 착각인지는 모르지만, 내 눈엔 그렇게 보였다. 우린 결국 각자의 무거운 삶을 등에 짊어지고 사는 게 아닐까 하는 생각이 들었다. 어느 날은 두 번 만나기도 한다. 이 식당에서 만났다가 다른 식당에서 또 만난다. 참 부지런한 노인이다. 하루에 그 노인을 두 번 만나는 나 역시 부지런한 술꾼이다. 그분은 술을 마시러 오는 게 아니라 밥을 먹으러 온다. 손님에게 물건을 팔고 가는 날은 많지 않다. 그래도 꼭 들른다. 사장은 항상 저녁거리를 준비했다가 노인이 오면 손에 직접 쥐여준다. 그러면 가게 앞에서 배를 채우고 가거나 집으로 가져간다. 쉬운 일은 아니다. 아무런 연고도 없는 사람에게 음식을 준비해서 기다렸다가 내놓는 일이 결코 누구나 할 수 있는 일은 아니다.

이 식당은 요즘은 아침 장사를 하지 않지만, 예전에는 인근 공사장에서 일하는 분들을 위해 아침 밥장사를 했었다. 이른바 함바식당이었다. 그때는 새벽에 청소하는 분들에게 따뜻한 밥을 매일 대접하기도 했다. 밥이 아니면 다른 것으로라도 꼭 대접했다. 베푸는 데 인색함이 없다. 단골손님은 그 집의 음식이 좋아서 찾아오기도 하지만, 그 식당 주인이 좋아서 찾는 경우가 더 많다. 그래서인지 이 식당은 항상 손님이 많다. 시쳇말로 웨이팅하는 식당이다. 손님이 많은 식당은 그럴 만한 이유가 다 있는 것 같다.

건들바위

오늘 남구 이천동의 오래된 절인 서봉사 아래 골목길을 걸어 출근한다.
나는 이 길을 참 좋아한다. 이천동은 원래 대봉동에 속해 있었지만, 명덕
로를 중심으로 북쪽은 중구로 편입되고, 남쪽이 이천동으로 분구되었다.
'이천'(梨泉)이란 이름이 그렇듯 수도산에서 건들바위까지 이르는 일대
가 배나무 샘에서 물이 흘러넘쳐 나와 하천을 이루었다고 전해진다. 그래
서 '배나무 샘골'이란 뜻의 한자로 '이천'이란 이름을 붙였다.

이 골목길을 빠져나오면 건들바위라는 게 있다. 중고등학교 6년 다니
는 동안 이 바위 곁을 거의 매일 지나다녔다. 이 바위에 얽힌 얘기를 들여
다본다. 그 당시에는 그렇게 크게 보였던 바위가 이젠 그리 크지 않다. 바
위인들 늙지 않으랴! 키도 작아진 것 같다. 아니면 내가 커서 상대적으로
바위가 작아 보일지도 모른다. 옛날에는 이 바위 앞으로 대구천이 흘렀
고, 지속적인 침식작용으로 인해 암벽 본체에서 떨어져 나와 불안하게 서
있었다. 언제부터 '건들바위'로 불렀는지는 모르지만, 바위가 서 있는 모
습이 불안해 인근 주민들이 건들건들하는 바위란 의미로 이렇게 불러온
것 같다. 지금은 형체도 작아졌고 건들바위라는 이름에 걸맞지 않을 정
도로 낮은 암석 정도에 지나지 않는다. 이 바위를 갓 쓴 노인과 같다고 해

'입암'(쏘岩)이라고도 불렀다. 200년 전, 이 바위 앞으로 맑고 깊은 물이 흘렀는데, 조선 정조 때 이 일대의 하천 범람을 막기 위해 제방을 만들면서 물줄기를 현재의 신천으로 돌렸다. 조선 시대부터 근대에 이르기까지 이 바위는 점쟁이나 무당이 치성을 드리는 장소였고, 애를 낳지 못하는 여인이 치성을 올리면 아들을 낳는다는 전설이 전한다.

내가 이 바위를 지나 등하교하던 때는 50년 이전이다. 난 70이 되어 주름이 많아졌지만, 이 바위는 처음부터 오랜 침식의 결과로 많은 주름을 가지고 있었다. 바위의 주름 변화는 거의 없어 보인다. 하지만 난 바위와는 달리 세월의 주름을 겹겹이 쌓아 오고 있다. 오랜 세월의 침식을 견뎌내면서 아직도 이 자리를 꿋꿋하게 지키고 서 있는 바위이다. 이 곁을 지나고 있는 오늘 아침 나는 아직도 자그마한 일에 불안해하며 건들거린다. 바위는 여전히 그대로의 모습으로 서 있다.

난 나이가 들어갈수록 더 탐욕스러워지고, 미래에 다가올 죽음의 불안에 종종 휩싸인다. 세파에 침식당하면서 얻은 상처를 안으로 달래며 거친 호흡을 내뱉는다. 그리 많지 않은 여생을 불안하게 살아내는 내 모습이 바위의 의연함과는 대조가 된다. 그렇게 불안해 보였던 이 바위는 아직도 건재하다. 바위가 불안한 게 아니라, 인간의 마음이 불안했을 뿐이다. 자연은 불안해하지 않는다. 다만 인간이 불안한 존재이다. 불안해하니까 인간이다.

인간이 건들 인간이다. 이곳저곳 기웃거리며 한 곳에 정착하지 못하고 살아온 나다. 이제 여생은 이 바위처럼 온갖 풍파를 인내하며 꿋꿋하게 살아가리라! 나이가 들면서 바뀐 것 중 하나는 어지간한 일에는 흔들리지 않는 것이다. 살 만큼 살아서인가! 아니다. 아직도 살날이 많다. 다만 이제는 시간을 초월해 이곳을 지키고 서 있는 바위처럼, 흔들림 없이 길을 가고 싶다. 못다 이룬 일을 마무리하는 길을 걷고 싶다.

물

오늘은 가장 시원한 아침이다. 아침 6시 현재 19도이다. 가을바람인 듯 옷깃을 살짝 흔든다. 일찍 나서 대구 상수도사업본부의 전신(前身)인 대봉 배수지가 있는 수도산을 가 보았다. 산 이름이 수도산이란 게 재미있다. 안내판을 보면, 대구 최초의 배수지로 1914년 대구 인구 3만 명이었을 때, 대구 일원의 5876명에게 물을 공급하기 위해 지어진 것이다. 1914년에 착공하여 4년 만인 1918년에 준공했다. '수도산'이란 명칭은 대봉 배수지가 들어서면서 붙은 이름이다. 그 이전에는 여러 이름으로 불렸다. 그중에서도 길한 동물인 기린과 봉황의 이름에서 빌려 와 기린산과 삼봉산으로 불리기도 했다. 삼봉(三鳳)에서 대봉, 봉산, 봉덕이라는 동네 이름도 생겼다.

나는 일 년에 한두 번 정도 시봉사는 찾지만 바로 옆에 붙어있는 대봉 배수지 옛터는 오늘 처음 가 보았다. 일제강점기 지어진 건물이라 외형이 특이하다. 배수지 1호기는 동양의 돔 형식으로 지었다. 원통형 철근콘크리트 구조물로서 11개의 창으로 구성되어 있다. 접합정(接合井)은 당시로서는 귀했을 화강암을 사용하여 지은 서구 근대양식의 훌륭한 구조물이다. 접합정은 여러 통로에서 유입되는 물을 배수지로 모아 보내기 위해

여러 관로가 만나는 지점에 설치하는 시설이다. 배수지 안으로 들어갈 수 없어 밖에서 볼 수밖에 없다.

이곳이 한국의 물 문화의 시원이라 해도 과언이 아니다. 가창 수원지에서 물을 받아 관리하여 인근으로 물을 방류하는 말 그대로 수도(水道), 물길을 관리하였던 곳이다. 예부터 치수(治水)는 국가관리의 최우선 과제이다. 물은 단순히 H_2O가 아니다. 생명의 근원이고 인류의 삶의 역사를 형성하는 문화적 요소이다. 모든 문화는 물을 끼고 형성된다. 세계 4대 문명의 발상지가 모두 강을 끼고 있다.

최초의 고대 철학자 탈레스(Thales)는 물을 만물의 근원이라 했다. 물이 얼면 얼음과 같은 고체가 되고, 기화하면 기체가 된다. 하지만 물이라는 원래 성격은 변하지 않는다. 형태는 변해도 물이라는 동일성은 변할 수 없다. 그리고 우린 물 없이 살 수도 없다. 나는 20년 훨씬 이전에 고대 그리스 식민지였었고, 현재는 튀르키예 땅인 밀레토스에 간 적이 있다. 이곳은 탈레스와 아낙시메네스와 아낙시만드로스가 활동한 이오니아 지역의 도시이다. 그래서 이들을 '밀레토스학파'로 불렀다.

밀레토스에서 같이 갔던 일행 앞에서 밀레토스학파에 대해 간략한 소개를 한 기억이 난다. 이곳은 서양철학의 발상지이다. 당시는 거의 관리가 안 된 구릉이었다. 지금은 어떤지 궁금하다. 이곳은 그 당시 철학의 발상지가 될 정도로 경제적으로 부유한 곳이었다. 경제적으로 여유롭지 못하면 철학(학문)에 대한 호기심이 생겨날 수 없다. 아리스토텔레스가 철학은 한가로움에서 시작했다고 말한 이유이다. 먹고 살기 바쁜 상인들이 철학자가 될 필요는 없다. 이 도시는 많은 식민도시를 거느릴 정도로 경제적으로나 정치적으로 안정된 도시였다. 이곳이 철학의 발상지가 된 이유이다.

오늘 처음 가서 직관한 배수지이지만, 물의 철학자를 소환하면서 나의 젊은 시절을 다시 불러 보았다. 인간에게 물은 어떤 존재인가? 새삼스러운 질문이다. 우리가 공기로 숨을 쉰다는 게 너무나 당연해 공기의 존재를 물을 필요 없듯이, 물 역시 그 존재의 의미를 되물을 이유가 없을지도 모른다. 인간과 물의 관계만큼 절대적인 것은 없다.

비가 우산의 존재를 불러오듯, 갈증이 물의 존재를 불러온다. 물은 생명의 근원이면서도 평소엔 마치 물이 없어도 살 수 있듯이 착각한다. 대구교대 장윤수 교수에 의하면, 1993년 중국 형문시 곽점촌에서 출토된 죽간(竹簡) 꾸러미를 '태일생수'(太一生水)라고 부른다. 물이 만물의 근원임을 일컫는다. 노자의 상선약수는 물을 최상의 선함에 비유한다. 그리고 맹자에게 있어 물의 흐름은 사람의 본성에 비유되고, 장자에서 물은 마음을 비치는 거울 이미지로 은유 된다. 물을 보면서 자신을 성찰한다. 관수세심(觀水洗心)은 물이 마음을 닦는 거울이라는 말이다.

신천

　신천은 역사의 현장이다. 수성천변은 1960년 2.28학생 민주 의거의 불씨가 된 장소였다. 2월 28일 있을 수성천 변에서의 민주당 유세현장에 학생들이 참석하지 못하도록 일요일인 28일 등교하라는 조치가 자유당에서 내려졌다. 이에 항의해 경대사대부고와 경북고등학교를 포함한 대구 8개 고등학교 학생이 들고일어난 운동이다. 이 운동은 3·15 마산 의거와 4·19 혁명의 불씨가 되었다. 수성천 변은 한국 근대사에서 빼놓을 수 없는 민주의 광장 아고라(agora)였다. 신천은 한국 근대사를 들여다볼 수 있는 거울이다. 신천은 대구시민의 삶이고 몸이다. 신천이 아프면 우리도 아프다.

　신천은 경북 청도 밤티재에서 침산교까지 27.06㎞를 흐른다. 이중 신천 둔치는 거창교에서 침산교까지 총 12.24㎞ 14개의 다리로 되어 있다. 신천을 자주 걸으면서도 이 하천이 왜 '신천'인지에 대해서는 생각해 보지 않았다. 신천(新川)은 새로운 하천이다. 그러면 이 하천 이외 다른 오래된 하천이 있었던가? 신천의 명칭에 대한 해석은 의견이 분분하다. 신천과는 다른 대구천이 있었느냐, 아니면 대구천 역시 신천의 분류(分流)하천이냐에 대한 해석의 차이이다. 대구천을 신천의 분류하천으로 보

출처: 대구공공시설공단

는 견해가 대세다. 신천의 분류하천인 대구천이 홍수가 잦아, 정조 원년에 대구에 부임한 판관 이서(李溆)가 신천을 따라 제방을 쌓아 분류하천의 물을 신천 본류에 유입하도록 했다(송언근·강경택,《신천과 대구천》, 2022).

본 글에 대한 자문을 구하자, 대구교대 송언근 교수님이 의견을 보내주셨다. 전문가 아닌 나로서는 송 교수님이 보내주신 견해를 감사하는 마음으로 다소 길지만, 그대로 인용하는 것이 옳을 것 같다. "신천의 분류하천인 대구천의 물을 신천 본류에 유입하도록 하여 '새로운 하천'이라는 의미로 '신천'이라는 이름을 붙였다는 해석은 없다. 신천은 크게 두 갈래로 나누어져 흘렀다. 하나는 신천의 본류로서, 이것은 이서가 제방을 쌓기 훨씬 이전부터 지금의 위치에서 흘렀다. 이름도 이서가 신천에 제방(이공제)을 쌓아 신천 본류 물이 대구천으로 흘러들어오지 못하게 한 이전부터 '신천'이라 불렀다. 이는《신증동국여지승람》(1530)과 이공제가 축조되기 이전인 1768년~1771년 사이에 편찬된《대구 읍지》에도 '신천'이라는 이름이 나오는 것에서 알 수 있다. 다른 하나는 신천의 분류인 대구천(가칭)으로서, 이것은 상동보 부근에서 신천에서 분류하여 수도산, 건들바위, 반월당, 성명여사중학교, 달성을 거처 원대네거리를 지나 지금의 팔달교 부근에서 금호강으로 흘러갔다. 때문에 대구천과 이공제는 '신천'이라는 이름과 아무런 관련이 없다. 건들바위, 제일중, 반월당으로 이어지는 하식애는 아주 오래전-정확한 연대를 알 수 없다. 지질시대로 추정됨- 지금의 신천이 이 지역으로 흘렀을 때 만든 하식애로 보는 것이 타당하다. 신천은 이들 하식애를 만들면서 점차 동쪽으로 이동하여 현재의 위치에 있게 되었다. 신천의 이동 과정에 '대구천(가칭)'이라는 신천 분류가 생겼으며, 이것은 이들 하식애 주변으로 흘렀다."

다른 견해는 대구천을 신천과는 다른 하천으로 보는 견해다. 동쪽의 대구천과 서쪽의 신천은 다른 하천이라고 본다. 또 다른 견해는 이서가 제방을 쌓기 전부터 신천이 있었다는 설이다. 대구천과 금호강 혹은 수성현 사이를 흐르던 하천이라 '사이 천', '새 천'(샛강)이라 부르던 것이 한자화되어 '新川'으로 불렸다는 견해이다(전영권,《대구여행》, 2014).

신천은 대구시민의 몸이다. 자연은 인간과 분리된 물체가 아니다. 그 몸이 아프면 우리 마음도 아프다. 인간과 자연의 공생 관계를 훼손하는 비생태적 폭력에 소극적으로 대응해서는 안 된다. 그런데 신천을 고품격 (?) 수변공원처럼 만든다고 한다. 오랜만에 나간 둔치에 벌써 사업 계획 안이 전시되어 있다. 현재 상동교 하류에 분수를 만들기 위해 기초 공사를 하면서 벌써 신천 하류의 생태환경이 바뀌고 있다. 자연은 보호의 대상이 아니다. 누구를 위한 보호인가? 자연은 보호가 아니라 무한책임을 져야 할 대상이다. 수변공원으로 만든다는 기획에 기대 반 걱정 반이다. 가능하면 인공의 손을 덜 댈수록, 둔치는 생태적으로 건강한 대구시민의 몸으로 남을 것이다. 2023년 7월의 희망교 다리에서 하류 쪽을 보고 찍은 사진이다. 신천은 지금도 공사 중이다.

스키마

아침 출근길, 신호등 앞에 섰다. 그런데 한 중학생이 아무런 거리낌 없이 횡단보도를 유유자적(?) 건너고 있다. 모든 사람은 다 서 있는데도. 황당하다. 난 신호등 하나 잘 지키면 부처가 된다고 생각하는 사람이다. 그만큼 잘 지키기가 말처럼 쉽지는 않다. 모든 중생이 다 부처가 될 수 없는 것처럼. 신호등 다 지키다가는 굶어 죽는다는 택배기사의 화두 같은 소리에도 그리 민감하지는 않았다. 물론 거리의 무법자인 택배기사에 대한 분노를 내 방식대로 풀기는 하지만, 그러려니 하고 넘어간다. 그런데 오늘 한 중학생의 무단횡단은 마음이 무겁다.

새삼스럽다. 윤리가 무엇인지? 결국, 좋은 습관이 쌓이면 좋은 행동이 되고, 그게 윤리적 행위다. 좋은 습관이 좋은 품성을 만든다. 좋은 품성을 어떻게 쌓는가를 연구하는 게 바로 윤리학이다. 그러면 좋은 습관은 어떻게 길러지는가? 좋은 행동을 하면 된다. 단 한 번이 아니라 꾸준히 연습해야 한다. 그래서 좋은 행동의 DNA가 몸에 배어야 한다. 수행자가 단박에 깨달음을 얻어도 계속 갈고 닦지 않으면 안 된다. 돈오점수(頓惡漸修)다. 그렇듯 좋은 습관이 몸에 밸 때까지 실천할 수밖에 없다. 신호등 잘 지키는 연습 없이 잘 지킬 수 없다. 좋은 습관보다는 나쁜 습관이 몸에 배는 게 더 쉽다. 피우지 말라는 담배도, 줄이라는 술도 잘 실천하지 못하는 게 우리다. 이런 면에서 우린 모두 윤리적으로는 저능아이다. 윤리는 결국 역량(potentia)이다. 실천할 힘을 기르는 것이 윤리학이다. 그래서 윤리교 육은 평생 교육일 수밖에 없다.

이런저런 생각을 하며 걷다가 수성구 학원가에서 스키마라는 학원을 본다. 스키마(schema)는 오랜 습관에 의해 몸에 형성된 도식 혹은 틀이 다. 인식의 주체를 의식에서 몸으로 전환한 프랑스 철학자 메를로 퐁티 (Merleau Ponty, 1908~1961)에게 스키마는 중요한 개념이다. 2017년 2 월, 파리 근교 그의 무덤을 어렵게 찾아갔던 게 기억난다. 정확히 6년 전 의 일을 생생하게 기억하는 건 스키마 때문이다. 방금 본 걸 바로 잊어버 린다면, 인식이 가능하지 않다. 하얀 대리석 묘에 잠들어 있는 그를 손으 로 만진 기억이 생생하다. 몸에 체화(體化)된 인지 능력이 바로 스키마이 다. 아무 의식 없이 한 행동 같지만, 사실은 그 의식적 행동은 몸에 체화 된 인지 능력에 의한 것이다. 아무리 취해도 몸은 집에 먼저 가 있다. 매 일 걷는 게 습관이 된 사람은 마음보다 몸이 먼저 걷는다. 몸과 마음을 분 리하는 게 불가능하다. 몸이 도덕적 선택의 주체이다. 몸에 좋은 습관으 로 생긴 스키마가 없으면, 마음만으로 선택할 수 없다. 마음이 자유롭게 도덕적 선택을 하는 것 같지만, 사실은 몸에 밴 스키마에 의한 결정이다.

스키마는 우리의 선한 도덕적 결정을 가능하게 하는 조건이라고 할 수 있다. 몸에 밴 좋은 도덕적 유전인자이다. 신호등을 아무런 의식 없이 어 기는 것은 좋은 행동의 유전인자인 스키마가 형성되지 않은 것이다. 물론 스키마가 한번 생겨도 계속 수정 · 보완해 가지 않으면 안 된다. 완벽한 스키마는 없다. 지속적 실천이 필요한 이유이다.

우리의 행동이 비도덕적인 것은 좋은 행동의 규범에 어긋나기 때문이다. 그런데 어떤 행동이 좋은 행동인지를 모르는 경우는 비도덕적 행동이 아니라, 무도덕적 행동이다. 신호등을 지켜야 하는 걸 알면서도 지키지 않을 경우는 비도덕적, 즉 immoral이다. 하지만 아무런 의식이 없이 지키지 않는 경우는 도덕 이하 혹은 무도덕적, 즉 amoral 혹은 nonmoral이다. 어쩌면 그 중학생은 아직 도덕적 인자 자체가 형성되지 않은 무도덕적인 혹은 도덕 이하의 수준에 머무르고 있는 것이 아닐까?

오늘 한 중학생의 무단횡단을 거울삼아서, 윤리적으로 행동하는 게 얼마나 어려운지를 성찰하는 아침이었다. 제비 한 마리가 봄을 가져다주지 않듯이 좋은 습관이 몸에 배려면 평생 좋은 행동을 해야 한다. 하루아침에 로마가 이루어지지 않듯이, 도덕적 주체 역시 부단한 연습이 필요하다. 몸에 밴 좋지 않은 습관을 버리기가 어렵다. 그런 만큼 평생 노력하지 않으면 안 된다. 그래서 윤리도 연습이다. 공자는 나이 70에 이 단계에 올랐다? 아니 오른 게 아니라 오르려고 애썼다. 종심소욕불유구(從心所欲不踰矩)는 공자에게도 힘든 숙제였을 것이다. 어쩌면 평생 그렇게 살려고 했지만, 그 역시 그 뜻을 이루지 못했을 것이다.

도덕적 삶은 목적이 아니라 하루하루 그렇게 살려는 삶의 과정이다. 어제보다는 좀 더 나은 오늘을 살려고 애쓰는 일이다. 죽기 전까지 꾸준히 실천하지 않으면 안 된다. 그래서 죽음은 삶의 완성이다. 삶의 라스트 이벤트가 죽음은 아니다. 더 나은 삶을 살려고 애쓰면서 매일매일 죽어가는 것이다. 죽음은 삶을 들여다볼 수 있는 거울이다. 우린 살다가 어느 날 홀연히 다리 건너 죽음의 세계로 가지 않는다. 삶과 죽음 사이에 다리는 없다. 삶이 죽음이고 죽음이 삶이다. 매일매일 죽어가면서 살고 있다. 사는게 누군가에게는 지루한 장례식일 수 있고, 또 누군가에게는 너무나 짧은 아쉬운 소풍 나들이일 수 있다. 그래서 우리는 단지 오늘을 산다. 그 오늘이 내일의 오늘로 이어지기를 소망하면서……

걸림돌

치욕의 역사를 걸러내지 못하고 여전히 굴욕적 언사(言辭)를 배설하는 한국 정치의 참을 수 없는 비릿함을 덜어내기 위해 오늘도 걷는다. 나에 겐 걷는 게 치유다. 단순한 물리적 운동 그 이상이다. 일찍 나선다. 오전 7시 20분이다. 건들바위와 향교 사이를 걷다 보니 적산가옥이 군데군데 보인다. 이곳은 일제강점기 일본 보병 80연대 관사 옛터다. 걸으면서 산 란한 마음을 덜어내려 하지만, 오히려 마음은 더 무겁다. 대구 남구와 중 구는 일제강점기를 거쳐 미 군정이 들어서면서 남긴 역사적 상흔을 고스 란히 안고 있는 장소이다. 일부 지역은 지금 아파트 공사 중이다. 많은 흔 적이 지워지고 있다. 하지만 이곳을 걷다 보면 여기저기 적의 잔재가 눈 에 띈다. 〈국어사전〉에는 '적산'(敵産)을 "1945년 8·15광복 이전까지 한 국 내에 있던 일세(日帝)나 일본인 소유의 재산을 광복 후에 이르는 말" 로 정의한다. 우리에겐 적산(敵産)이지만 당시 일본인에게는 부를 축적 한 적산(積産)의 공간이었다.

향교를 지나 제일여중(지금은 제일중학교) 뒤쪽 골목길에도 적산의 흔 적이 눈에 띈다. 이 지역은 일부가 훼손되거나 개축을 해 원형이 보존되 는 곳이 거의 없다. 대구의 대표적인 적산가옥 거리로 보존할 만하다. 하지만 여기도 개발의 칼날은 여지없이 작동된다. 골목길 곳곳에 일제의 기운이 아직도 꿈틀하는 듯하다. 일제강점기의 아픈 상흔을 아직도 다 치유하지 못한 채 끌어안고 살아야 하는 우리의 모습이다. 집은 옷이다. 우리의 영토를 남에게 내어주고, 적이 입었던 옷을 그대로 입고 살아야 하는 형편이 애잔하다. 내 몸에 맞지 않는 옷을 입고 살아왔다. '근대유산'이란 이름으로.

적산가옥의 특징은 우선 지붕이 짧다. 우리의 지붕은 길어서 처마의 역할을 한다. 하지만 적산가옥은 지붕이 짧아서 빗물이 흘러내리도록 하는 파이프가 따로 붙어있다. 마치 일본군의 짧은 머리처럼 지붕도 단발이다. 전문가가 아닌 사람도 쉽게 적산가옥을 알 수 있다. 처마를 길게 늘어트려 자연스럽게 비를 피하는 우산의 역할을 하는 우리의 지붕과는 다르다.

대구는 항구 도시에 비하면 적산가옥이 적다. 하지만 한국전쟁 당시 파괴된 건물이 없기 때문에 남아있는 건물은 꽤 있다. 대구 중구 삼덕동에

1916년 일본인 승려가 지은 관음사와 1914년 일본 성공회 니시다 선교사가 세운 성공회 대교구(사진)가 대표적인 적산가옥이다. 이 교회는 지금은 성 프란시스 성당으로 개명이 되었다. 대구 중구 경상감영길 234(동문동)에 그대로 남아있다. 중국 북성로 일대 적산가옥의 몇몇은 레트로 감성의 카페로 변신해 그 명맥을 유지하고 있다. 외지에서 대구에 오면 우선 근대 골목 투어로 조성된 길을 따라 옛 대구의 역사와 문화를 체험한다. 현재 대구 근대역사관으로 사용되는 건물은 1932년 조선식산은행으로 건립된 것이다. 전형적인 일식 가옥에 서양 건축을 덧입혀 놓은 건물이다.

나치를 아무리 미화해도 아우슈비츠의 역사는 진실이다. 독일 거리에는 걷는 데 방해가 되는 작은 동판이 박혀 있다. 슈톨퍼슈타인(Stolperstein)이다. 독일어로 stolper(걸려 넘어지다)와 Stein(돌)의 합성어이다. 영어로는 stumbling stone이다. '걸림돌'이란 의미다. 이 동판은 나치 시대 희생되거나 핍박을 받은 유대인을 기억하기 위한 돌이다. 내가 전공한 유대계 독일 철학자 에드문트 후설을 위한 걸림돌이 그가 재직한 독일 프라이부르크 대학에 있다. 그의 제자 하이데거가 나치 당원이 되면서 총장으로 취임한 후, 유대인 스승을 차별한다. 하이데거는 후설 때문에 프라이부르크 교수가 되었다. 그의

저서 《존재와 시간》(1927)은 스승 후설에게 헌정하는 책이었다. 하지만 이후 '헌정한다'는 글을 삭제해버린다. 제자에 의해 유대인이라는 이유로 스승은 학문 활동에 제한을 받는다. 이 판에는 "여기에서 강의했음. 1859년 출생. 1933년 강의와 여행금지를 당하는 수모를 겪고 권리를 박탈당하다. 1938년 4월 27일 사망"이라 쓰여 있다.

일제강점의 역사를 근대화의 시각에서 아무리 미화한다고 하더라도, 역사적 진실이 바뀔 수 없다. 자유분방한 해석이 마치 세포 증식하듯 덧붙여질수록 사실에서 멀어진다. 역사 해석은 될 수 있으면 경제적이어야 한다. 사태 자체에 대한 낭만적 해석은 자칫 사태로부터 멀어질 위험이 크다. 사태는 관념의 옷을 입기 이전 이미 일어난 사건이다. 역사적 사실 앞에서 겸손해야 한다. 적산은 관념으로 추상할 수 없는 역사적 진실이다. 적산은 일제가 남기고 간 근대화의 유물이 아니다. 치욕의 역사를 다시 새김질하게 하는 달갑지 않은 근대유산일 뿐이다. 우리가 근대의 유물로 기억하기 전에, 가해자 일본이 용서를 구해야 할 걸림돌이다.

지각

걸어서 출근한 지가 벌써 50여 일이 되었다. 7시 20분이 되면 벌써 몸은 출근 중이다. 몸은 이미 길을 걷고 있다. 어제는 경산 자인 장에 갔다. 3·8장인데, 마침 일요일이라 오랜만에 장날 구경에 나섰다. 비교적 큰 장이다. 나이가 들면 장날 구경하러 가는 게 싫지 않다. 오후 늦게 3시가 되어 출발해 4시 되어 도착했다. 늦어 파장이 아닌가 하고 왔는데, 아직 사람이 붐빈다. 2주 후가 추석이라 그럴 수도 있겠다 싶다.

'자인'(慈仁)이란 이름이 정감이 간다. 자인 계정 숲에서 매년 단오제를 한다. 자인의 유명한 행사이다. 난 자인 단오제를 중국에 소개하려고 했었다. 중국 초나라 정치가 굴원(屈原)을 추모하는 단오제이다. 초의 회왕을 도와 조국을 구하려 했지만, 반대파의 모함으로 뜻을 이루지 못하자, 음력 5월 5일 먹라수에 몸을 던진다. 이날을 기념히기 위해 쫑즈(粽子)를 강에 던지는 풍습이 생겼다. 이 음식은 찹쌀을 쪄 대나무에 싼, 중국에서 흔히 볼 수 있는 음식이다. 이것을 강에 던져 물고기가 먹고 배가 불러 굴원의 시신을 뜯어먹지 못하게 한 풍습이다. 중국 후난성에서 굴원 기념 국제학술대회에 참가해 자인 단오제를 소개하려 했던 나의 계획이 코로나로 무산되었다.

이 시장의 시그니처는 갈치다. 작고 길게 생긴 목포산 먹갈치이다. 만원에 한 보따리 가득하다. 갈치를 썰어주는 힘 좋은 젊은 사장의 입담이 만만치 않다. 기다리는 사람들이 심심하지 않다. 내 폰에는 '은호수산'으로 저장된 집이다. 싸기도 하지만 맛이 좋다. 어른 손으로 다 움켜잡을 수 없을 만큼의 많은 갈치를 도마에 올려놓고 세 동강으로 잘라서 비닐봉지에 던져준다. 보기에 어떤 봉지는 내 것보다 더 큰 것 같지만, 주인 마음이다. 아마 보기에 그렇지 손에 잡은 갈치의 마릿수는 거의 같을 것이다. 손이 저울이다. 1시간 동안 소금 간이 들도록 두었다가, 씻어서 냉동실에 보관했다가, 반찬 없을 때, 기름에 바싹 구워 먹으면 밥도둑이다. 줄을 서서 한참을 기다려야 살 수 있다.

이 시장에 오면 들르는 곳이 서울 소머리곰탕 식당이다. 시골식당 이름 치고는 세련됐다. 주차장 맞은편에 있는 자그마한 식당이다. 시어머니와 서울 며느리가 하는 식당인데, 이 집 곰탕은 내가 먹어 본 것 중 최고다. 고기도 넉넉히 주지만 엄청 부드럽다. 양념 새우젓과 콩자반과 콩나물 데친 건 일품이다. 이 집은 오후 2시까지만 한다. 늦어서 먹지 못하고, 예전에 가끔 다녔던 돼지 찌개 식당에서 늦은 점심을 먹었다. 이 집은 항상 밥 한 그릇을 덤으로 더 내놓는다. 두 사람이면 밥을 세 그릇, 세 사람은 네 그릇을 내놓는다. 주인장의 마음 씀씀이가 여유롭다.

어제 갔었던 자인 장을 생각하면서, 오늘은 희망교를 지나 어린이대공원 쪽으로 걷는다. 이 길은 익숙하다. 이 길을 따라 걸으며 이런저런 추억을 떠올려 본다. 들안길로 들어서는 네거리 모퉁이에 오래된 카페가 있다. 커피와 간단한 식사와 술을 파는 카페이다. 카페 이름이 MIM이다.

Most Important Man의 약자다. 이 집 사장 미옥 씨는 욕지도 옆 연화도가 고향이다. 연화도는 경남 통영시 욕지면에 있다. 고향을 떠나 대구에서 산 지 오래되었다. 난 연화도를 두 번 가보았는데, 욕지도보다는 조용해서 좋다. 60을 넘긴 나인데도 이 카페를 손에서 놓지 않고 있다. 그녀에겐 이 가게가 삶 전부이다. 건강이 잠시 안 좋았는데 지금은 회복이 되어 다행이다. 한때는 일주일에 한 번은 들렀던 곳이다. 한 자리를 꾸준히 지킨다는 게 쉽지 않은데, 아직도 이 네거리의 대표 카페로 영업 중이다. 엔틱한 분위기가 좋다. 이 네거리를 지날 때마다 옛일들이 떠오른다. 안 간 지 오래다.

어린이대공원을 지나 노동청 건너편 오른쪽 경사진 곳으로 올라가면 동산초등학교가 있다. 이 학교의 운동장이 한눈에 내려다보이는 5층짜리 오래된 아파트를 지난다. 오래되어 곧 재개발에 들어갈 것 같은 아파트이다. 이 아파트에는 나의 오랜 동학이자 후배인 성회경 박사가 살고 있다. 나는 이 아파트에서 약 15년 전 성 박사와 스피노자 철학을 같이 공부했다. 그의 박사 논문이 스피노자와 불교를 비교하는 주제라서, 나도 같이 공부하면서 스피노자에게 빠졌다. 언어로 표현되지 않은 채 침전된 그의 사유를 실어 올리는 일이 쉽지는 않지만, 쉽지 않아서 더 흥미롭다. 그의 철학은 마르지 않는 샘과 같다. 읽을 때마다 새롭다. 아무리 퍼도 고갈되지 않은 샘이다. 오스트리아 철학자 비트겐슈타인(L. Wittgenstein, 1889~1951)의 말처럼, 그는 말할 수 있는 것만 말하고 말할 수 없는 것에 대해서는 침묵한다. 그에게는 침묵에 가려진 것들이 더 많은 걸 말하고 있다. 우린 때로 침묵해야 할 것조차도 성급하게 발설한다. 우린 말이 너무 많다. TMT, Too Much Talker인 수다쟁이다. 스피노자는 우리의 수다를 부끄럽게 만든다. 그의 책《에티카》는 행간에 더 많은 것을 숨겨 두고 있다. 그래서 독자는 힘들다. 그 행간에 담겨 있는 것들을 주워 올리는 게 만만치 않다.

성 박사 집을 지나 수성구민운동장 옆길을 걷는다. 이 길 끝에는 대구여고가 있다. 지나면서 보았던 정문에 써 놓은 글이다. '웃어도 예쁘고 웃지 않아도 예쁘고 눈을 감아도 예쁘다. 오늘은 네가 꽃이란다.' 학교 앞을 지나면서 꽃처럼 피어야 할 예쁜 학생들이 정말 꽃처럼 잘 피고 있는지 하는 생각이 들지 않을 수 없다. 대학입시경쟁 속에서 꽃은 시들어가는 게 아닌지? 공부를 못한다는 이유로 상처받은 꽃들은 없는지? 이런저런 생각이 교차한다. 학교현장이 교육이 사라지고 학습의 연마 장으로 변한 것이 안쓰럽다. 오랜 역사를 지닌 명문 여고이다. 아름다운 꽃으로 활짝 피어나기 위해 열심히 공부하는 우리 딸들이 자랑스럽다. 아무쪼록 예쁘게 잘 커서 반듯한 나무가 되었으면 한다.

오늘 처음으로 지각했다. 도서관에 10분 늦게 도착했다. 항상 10분 일찍 도착하는데, 오늘은 이런저런 생각이 나의 출근길을 붙잡았다. 어느 지점에서는 나의 발걸음이 한참 게을렀다. 이젠 바삐 걸어갈 이유도 없다. 지금까지 잰걸음으로 충분히 바삐 걸어왔다. 이제 천천히 걸으면서 지난 일들을 회상하는 일들이 많아지면 좋겠다. 오늘 어느 지점에선가는 느리게 걸었다. 느린 만큼 생각이 많았다. 그 느린 걸음이 나에게 선물한 몇 조각의 추억은 나의 삶의 행간에 희미한 그림자로 아끼고 숨겨 두고 싶다. 힘들 때, 가끔 꺼내서 만지작거리면서 살고 싶다.

Sep.

9월

몸짓

9월 첫날이다. 아침 햇살이 아직은 따갑지만 무덥지는 않다. 간간이 가을바람이 섞여 있다. 오늘도 신천 둔치를 걷는다. 희망교에서 대봉교 사이에 진노랑의 꽃이 피어있다. 꽃을 주제로 한 시의 시그니처는 시인 김춘수(1922~2004)의 '꽃'이다. 화자는 '내가 그의 이름을 불러주기 전에는 그는 다만 하나의 몸짓에 지나지 않았다'로 시작한다. 내가 그에게 하나의 이름으로 한정해 부르기 전에는 그저 하나의 몸짓이었다. 그 몸짓은 굳이 이름으로 불리기를 거부할지도 모른다. 하나의 이름 속에 그 몸짓이 갇힐 때, 그 몸짓은 이제 더는 그의 몸짓이 아니다. 특정한 이름을 갖는다

는 건 특정한 개념에 갇힌다는 것이다. 인간에 의해 호명되는 순간 그 몸짓은 이름으로 퇴색된다. 신천 둔치에 피어있는 진노랑의 꽃 이름을 굳이 알고 싶지 않다. 그저 '이름 모를 꽃'이라 부르는 게 그의 몸짓을 언어로 화석화시켜 버리지 않기 때문이다.

우리는 습관적으로 꽃의 이름을 알고 싶어 한다. 하지만 장미는 '장미'로 이름이 불리는 순간 장미의 몸짓은 탈색된다. 장미는 '장미'라는 보편적 언어에 담을 수 없는 수많은 몸짓을 지니고 있다. 색, 모양, 크기, 향기 등 각양각색의 몸짓들이 장미의 실재이다. 그 실재를 어떻게 하나의 언어로 다 담아낼 수 있는가? 꽃은 그저 하나의 몸짓으로만 자신을 직관해 주길 바란다. 온갖 선입견과 편견으로 가득한 인간의 언어로 호명되기를 거부한다. 그래서 꽃은 그저 하나의 몸짓으로 있다. 언어가 실재로 이르기 위한 하나의 도구는 되지만, '실재 그 자체'를 표현할 수는 없다. 하나의 몸짓으로 주어져 있는 꽃의 실재는 언어가 단절되는 곳에 실재한다.

꽃의 몸짓은 물리적 제스처가 아니다. 누군가의 꽃으로 의미지어지기를 기대하는 지향적 몸짓이다. 둔치를 걷는 모든 사람에게 하나의 '의미'로 불리기를 기대하는 몸짓이다. 누군가에게 불려서 그에게 '의미'로 다가가기 위한 절박한 몸짓이다. 우리 역시 누군가로부터 사랑을 받아 그에게 하나의 의미 있는 몸짓으로 피어나고 싶다. 하지만 우리는 자신의 잡다한 편견으로 누군가를 재단(裁斷)하고 평가하여, 누군가의 절박한 몸짓을 그저 하나의 물리적 표식으로만 흘려버리기 일쑤다. 누군가의 절박한 사랑의 몸짓을 자신의 잣대로 재단하여 흘러 버린다. 그 절박한 몸짓은 이념으로도 언어로도 섣불리 재단할 수는 없다.

튈

어제는 근 10년 동안 매주 만나서 술 마시는 금요일이다. 마치 하루라도 거르면 지구가 당장 멸망하기라도 하듯, 미션을 수행하는 마음으로 모여 마신다. 배 소장, 고 교수, 성 박사는 오랜 술친구다. 술을 10년 동안 같이 마실 수 있다는 건 쉽지 않다. 술을 마시기보다는 이런저런 삶의 이야기를 마신다. 금요일이 주는 여유 때문이다.

주말이면 대구 수성구 범어네거리 그랜드 호텔 뒤쪽에 직장인들이 모여든다. 지하철 부근이라 교통도 편하다. 우리 일행이 2차로 옮긴 집은 한 번씩 찾는 자그마한 술집이다. '수고했어, 오늘도'라고 새겨놓은 카페이다. 한 주 동안 수고한 사람들이 간단하게 한잔하면서 쉴 수 있는 좌석이 몇 안 되는 공간이다. 어제는 그 카페 벽에 새겨놓은 그림인 듯한 글이 내 눈에 들어왔다. '워어어얼화아아수우목금튈'이다. 직장인의 마음을 잘 그려놓은 글귀이다. 지겨운 월요일이 빨리 가고 금요일과 주말이 빨리 오기를 기다리는 직장인의 마음을 표현한다. 〈네이버 국어사전〉에 '튈'을 치면, 이 글귀가 뜬다. '1주일 중에서 유난히 길게 느껴지는 평일을 길게 늘어뜨리고, 토요일과 일요일이 순식간에 지나가는 느낌을 '튈'로 짧게 표현함으로써 1주일의 시간을 시각적으로 나타낸 신조어'라 정의한다.

일주일 중 하루하루가 달리 느껴진다. 일주일 168시간과 하루 24시간은 모두에게 동일하고 객관적인 시간이다. 크로노스(chronos)로서의 시간이다. 크로노스는 시간을 지배하는 신이다. 나이가 들면서 오늘 하루가 얼마나 소중한지 새삼 깨닫는다. 살아온 시간을 돌이켜 보면 말 그대로 쏜살같이 지나갔다. 앞으로 남은 시간은 더 빨리 지나갈 것이다. 하지만 남은 시간도 모두 오늘로 채워야 한다. 오늘이 가장 행복해야 한다. 행복해야 할 오늘은 1주일 168시간 중 24시간이 아니다. 24시간이라는 물리적 시간으로서의 오늘은 누구에게나 동일하다. 시계에 나타나는 물리적인 24시간은 누구에게나 똑같이 주어진 시간이다. 하지만 나에게 오늘 하루는 새롭게 시작할 때이며, 가장 소중하게 보내야 할 기회(chance)이다. 오늘은 그저 오는 날이 아니다. 나에게 주어진 기회의 선물이다. 그 기회를 놓치면, 크로노스에 사로잡혀 그저 그렇게 세월만 보낸다.

과거나 미래에 집착할 이유가 없다. 다가올 죽음에 대해 집착할 이유가 없다. 살아있는 오늘만큼 소중한 날은 없다. 주어진 그 날을 그냥 즐기면 된다. 눙크 스탄스(nunc stans)는 '정지된 지금'이다. '과거'와 '현재' 그리고 '미래'라는 시간적 경계가 생겨나기 전, 모든 시간적 흐름이 정지된 바로 이 순간을 말한다. 시간적 경계에 구속되지 않는다는 점에서 영원하다. 시간적 흐름 이전의 영원의 순간이다. 초시간적인 영원의 순간이다. 이 순간이 '그' 오늘이다. 과거와 미래에 대한 집착에서 벗어난 '그' 오늘이다. '그' 오늘 행복하면 영원히 행복하다. 어제도 지나간 '그' 오늘이고 내일 역시 아직 오지 않은 '그' 오늘이기 때문이다. 화살이 날아가는 것 같지만, 순간순간은 정지된 점의 연속이다. 우린 순간인 영원을 산다.

그 순간인 '그' 오늘을 산다. '그' 오늘이 우리가 영원히 자유롭고 행복할 기회이다. '그' 오늘(The today)은 one of them, 즉 숱한 오늘 중 하루(a day)가 아니다. 오늘이 나에겐 가장 소중한 기회이고 선물이다. 헛되게 흘러서 보낼 오늘이 아니다. 로마시인 호라티우스(Horatius, B.C. 65~B. C. 8)는 '카르페 디엠'(carpe diem), '그날을 꽉 잡으라'(seize the day)라고 주문한다.

노자는 《도덕경》 50장에서 오래 살 수 있는데 공연히 움직여 죽음으로 가는 사람도 있는데, 그 이유는 그들은 삶에 너무 집착하기 때문이라고 말한다. 주어진 '그' 오늘을 잘 살면 잘 죽는다. 오늘 잘 살지 않고 내일 잘 죽을 수 없다. 중국 북송 철학자 장재(횡거)는 그의 책 《서명》에서, '살아서는 자연의 이치를 거스르지 않고 순종하며, 죽어서는 자연의 품에 안겨 편히 쉬리로다'(존오순사, 몰오영야, 存吾順事 沒吾寧也)라고 말한다. 소크라테스는 철학은 잘 죽기 위한 연습을 하는 학문이라 한다. 잘 죽는 것은 결국 잘 사는 것이다. 오늘을 행복하게 살지 않고서 내일 행복하게 잘 죽을 수 없다. 공자 역시 죽음이 무어냐고 묻는 자로에게, 삶도 모르는데 어찌 죽음을 알겠느냐고 답한다. 결국 '그' 오늘이 중요한 날이다. '그' 오늘을 잘 살다가, 내일 이사 가듯 죽음으로 옮겨가면 된다. 우리가 '그' 오늘을 행복하게 살아야 할 이유이다.

프로크루스테스의 침대

　고산골 산행길에 마치 파르테논 신전의 열주와 같이 생긴 나무로 된 기둥 구조물이 있다. 이른바 자신의 몸의 치수를 재는 도구이다. 기둥과 기둥 사이가 좁은 틈을 빠져나갈수록, 몸의 나이가 젊다는 것을 측정하는 도구이다. 몸 치수를 재는 다소 원시적인 기구인 듯하다. 그저 재미로 한 번씩 빠져나가기를 시도해 보기도 한다. 그런데 이 도구가 마치 고대 신화에 등장하는 프로크루스테스의 침대와 같다는 생각이 왜 들까? 노상강도 프로크루스테스는 자기 집에 침대를 만들어 놓고, 행인을 잡아 와 그 침대에 눕힌다. 눕혀서 다리가 길면 자르고, 짧으면 길게 늘여서 자신의 침대에 맞춘다. 이런 의미가 전이되어 자기 생각을 미리 만들어 놓고 다른 사람의 생각을 이 규준에 맞추는 태도를 말한다. 우린 모두 자신만의 침대를 갖고 있다. 그 침대에 맞지 않으면 다 거짓이고 사이비고 적이다.

몸 치수를 재는 이 도구는 마치 이 틈 사이를 빠져나가지 못하는 몸은 인위적으로 잘라내야 할 덩어리쯤으로 생각하는 듯하다. 빠져나가지 못하는 뚱뚱한 몸을 마치 일정한 규준을 벗어난 비정상적인 몸으로 재단한다. 인위적으로 만든 정상성의 규준은 무엇인가? 누가 어떤 기준으로 몸의 정상성과 비정상성을 재단하는가? 물론 몸은 건강해야 좋다. 누구도 원하는 건강한 몸의 전형은 있다. 하지만 이 전형에서 벗어난다고 해서, 마치 비정상적인 몸처럼 재단하는 것은 프로크루스테스만큼 야만스럽다. 이 시설은 인권적 차원에서라도 없어지면 좋겠다. 몸은 인격이다. 그 인격은 단순히 물리적으로 어떤 규준에 맞게 재단될 수 없다.

가로수길의 나무 하나하나가 다 달라서 전체가 아름다워 보인다. 이것과 마찬가지로 내 몸은 다른 사람의 몸과 달라서 아름답다. 요즘처럼 성형미인의 시대는 모두가 아름답지만, 자신만의 특이함을 상실했다. '미인'이라는 물리적 규준에 따라 성형된 미인은 모두 다 유사하다. 그 유사함에 식상한다. 몸 역시 성형의 대상이 될 때 몸이란 인격체는 단지 하나의 물체로 규정되어 버린다. 인격을 성형할 수는 없다. 아무리 얼굴을 성형해도 인격이 성형되는 것은 아니다. 몸 역시 그렇다. 좁은 기둥 사이를 빠져나오지 못한 나의 몸도 나의 인격을 담은 소중한 그릇이다. 각자의 그릇에 각자의 인격을 담고 사는 게 이 세상을 더욱 아름답게 만든다. 똑같은 것들은 전체적으로 아름다움을 만들지 못한다. 온통 장미만 있는 정원은 그리 아름답지 않다. 다양한 꽃들이 함께 각자의 특이성을 뽐내며 공존할 때 그 정원은 아름답다.

권력

'수인지이제류'(水因地而制流), 물은 지형에 따라 흐름을 정한다.《손자병법》〈허실편〉에 나온다. 태풍 힌남노가 지나간 후, 이틀 만에 신천 둔치를 걷는다. 신천의 물이 엄청 불었다. 내가 신천 둔치를 걸은 이래 가장 많은 물이다. 문득 '상선약수'(上善若水)란 말이 떠오른다. 노자《도덕경》제8장에 나오는 말이다. '최고선은 물과 같다'라고 일반적으로 번역된다. 물의 생태학적 의미를 담고 있는 이 짧은 글귀에 대한 해석은 다양하다. 신천을 흐르는 물을 보면서 가장 먼저 떠오른 메시지는 '흐르는 물은 앞을 다투지 않는다'라는 '유수부쟁선'(流水不爭先)이다. 이 말은《회남자》(淮南子), 〈원도훈〉(原道訓)에 "땅은 낮게 처하여 높이를 다투지 않기에 안정되어 위험한 법이 없다. 물은 낮은 곳으로 흐르면서 앞을 다투지 않기에 오히려 빨리 흐르고 지체하는 일이 없다"(土處下不爭高 故安而不危 水下流不爭先 故疾而不遲)라는 구절에서 따온 것 같다.

물은 위에서 흘러오는 물에 저항하지 않는다. 흘러오는 물의 흐름을 방해하지 않으려 있던 장소를 미련 없이 떠나 하류로 흘러간다. 물은 흐르지 않으면 썩는다. 고대 철학자 헤라클레이토스는 '흐르는 물에 두 번 다시 들어갈 수 없다'라고 말한다. 모든 것은 잠시도 쉬지 않고 변한다는 것을 물에 비유하여 한 말이다. 변화와 흐름을 가장 상징적으로 은유하는 어휘가 '물'이다. 물은 흐르지 않으면 그 생태학적 의미를 상실한다. 흐르지 않고 고이면 썩는 건 시간문제다.

물은 흐르다가 바위가 있으면 비켜서 흐른다. 바위와 싸우지 않는다. 물은 높은 데서 낮은 데로 흐른다. 겸손의 미덕을 물에서 배워야 할 이유이다. 항상 낮은 데로 흘러가면서 높아짐을 탐내지 않는다. 물은 고정된 실체가 아니다. 물이 어디에 담기는가에 따라 이런저런 모양으로 정체성이 쉽게 변한다. 고정된 실체성을 갖지 않고 주어진 여건에 맞게 자신을 변화시킨다. 주어진 관계 속으로 들어가서 잘 융합하는 성질을 갖는다. 물은 깊은 곳에서는 천천히 흐르고, 얕은 곳에서는 빨리 흐르면서 전체와의 조화를 유지하는 지혜를 베푼다. 느리고 빠름이 작위적이지 않다. 항상 전체의 흐름과 화합하면서 속도를 조절한다. 물의 덕스러움이다. 싸우기를 싫어하고 융합하면서 함께 더 크고 넓은 곳으로 흘러간다.

물은 때로는 무자비하다. 자연에 대한 생태적 폭력을 일삼은 인간 바이러스들에게는 태풍과 해일이라는 방식으로 갚는다. 물은 인간에 의해 파괴된 생태적 정의(正義)를 복원하기 위한 사도(使徒)가 되기도 한다. 태풍으로 신천에 물이 불어나면서 둔치에 정체성 없이 자란 잡초들이 잠수되었다. 물이 빠지고 난 후 이 잡초들이 고개를 숙이고 누워버렸다. 다시 새롭게 일어서기 위해 인내하지 않으면 안 된다. 이처럼 물은 정체성 없이 자라 다른 것들에 대해 위협이 되는 잡초를 다스리는 파수꾼이다.

용은 물과 땅과 하늘을 다 관장하는 영물이다. 그런 만큼 용의 거동은 신중해야 한다. 하늘을 나는 용이 가장 조심해야 할 것이 과도하게 하늘로 더 솟구치려는 욕망이다. 항룡유회(亢龍有悔), 너무 높이 오르면 후회할 수밖에 없다. 과도한 비상은 후회가 따른다. 권력이 배워야 할 지혜는 물의 겸손이다. 권력이 더 올라갈 수 없을 때까지 올라가려 한다면 반드시 후회한다. 권력은 스스로 낮아지기를 망설이지 않는 물의 덕을 닮아야 한다. 용은 비상할 수 있는 능력은 있지만, 그 비상에 신중함을 더하지 않으면 후회한다. 권력에 과도한 호기심을 가진 자는 그리스 신화의 이카로스처럼 추락한다. 아버지 다이달로스의 말을 어기고, 하지 말라는 것을 하고 싶은 욕망으로 태양 가까이 가려다가 날개가 녹아서 추락한다.

권력은 다투지 않아야 한다. 권력을 나눌 때 온전한 힘을 발휘할 수 있다. 싸워서 얻은 권력은 싸워서 망한다. 국민을 상대로 싸우는 권력은 스스로 망하지 않을 수 없다. 권력의 아바타가 되어 싸움닭처럼 사나우면 백성이 피곤해진다. 권력이 소통을 뒤로할 때, 그 권력은 추락한다. 물은 소통의 덕을 보여준다. 아리스토텔레스의 덕은 탁월함이다. 인간 행위의 탁월함을 자연에서 배운다. 그 탁월한 행위는 중용에서 출발한다. 물의 생태적 진리는 과하지도 모자라지도 않은 데 있다. 많이 고이면 다른 곳으로 흐르고, 아직 메마르면 기다렸다가 고이면 흐른다. 서둘러 급하게 흐르지도 않고, 게으르게 흘러 전체의 흐름에 방해가 되지도 않는다. 과함도 부족함도 없는 중용의 도(道)를 물에서 읽는다.

물의 탁월함인 덕을 배워야 한다. 자연의 질서를 배워야 한다. 말 그대로 자연은 저절로(自) 그러그러(然)하다. 이것이 자연의 탁월함이고 덕이다. '저절로'라는 말에는 인위적인 욕망은 사치이다. 권력에 대한 헛된 욕망은 물처럼 흘러가는 것이 아니라 한곳에 정체되어 있다. 한곳에 오래 정체된 권력이 품어내는 비릿함을 물의 덕으로 정화해야 한다. 물은 스승이다. 모든 것은 물처럼 흐르면서 잠시도 쉬지 않는다. 흐르지 않고 영원히 존재하는 것은 아무것도 없다. 일촌(一寸)의 권력이 마치 영원할 것이라는 상상은 망념이다. 신천의 왜가리가 인간의 그 헛된 망념을 안쓰럽게 관망하는 오늘 아침이다.

초월

내일부터는 한가위 연휴이다. 12일까지 나흘간의 연휴다. 오늘은 대구 중구 대봉동 웨딩거리를 지나 김광석 거리로 접어들기 전, 능소화 폭포라는 곳을 지나왔다. 건물 벽을 타고 오르는 능소화 군단이 마치 폭포와 같다. 정상희 여사가 1997년 이곳에 능소화 두 그루를 심은 뒤 정성껏 가꾸어 폭포를 이루었다. 능소화는 넝쿨나무로 7월에서 9월까지 개화한다. 깔때기와 비슷한 나팔꽃 모양이다. '어사화'라고도 불리는데, 과거 시험에서 장원급제한 사람에게 씌워주던 종이꽃 모양이 능소화를 닮았다.

'능소화'라는 이름에서 유래하는 전설이 있다. 궁궐에 '소화'라는 궁녀가 살았다. 그 궁녀는 왕의 성은(聖恩)을 입은 후, 왕이 다시는 찾지 않아 왕이 찾아주기를 기다리면서, 담 가를 서성이면서 담 넘어오실 임을 기다리나가 죽었다. 그 소화의 무덤에 핀 꽃이라 해서 통상적으로 '능소화'라 불렀다. 이때는 능이 '무덤' 릉(陵)이다. 하지만 능소화의 능이 무덤을 뜻하지 않는다. 능소화의 한자 뜻을 보면, 능(凌)은 '능가하다'나 '넘는다'라는 뜻이고, 소(霄)는 '하늘'이란 뜻이다. 그러니 '하늘로 뻗는다'라는 '초월'의 의미를 담고 있다. 소화의 그리움이 가지를 뻗어 속세의 담을 넘는다. 속세에 뿌리를 두고 있지만, 탈 속세를 지향한다. 그래서 반가(班家)

에서 이 꽃을 많이 심는다. 능소화는 벽 전체를 그리움의 폭포로 만들었다. 9월 초 꽃이 지기 시작했지만, 가히 그리움의 폭포라 불릴 만하다. 소화의 그리움이 폭포처럼 번진다.

넝쿨은 담장에 기대지 않고서는 홀로 설 수 없다. 사랑은 홀로 설 수 없다. 넝쿨 같은 사랑의 운명이다. 능소화는 담장을 타고 올라 하늘을 능가하는 꽃이다. 사랑은 담을 넘어 하늘로 올라 피어오른다. 사랑은 경계를 초월한다. 못다 피운 현실의 담장을 넘어 내세에서 다시 피어나려고 현실의 담을 초월한다. 사랑은 누군가에로의 초월이다. 누군가로 향한 그리움은 현실의 장벽도 거뜬히 넘어선다. 사랑은 강력한 힘이다. 그 무엇도 사랑의 장벽이 될 수는 없다. 장벽이 높을수록 사랑은 더 초월적이다. 현실에서 이루지 못한 소화의 사랑이 경계를 넘어 자유로 승화된다.

왕과 궁녀의 사랑은 현실의 담을 넘어설 수 없다. 속세가 만들어 놓은 담은 세상을 둘로 갈라 재단하는 속물화된 경계이다. 세상이 만들어 놓은 담을 넘어 하늘을 향해 입을 활짝 벌려 사랑을 고백한다. 그리곤 미련 없이 사랑의 완전체로 떨어진다. 소화는 떨어져서도 사랑을 포기하지 않는다. 난 오늘 아침 능소화 폭포 앞에서 사랑의 힘을 노래한다. 사랑은 경계가 없다. 어디까지 못 이를 데 없다. 사랑은 경계를 넘어오지 않는 임을 지향한다. 소화에게 담은 차라리 그리움의 정원이다. 넘지 못할 담이 그녀에게 무덤이기도 하지만, 그곳은 초월의 장소이기도 하다. 소화는 떨어져서라도 현실의 담을 능히 넘어선 사랑의 화신이다.

그리스 신화의 에로스(Eros)는 사랑의 신이다. 로마식 이름은 큐피드이다. 그가 쏜 황금 화살을 맞으면 사랑에 빠진다. 그가 매고 다니던 황금 화살에 자신이 찔려 사랑에 빠지게 한 여성이 프시케이다. 프시케는 인간 세상의 공주이다. 에로스와 프시케는 신과 인간 사이의 경계를 허물고 사랑을 이루어낸 커플이다. 윌리엄 부케로(William Bougureau, 1825~1900)의 〈프시케의 납치〉(1895)는 하늘로 초월해가는 에로스와 프시케의 사랑을 그린다. 하늘에는 경계도 담도 없다.

에로스의 어머니 아프로디테의 질투로 괴물의 아내가 될 뻔한 프시케가 고난을 이겨내고, 주변의 도움으로 에로스와 사랑을 이루어낸다. 한번은 남편을 의심했다가 헤어질 뻔한 위기도 맞는다. 밤에만 나타났다가 새벽에 떠나는 남편이다. 에로스는 '신'이라는 자신의 신분이 밝혀지면, 사랑이 깨어질 것이 두려워 정체를 숨겼다. 하지만 질투심 많은 두 언니가 남편의 얼굴도 보지 않고 그의 사랑을 어떻게 믿을 수 있느냐고 하면

서, 프시케에게 에로스의 모습을 확인하라고 꼬드긴다. 프시케가 남편의 얼굴을 보여달라고 하자, 에로스는 '사랑은 의심과 함께할 수 없다'라는 말을 남긴 채 떠났다. 프시케는 미래의 시어머니 아프로디테를 찾아가 자신의 잘못을 용서해달라고 빈다. 아프로디테는 프시케에게 풀기 어려운 과제를 낸다. 프시케가 과제를 다 풀고 나서야, 제우스의 중재로 이 둘은 다시 짝을 이룬다. 제우스는 프시케를 '신'의 신분으로 상승시켜 영원 불사한 짝꿍으로 만들어 준다.

프시케(psyche)는 그리스어로 '영혼' 또는 '나비'를 뜻한다. '심리학'(psychology)이란 단어도 여기에서 유래한다. 애벌레에서 하늘을 나는 나비로 초월한 사랑이다. 현실의 담을 넘어 사랑을 이룬 프시케이다. 소화는 죽어서 꽃이 되어 현실의 담을 넘지만, 프시케는 인간이라는 현실의 담을 넘어 신과의 사랑을 이룬다. 소화에게나 프시케에게나 사랑은 초월이다. 현실의 벽을 넘은 초월이다.

환대

추석 연휴 지나고 출근이다. 오늘도 많은 사람 사이에 끼여 걷는다. 바쁘게 살아가는 현대인들은 나 아닌 다른 사람에게는 별 관심이 없다. 출근길에 스쳐 지나가는 사람들은 그저 나와는 무관한 군중일 뿐이다. 타인에게 관심을 보이지 않으면서 자기 길을 바쁘게 걷는다. 나에게 타인이란 존재의 의미는 무엇인가? 타인(他人)은 내가 '아닌' 사람이 아니라, 나와는 '다른' 사람이다. 나와는 달리 살아가는 사람이다.

나를 세상의 중심에 두려는 근성은 오래되었다. 타인은 나를 '위한' 존재로서 의미만 가질 뿐이다. 중세는 나의 지위가 신의 피조물이었다. 내가 중심에 있지 못했다. 중세가 끝나고 르네상스 운동이 시작되면서, 나를 세계의 중심에 두려는 철학적 전략이 세워진다. 나를 중심에 두려는 전략은 내가 의식적인 존재라는 사실에 기초한다. 데카르트의 '나는 생각한다. 고로 존재한다'라는 명제가 근대철학의 문을 연다. 근대철학은 나를 중심에 두고 타자를 나의 식민(植民)으로 만드는 제국주의적 전략이다. 타자는 나를 위한 단순한 객체 이상의 의미는 없다.

나를 중심에 두는 선입견을 내려놓지 않고서는 타인이 타인으로 나에게 다가오지 않는다. 타인에 대한 나의 주장을 잠시 내려놓고, 타인을 있는 그대로 이해하려는 태도변경이 필요한 것이 아닌가? 우린 항상 타인을 나의 도마 위에 올려놓고 마사지한 건 아닌가? 나의 도마를 괄호 쳐두고 타인에게 다가가야 한다.

이제 생각을 전적으로 바꾸어 보자. 나를 중심으로 하던 생각을 타인을 중심으로 하는 생각으로. '나는 생각한다'를 '나는 생각된다'로, '나는 존재한다'를 '나는 존재된다'로. 물론 이 표현은 우리의 어법에는 맞지 않는다. 하지만 생각을 이렇게 바꾸어 보면 타자가 오히려 중심이 된다. 나 중심의 근대철학 이후 현대철학으로 들어오면서 타인을 이해하려는 철학적 담론이 자연스럽게 형성된다. 타인은 나를 위한 객체가 아니다. 오히려 내가 타인으로부터 존재 타당성을 인정받지 않으면 안 된다. 나는 타인이다.

타인이 그 자체로 나에게 주어지게 하는 방법은 일차적으로 내 방식으로 타인을 이해하는 것부터 내려놓아야 한다. 하지만 인간은 결국 자신의 경계 안에서 타인을 이해할 뿐 타인을 자신으로부터 놓아주지 않는다. 엠마누엘 레비나스(Emmanuel Levinas, 1905~1995)는 이러한 태도를 전체성(totality)으로 규정한다. 나의 입장에서 타인을 규정하는 전체주의적 태도를 쉽게 버리지 못한다. 내가 나를 이해하는 그 방식으로 타인을 이해하는 것은 결국 타인을 나의 식민으로 규정하는 전체주의적 발상이다. 이러한 태도를 전적으로 바꾸지 않는 이상 타인은 또 다른 나일 뿐이다. 나와는 다른 타인의 정체성이 나와 동일시되어 버린다.

내가 타인을 이해한다고 하지만, 나와 그 사이에는 건널 수 없는 강이 있다. 그렇다면 그의 얼굴을 직접 대면해야 한다. 나와 유사한 존재로 추론되는 타인이 아니다. 그의 삶을 추론할 수 없다. 나와 타인 사이에는 비대칭이 존재한다. 그렇다면 그의 얼굴에 나타나는 고통을 직면하고 그의 얼굴에 책임을 지는 자세가 필요하다. 타인의 고통을 말로만 이해하는 게 아니다. 직접 대면해야 한다. 고통받는 자의 얼굴을 대하면 바로 그의 포로가 된다. 레비나스는 우리에게 주문한다. 타인을 상전으로 받들라고. 타인을 지배하려 하지 말고 나의 상전(上殿)으로 대해야 한다고. 타인에 대한 무조건적 환대를 강조한다. 물론 조건 없는 환대가 타인이 나의 주인이 되는 위험성을 내포할 수도 있다. 환대가 어디까지여야 하는가는 철학적 논쟁거리다. 하지만 언제 한 번이라도 타인을 나의 주인으로 섬겨본 적이 있었는가?

나와 타인 사이에 '유비'(analogy)라는 고리는 없다. 남도 나와 비슷하게 생각할 것이라고 추리할 고리는 없다. 평생을 같이 사는 부부도 결국은 타인이다. 내가 유비적으로 추리하는 그가 나의 아내이고 남편이 아니다. 타인을 나의 마음속으로 포섭하지 말고 나의 마음을 타인에게로 전적으로 열어젖혀야 한다. 그래야 타인이 내 마음속으로 들어온다.

모든 것을 잃고 파도에 휩쓸려 파이아케스족의 스케리아섬에 당도한 오디세우스를 족장의 딸인 나우시카가 환대한다. 오디세우스는 트로이를 떠나 10년간 겪은 고난을 숨김없이 털어놓는다. 말을 다 듣고 나서 나우시카는 오디세우스를 조건 없이 환대한다. 그리고 바로 옆 오디세우스의 고향 이타카로 잘 돌아갈 수 있도록 해 준다. 타인이 겪은 고난을 잘 들어주는 것만으로도 충분한 환대이다. 사회적 약자의 말에 귀를 기울이는 환대가 아쉬운 우리의 일상이다.

후회

우린 인과(因果)의 바다를 유랑하는 존재이다. 아무리 마음이 자유롭다고 생각해도 그것은 착각이다. 우린 자연의 무한한 인과적 질서의 한 매듭을 살고 있다. 그 매듭을 아무리 풀려고 해도 풀 수 없다. 마음만 먹으면 인과의 매듭을 풀고 자유롭게 비상할 수 있을 것 같다. 하지만 이건 하나의 상상일 뿐이다. 마음과 몸은 서로 만날 수 없는 평행선을 달리는 기차와 같다. 마음이 몸에, 몸이 마음에 영향을 미칠 수 없다. 마음이 몸에 영향을 미칠 수 있다는 건 착각일 뿐이다. 자유는 상상의 산물이라는 것을 알 때 비로소 자유롭다. 노예에서 자유인이 될 수 있다. 자유와 필연은 반대가 아니다. 필연임을 인식할 때 자유롭다. 인식은 깨달음이다.

젊은 시절 다른 선택을 했었더라면, 지금보다 더 행복할 것이라는 상상은 세계에 대한 잘못된 표상이 만들어낸 허구일 뿐이다. 나는 그때의 선택을 다른 어떤 선택보다 더 좋은 것으로 욕망했다. 선택은 이성의 몫이 아니다. 욕망이 선택한 것이다. 욕망은 더 강한 욕망이 아니면 통제되지 않는다. 그 당시는 이보다 더 큰 욕망이 없었다. 우린 그때그때 나에게 더 큰 기쁨을 줄 거라는 생각으로 선택을 한 것이다. 나의 선택은 그 당시는 나의 존재를 유지하는 데 가장 이익이 되고 기쁨을 주기 때문에 이루어진 것이다. 코나투스가 선택의 주체였다. 코나투스(conatus)는 자신의 존재를 지속하려는 근원적인 본능이다. 생물학적 본능이다.

내가 한 일에 대해 크게 후회해 본 적은 없다. 그런데 한 가지 아쉽게 생각하는 일이 있다. 외국 유학을 가지 않은 것이 아쉬움을 넘어 후회스러울 때가 가끔 있다. 그때 유학 갔었다면 지금보다 더 행복할까? 아니면 더 크게 후회할 일은 없었을까?

지난달 '내가 아는 김영필 선생님이신가요?'라는 메시지가 페북에 떴다. 강영안 교수님이다. 오랜만에 페북에서 연결이 되었다. 강 교수님은 네덜란드 암스테르담 자유대학교에서 철학박사 학위를 받고 교수로 재직하다가, 1986년 대구 계명대학 철학과로 옮겼다. 내가 강 교수님을 만난 건 이때다. 그러다가 1990년 서강대학으로 옮겼고, 명예퇴직 후 2017년부터 미국 Calvin Theological Seminary에서 철학신학을 강의하고 있다. 강 교수님은 나보다 한 살 위다. 경남 삼천포가 고향이다. 그의 학문적 탁월성은 세계적이다.

강 교수님은 기억할지는 모르겠다. 나에게 벨기에 루뱅대학으로 유학 갈 것을 제안했다. 가려면 추천해주겠다고 말한 적이 있다. 내가 전공하는 독일 철학자 에드문트 후설의 문고(Husserl Archiv)가 루뱅대학에 있다. 자료가 많은 그곳에 가서 공부하는 게 어떻겠냐고 제안했다. 나는 고심 끝에 가지 않기로 했다. 늦은 나이에 굳이 유학 갈 필요가 있을까? 그 당시는 유학 가는 것보다 국내에서 열심히 공부하는 것이 나에게 더 유익할 것으로 판단했었다.

스피노자는 '후회란 우리가 정신의 자유로운 결단으로 했다고 믿는 어떤 행위에 대한 관념을 수반하는 슬픔'이라 한다. 이 슬픔에서 벗어나는 유일한 길은 그 어떤 결단도 나의 자유로운 의지에 의한 것이 아니라는 것을 인식하는 것이다. 모든 일이 나의 의지대로 되지 않는다는 걸 알 때, 후회라는 슬픈 감정에서 벗어날 수 있다.

꽃무릇

　오늘은 오후 출근이지만, 아침 일찍 집을 나서 오랜만에 시내 중앙로 쪽으로 걷는다. 시내를 걸으면 특정 장소에 얽힌 나의 젊은 시절의 달갑지 않은 추억이 파노라마가 되어 이어진다. 걷다 보면 추억이 걷는다. 동성로의 '준'이라는 카페는 나와 고등학교 동기 몇 놈이 음악 한다고 드나들었던 곳이다. 이 카페 윤 사장님은 신성일 못지않은 젠틀맨이었다. 지금은 없어진 대구백화점 본점 앞 청포도 빵집은 누군가를 떨리는 마음으로 기다렸던 곳이다. 만경관 쪽에 있었던 옵서예 다방은 마치 독립운동하듯이 드나들었던 우리들의 아지트였다. 문 열기가 바쁘게 출근해(?) 달걀 반숙 하나로 끼니를 때우고, 줄곧 엽차를 마시면서 진을 쳤던 곳이다. 조선 반가(班家) 맏며느리 비주얼의 마담은 불청객 일당을 항상 눈웃음으로 반겨 주었다. 가끔 들르는 그녀의 남편은 몇 번 실패하고 결국 경북 청송 영덕 3선 국회의원을 한 정치인이었다. 오후 늦게는 주머니가 넉넉한 친구 덕으로 아카데미 극장 건너편 골목길 안 샘터 식당에서 막걸리 마시는 것으로 하루를 보냈었다. 마음씨 넉넉한 할머니와 손녀가 하던 식당이다. 시청 쪽의 돌체 식당 꽁치구이와 공주식당 양고기는 주린 배를 채우기 위해 먹기는 아까운 고급 음식이었다.

시청 쪽으로 걷다 보니 국채보상공원으로 들어섰다. 들어서자 만개한 붉은 꽃이 눈에 들어온다. 무슨 꽃인지 궁금했다. 마침 분수 청소하는 분이 있어 무슨 꽃인지 물으니, 꽃무릇이라고 알려준다. 그러면서 이 꽃은 꽃이 먼저 피고 꽃이 진 후 잎이 핀다고 설명해 준다.

'꽃무릇'이란 말마디가 다소 생경하지만, 참 예쁜 이름이다. 얼핏 들으면 무슨 의미인지를 알 수 없다. '무릇'이란 말이 '마늘'을 의미하는 건 도서관에 와 검색을 해보고서야 알았다. 중국이 원산지라서 '석산'이라는 중국말로도 불린다. 석산(石蒜)은 말 그대로 돌 마늘이다.

줄기의 모양이 마늘과 비슷한 데서 유래한 이름이다. 이 꽃말이 상사화의 꽃말과 비슷해 상사화(相思花)라고도 불리는데, 상사화와는 다른 꽃이다. 피는 시기도 모양도 다르다. 꽃무릇은 꽃이 먼저 피고 잎이 뒤에 피지만, 상사화는 잎이 먼저 피고 꽃은 뒤에 핀다. 둘 다 잎과 꽃이 동시에 피지 않는다는 공통점은 있다. 꽃무릇은 마치 가을의 전령사인 양 9월에 개화한다. 잎이 필 때를 기다리다 지쳐 꽃이 먼저 핀다.

꽃이 다 떨어지고 난 후에야 잎이 피는 생태적 특징에 대한 해석은 다양하다. 이루지 못한 사랑이다. 못다 이룬 사랑에 대한 그리움이 뒤늦은 잎으로 은유된다. 이루지 못할 오누이의 사랑을 은유하는 꽃이다. 오누이가 서로 사랑하지 못하도록 둘을 떼어 놓았다. 그런 후 누나는 꽃으로 먼저 환생하고, 동생은 잎으로 뒤에 환생한다. 서로 만나 이룰 수 없는 애틋한 사랑이 이 꽃말에 담겨 있다. 상사화로 불린 것은 이런 꽃말 때문이다.

춘추전국시대 송나라 폭군 강왕이 신하의 아내를 강제로 후궁으로 삼는다. 그러자 남편은 자결하고, 아내 역시 죽어서라도 남편과 다시 만날 것을 고대하면서 자결한다. 왕은 이 둘의 무덤을 멀리 갈라놓았다. 그런 후 이 두 무덤에서 자란 뿌리와 가지가 서로 엉켜 연리지가 된다. 이 연리지에서 핀 꽃이 석산이다. 그런 연유로 꽃무릇이 상사화와 혼동되어 불린다.

얼마나 그리웠으면 꽃술이 그렇게도 길까 하고 이혜인 시인은 노래한다. 잎이 없는 꽃이 얼마나 외로울까? 멀리 떨어져 있어 그리움이 잎으로 가려질 것이 두려워 잎이 피기 전에 그리운 마음을 마치 처녀의 젖가슴처럼 열어젖힌다. 멀리 있는 임에게 그리운 마음을 전하기에는 잎조차도 사치다. 벌거벗은 채 붉디붉은 몸으로 사랑을 전한다. 잎이 피기를 기다렸다가 그리움을 전하기에는 너무나 절박하다. 멀리 서 있는 임에게 촉수처럼 뻗어 그리움이 닿는다. 차라리 꽃은 일찍 피어 죽음으로 그리움을 전한다. 죽음으로 승화된 그리움은 잎으로 육화(肉化)된다. 꽃은 잎이 없어 더 외롭고, 잎은 꽃이 없어 쓸쓸하다. 꽃과 잎의 생태적 공생(共生)이 해체되어 서로에게 외로운 존재가 되어 서로를 그리움으로 애무한다. 그 애무의 입술은 마늘 줄기처럼 길고 여리다. 그 여린 줄기는 임을 향한 사랑의 촉수다. 죽음이 삶의 존재를 불러오고, 우산이 비의 존재를 신고 오듯, 이별은 사랑의 존재를 전달하는 헤르메스이다. 이별 없는 사랑은 사치다. 오늘 꽃무릇을 보면서 뿌연 옛사랑을 소환해 본다.

만남

내 이름을 치고 워드 클라우드(단어 구름)를 생성하면 그 결과는 어떨까? 궁금하다. 지금 자신의 뇌에 무엇이 중점적으로 저장되어 있는지를 한눈에 볼 수 있는 네트워크이다. 물론 직접 생성해 볼 능력은 없다. 실행한다면, 내가 기대하지 않았던 엉뚱한 단어들로 구성될까 조심스럽기도 하다. 그러니 차라리 실행하지 않는 게 낫다. 다만 이런 네트워크가 형성되지 않을까 하고 상상은 해본다. '현상학', '에드문트 후설', '노에시스', '노에마', '철학', '인문학' 등등으로 네트워크가 구성될 것 같다. 너무 선택적인가? 그래도 나의 뇌의 중심에 '현상학'이란 단어가 또렷하게 각인되어 있는 건 부정할 수 없을 것 같다.

아마 이 단어들은 지금 파리에 사는 딸의 뇌에도 희미하지만 저장되어 있을 것이다. 딸이 어릴 때부터 집에서 아빠가 이런 단어들로 글을 쓰고 말을 하는 걸 많이 들었을 것이다. 기억이 난다. 어린 딸이 "아빠는 매일 '후설', '노에시스'만 하고 있다"고 불평을 늘어놓은 적이 꽤 있다.

나에게 '현상학'이란 단어를 깊게 입력해준 신귀현 교수님이 2022년 9월 14일 별세하셨다. 87세의 일기로 세상을 떠나셨다. 나는 선생님을 통해 서양 현대철학의 문을 연 에드문트 후설(Edmund Husserl,

1859~1938)의 현상학을 접하게 되었다. 나는 아직도 여전히 '후설'이라는 유대계 독일 철학자와 학문적 인연을 이어가고 있다. 나의 아이디나 사적 정보가 이 이름 주변을 떠나지 못하고 있는 걸 보면, 단순한 학문의 차원을 넘어 나의 분신처럼 가까이 동행해왔다. 아! 전공한다는 게 이런 거구나 하는 생각이다. 내 사유의 알파요 오메가가 바로 그다. 2017년 2월 이 철학자의 고향인 체코 프로스테요프를 찾았을 때의 감회는 생애 잊을 수 없는 한순간이었다. 시청 벽에 부조된 그의 얼굴을 보면서 상념에 빠졌었다. 이 이름이 나에게 낯설지 않게 각인되기까지 첫걸음을 걷게 해준 신귀현 선생님이다.

살면서 삶을 바꾸는 계기가 되는 소중한 만남이 있다. 암브로시우스 주교를 만나지 않았다면 아우구스티누스의 삶이 바뀌었을까? 고봉 기대승이 퇴계를 만나지 않았다면 그의 학문이 과연 성장할 수 있었을까? 사도 바울이 사울이 아닌 바울로 살 수 있었던 것은 다메섹 도상에서 만난 예수 때문이었다.

신귀현 선생님을 만나기 이전, 나는 현상학을 개론 수준으로도 잘 알지 못했다. 선생님을 만나면서부터 이 분야에 흥미를 갖게 되었다. 철학 전공자도 현상학은 어렵다고들 한다. 이 어려운 학문에 발을 들여놓게 된 건 선생님과의 인연 때문이다. 독일어에 익숙지 않던 내가 차츰 독일어에 흥미를 갖게 된 것도 선생님과의 인연 때문이다. 한번 자리에 앉으면 보통 3시간 이상은 책에서 눈을 떼지 않으신다. 양반 자세로 꼿꼿이 앉아서 몸을 좌우로 약간씩 흔들면서 책을 읽으신다. 오래 앉아 있는 게 익숙하지 않은 학생에겐 고역이었다. 선생님의 고향은 경북 영덕 쪽이다. 서울대학교 철학과에 입학하신 수재였다. 선생님은 스위스 바젤대학에서 '에드문트 후설의 시간의식'에 관한 논문으로 박사학위를 취득했다. 대구 계명대학교 철학과에 계시다가 영남대학교 철학과로 옮기셨다.

또 한 분과의 소중한 만남이 있다. 2021년 12월 83세 일기로 돌아가신 경북대학교 철학과 신오현 교수님(1938~2021)이다. 선생님은 1975년 미국 미시간대학에서 〈Sartre's Concept of the Self(사르트르의 자아개념)〉으로 박사학위를 취득하셨다. 2021년 12월 14일 자 한겨레 신문에 소개된 제자 조영준 교수가 쓴 추도문의 일부를 인용한다. "신오현 선생님, 무엇보다 제가 선생님을 존경하는 것은 평생 세속적인 명예나 자리에 연연하지 않으시고 구도자인 자세로 학문에 정진하셨다는 사실입니다. 주저《자아의 철학》,《철학의 철학》,《절대의 철학》 등에서 알 수 있듯이, 철학은 지식이 아니라 깨달음이란 것을 학문적으로 증시하기 위해 평생

혼신의 힘을 다하셨습니다. 마치 세속적인 가치를 초월한 고독한 생활 속에서도 묵묵히 진리의 길을 간 스피노자, 비트겐슈타인처럼 말입니다. 아니, 선생님은 불교적으로 표현하면 '반야와 해탈'을 추구한 학승이고 선승이셨습니다."

두 분은 성함도 비슷하지만 전공분야도 현상학으로 같다. 신귀현 선생님이 세 살 연상이다. 신오현 선생님은 청송 출신이다. 한국 철학계에서 신오현 선생님의 학문적 위상에 토를 달 사람은 없을 것이다. 내가 알기로, 신귀현 선생님은 대구경대사대부고에 시험을 쳤지만 실패하고, 고향에서 고등학교를 마쳤다, 그런 후 성균관 대학에서 1년을 공부하다가 서울대학교 철학과에 입학했다. 신오현 선생님은 경대사대부고를 졸업하고 바로 서울대학교 철학과에 입학했다. 그 당시 경대사대부고는 특차로 신입생을 모집한 전국 최고 명문 고등학교였다. 두 분은 고등학교 동문은 되지 못했지만, 서울대학교 철학과 동문으로 인연을 이어갔다. 나는 신오현 선생님께 직접 배운 제자는 아니다. 그렇지만 가장 소중한 박사논문을 심사해 주셨다. 또 하나의 인연이라면 선생님은 나의 고등학교 선배님이다.

난 이 두 분 선생님과 인연이 깊다. 현상학을 공부하게 된 계기가 신귀현 선생님과 만남이라면, 나의 박사학위 논문심사위원으로서 밑줄을 그으면서 꼼꼼하게 지도해 주신 신오현 선생님이다. 현상학에 눈을 뜨게 해 주고, 더 깊은 안목을 가질 수 있게 지도해 주신 두 분이다. 두 분은 서양철학과 동양철학을 융합하여 탁월한 업적을 남기셨다. 신귀현 선생님은 유학에, 신오현 선생님은 불교에 탁견을 가진 분이다. 세월이 흘러 일 년 사이에 두 분이 나란히 세상을 떠났다. 세월의 무상함을 느낀다.

박사학위 논문 심사 최종심을 하던 날이었다. 1989년 더운 여름날이었다. 최종심을 하던 날이라 마음이 후련한 기분 좋은 날이었다. 점심을 한후 내 차로 신오현 선생님의 댁인 대구 남구 효성타운까지 모셨다. 그리멀지 않은 거리지만 나에겐 마라톤을 처음 뛰는 초보자만큼 먼 거리였다. 차를 사고 시내 운전이 처음이었다. 그런 데다가 평상시에 대하기가 어려웠던 선생님을 모시고 운전해야 한다는 강박감으로 가득 차 있었다. 신발을 벗고 운전했다. 신을 신고하기는 어색했던 초보운전자였다. 맨발의 도전이었다. 무사히 댁으로 모셔드렸다. 선생님은 그때 모셔드렸던 그 집에서 세상을 떠나셨다.

매주 토요일 오전, 에드문트 후설의 책, 'IDEEN ZU EINER REINEN PHÄNOMENOLOGIE UND PHÄNOMENOLOGISCHEN PHILOSOPHIE'를 몇 사람이 모여 윤독했다. 이렇게 시작된 인연이 40년 전의 일이다. 이 책은 나의 인생 경로를 정해준 소중한 내비게이션과 같았다. 나의 동반자이다. 처음에는 시내 다방에서 몇이 모여 책을 읽었다. 그 당시 요즘의 스터디 카페가 있었더라면 얼마나 좋았을까? 시내 삼덕동 모 다방에서 주인의 눈치를 봐가면서 매주 토요일 오전 모여 공부했다. 그러다가 지금 대구 수성구 법원 인근 국민의힘 대구시당 사무실이있는 건물 2층에 공간을 빌려서 공부했다. 그 후 신귀현 선생님 자택 수성구 궁전맨션으로 옮겼다. 선생님 자택 거실에 작은 액자가 하나 붙어있다. 내용은 '은혜를 베푼 사람은 그걸 마음에 두지 말고, 은혜를 입은사람은 그걸 잊어서는 안 된다'는 요지의 글이다. 《채근담》에 출처를 둔

글귀 같다.

　그렇다. 난 신귀현 선생님께 많은 것을 받았다. 우선 '현상학'이란 학문에 눈을 뜨게 해주셨다. 그리고 독일어 원서를 두 권 번역할 수 있도록 독일어에 나름의 눈을 뜨게 해주신 분이다. 나는 은혜를 많이 입었으면서도 선생님이 돌아가신 후에야 빈소를 찾는 못난 제자이다. 살아가면서 누군가로부터 받은 것을 감사하고 잊지 않는 게 그리 쉬운 일은 아닌 것 같다. 2022년 9월 16일 오늘, 송구한 마음으로 조문을 했다. 몇 해 전 지하철에서 뵌 적이 있었다. 인사를 드리니 '김선생 아닌가!' 하시면서 웃음으로 반겨주셨다. 그 후로 뵙지 못했는데, 치매로 많이 고생하신다는 말을 전해 들었다. 선비같이 살다 가신 분이다. 항상 조용한 웃음으로 제자를 대하시던 모습이 오늘따라 더 그립다.

나비바늘

오늘도 신천 둔치를 걷는다. 코스모스가 둔치를 노랗게 물들이고 있다. 걷다가 지난번 그 이름을 몰라 그냥 스쳤던 꽃을 다시 찾았다. 수성교 하류 징검다리를 건너 바로 오른쪽 둔치에 길게 군락을 이루고 있는 꽃이다. 이름을 검색하니 가우라 꽃이다. 다른 이름은 나비바늘이다. 분홍 꽃을 홍접초로, 하얀 꽃을 백접초라고도 부른다. 모양이 마치 나비가 날아와 앉은 듯하여 나비 '접'(蝶) 자를 이름에 붙였다. 바람이 나부낄 때는 마치 나비처럼 하늘하늘 춤추는 모습이라 영어로는 whirling butterfly라고 한다. 봉우리 끝이 마치 바늘과 닮았다고 해 나비바늘꽃이라고도 불린다. 개화 시기는 늦봄에서 서리가 내릴 때까지 무려 6개월 이상 피어 있다. 개화 시간이 길어 관상용으로 많이 키운다. 군락을 이루어 피면 더욱 아름답다. 줄기가 가늘고 길어서 바람이 조금만 불어도 휘청거린다. 그러니 넘어지지 않도록 가는 줄기들이 엉켜서 서로를 지원해준다. 하얀 나비들 사이에 분홍 나비가 간간이 섞여 있어 더 아름답다. 하나가 아닌 전체가 아름다운 꽃이다.

전체는 부분들의 단순한 합이 아니다. 바람이 조금만 불어도 휘청거리는 가늘고 긴 나무줄기지만, 그 줄기 하나하나가 이루어내는 전체의 힘은

신천에 철학 카페를 짓다

강하다. 어지간한 비바람도 잘 견뎌내면서 오랫동안 피어 있다. 꽃 하나 하나는 나비처럼 유약하지만, 전체는 강하다. 민초 하나하나는 유약하지만, 서로 엉키어 강한 힘을 발산한다. 민초는 권력에 저항하면서 절대 무너지지 않는다. 유약한 것이 오히려 강하다. 너무 강하면 부러지기 쉽다. 하지만 나비처럼 유약한 나비바늘이지만, 그 어떤 권력의 바람도 이 유약함을 이길 수 없다. 시민이 무너지지 않으면 민주주의는 무너지지 않는다. 깨어 있는 시민은 절대 무너지지 않는다. 신천 둔치를 지키고 서 있는 나비바늘 군상은 절대 꺾이지 않는다. 난 오늘 나비바늘 군상에서 깨어 있는 시민의식을 본다.

신천의 물은 평상시처럼 조용히 흐른다. 지난번 폭우 때 확 불어난 수량이 줄어 물살이 조용하다. 지난번 불어난 물 때문에 누웠던 풀들이 서서히 원래의 모습을 회복해 간다. 강한 폭우에 견디지 못해 잠시 누웠던 풀들이 이제 서서히 자신의 정체성을 되찾아 가는 중이다. 잠시 불어닥친 힘에 억눌려 누웠지만, 그대로 잠들지 않는다. 강한 물의 흐름에 방해가 되지 않기 위해 스스로 누워서 수로를 만들어 물을 흘려보냈다. 이제 평상을 회복해야 할 때이다. 조금 더 지나면 신천 주변의 풀이 제 모습을 회복할 것이다.

시인 김수영의 〈풀〉이 소환된다. "풀은 눕는다 / 비를 몰아오는 동풍에 나부껴 / 풀은 눕고 / 드디어 울었다 / 날이 흐려서 더 울다가 / 다시 누웠다 / 풀이 눕는다 / 바람보다 더 빨리 눕는다 / 바람보다 더 빨리 울고 바람보다 먼저 일어난다 / (하략)"

이 시는 김수영이 불의의 교통사고로 세상을 떠나기 전 발표한 유작

(遺作)이다. '풀'과 '바람'이란 메타포를 통해 민중의 강한 생명력을 노래한다. 풀은 민초를, 바람은 권력을 은유한다. 풀은 나약해 보이지만 강한 존재인 민중의 힘을 은유한다. 신천의 풀이 다 누웠지만 약해서 누운 것은 아니다. 잠시 불어닥친 바람을 잠재우는 능동적인 방식이 눕는 퍼포먼스이다. 눕지 않고서는 꺾일 수밖에 없다. 하지만 잠시 누웠다가 다시 일어난다. 권력이 아무리 강해도 결코 오래 누워 있지 않는다. 권력에 저항하는 풀의 방식은 수동적으로 보이지만, 강한 능동성을 함의한다. 바람보다 빨리 눕지만 먼저 일어난다. 빨리 눕는 것은 풀이 지닌 생태적 역량이다. 바람보다 빨리 누울 수 있는 부드러움이 오히려 바람을 이길 수 있는 강함이다.

느림의 선물

어제는 오랜만에 침산교까지 걸었다. 항상 느끼는 것이다. 수성교를 중심으로 침산교 쪽은 하류이고, 거창교 쪽은 상류이다. 하류로 걷다 보면 걸을수록 빈약하다. 반면 상류는 화려하다. 상류 구역은 온갖 부대시설이 지나치게 풍부하다. 반면 하류 구역은 동신교를 넘어서면서 그 화려함은 빈약함으로 바뀐다. 보행자 거리도 온갖 상처투성이다. 그대로 방치된 듯한 느낌이다.

하류로 갈수록 자전거 도로와 보행자 도로의 거리가 좁아져 결국 합쳐져서 불안하다. 경대교에서 침산교 사이는 요즘 조성한 소박한 인공정원이 고작이다. 신성교에서 칠성교로 이어지는 길은 협소하다. 좁아서 자전거 도로와 보행자 거리가 혼란스러워진다. 경대교에서 도청교를 지나 성북교로 이어지는 대로 쪽은 상류보다 기의 관리가 안 된 듯한 느낌이다. 침산교로 이어지는 길 역시 부대시설이나 보행자 거리가 잘 관리되지 않은 느낌이다. 희망교를 중심으로 대봉교와 중동교 그리고 상동교로 이어지는 대로 쪽 공간은 다양한 운동 시설과 인공정원 그리고 여름의 인공수영장과 겨울 야외스케이트장까지 있다.

난 화려하게 꾸민 상류보다는 다소 거칠어도 인위적인 냄새가 덜 나는 하류가 더 편하다. 나에겐 하류가 생태적으로 더 건강해 보인다. 우선 인공시설이 많은 상류는 사람들이 많다. 이에 비해 하류로 내려갈수록 보행자의 수가 적다. 인공적인 볼거리를 많이 만들어 놓아 시선을 빼앗기기 쉬운 상류보다는, 걸으면서 생각하는 데 방해가 되는 조형물이 적은 하류가 더 좋다.

물의 흐름을 인공적으로 조절하는 장치가 적으면 적을수록 물은 자유롭다. 하류로 갈수록 폭이 넓어지면서 물의 흐름도 얕다. 그리고 느리다. 느리게 흐르는 물을 보면 내 생각도 느려진다. 무얼 그리 생각하느라 저렇게도 느리게 흐르는가 하는 생각이 든다. 느린 만큼 생각은 깊다. 나이가 들어 물리적으로는 느리게 걷지만, 생각의 깊이는 인생의 상류였던 젊을 때보다 더 깊다. 폭류(暴流)와 같았던 젊은 시절의 삶을 뒤로하고 이제 지나온 삶을 반추하면서 느리게 걸을 수 있다. 하류에 이른 신천의 물은 금호강이라는 새로운 물줄기를 만나 더 넓은 세상으로 나갈 준비를 한다. 젊을 때보다 더 넓은 시선으로 세상을 볼 수 있는 지혜를 얻는다. 팔조령을 떠나 빠르고 거세게 흘러온 물은 속도를 늦추어 둔치를 걷는 보행자에게 자신의 삶을 성찰할 여유를 선물한다.

하류를 걸으면서 비틀스의 Let it Be가 소환된다. let it be를 반복하는 Mother Mary는 폴 매카트니의 어머니다. Mother Mary를 '자연'으로 읽어도 좋다. 자연은 가능하면 그대로 두라고 반복한다. 인위적인 것이 많을수록 인간의 탐욕이 깊어진다. 상류의 화려함을 벗고 하류의 빈약함을 회복하라고 하는 듯하다. 빈약은 인공적인 가치가 덜 가해진 것으로 생태적으로는 부유하다. 좀 불편하면 어떤가? 편리함은 생태적 건강을 희생하면서 얻은 인위적 가치이다. 인공적으로 부여된 가치를 벗어던진 모습이 빈약이다. 젊음 그 자체가 화려했었다. 하지만 이제 나이 들어 인생의 하류에 접어들면서 그 화려함을 벗어던진다. 인생은 결국 원래의 모습인 자연의 빈약함으로 되돌아간다. 하류의 물줄기는 힘이 없어 빈약하다. 하지만 이 빈약함은 상류의 위선과 교만을 덜어낸 겸손이다. 약해지면 겸손할 수밖에 없다. 강함을 상실한 노년의 삶이 젊었을 때의 강함을 부러워하는 건 사치다. 어제 침산교까지 걸으면서 느림의 가치를 성찰해 보았다. 난 나이가 들면서 더 급해진다. 젊을 때의 성급함을 아직도 벗어던지지 못하고 있다. 느리더라도 더 깊은 사유의 강으로 흘러가고 싶다. 상류의 조급함을 벗어나 넓은 금호강으로 느리게 흐르는 물처럼 살고 싶다.

사랑

인간의 모든 감정은 수동적(passive)이다. 그래서 정념(passion)이라 한다. 감정은 외부에서 주어지는 것이다. 사랑 역시 수동적 감정이다. 사랑에 빠진다. 외부 대상에 관한 생각에서 수반되는 기쁨의 감정이 사랑이다. 누군가를 사랑으로 지향(intention, 志向)하기 이전에 이미 그 누군가로 향해(intended) 있다. 수동적 지향이다. 능동적 지향에 앞서 그 지향을 촉발하는 지향이다. 그래서 '선(先) 지향'이라고도 한다. 우리가 감당하기 이전에 그리고 감당할 수 없을 정도로 이미 우린 그 사랑으로 향해 있다.

우선 욕망의 본질을 직관하자. 욕망을 악의 원천으로 규정해온 도덕적 관행을 내려놓자. 욕망은 도덕 이전의 인간 본성이다. 선악의 피안(彼岸)에 있다. 선해서 욕망한 것이 아니라 욕망해서 선한 것이다. 욕망은 감정의 그릇이다. 욕망이 없이는 감정이 생길 수 없다. 누군가를 사랑하는 것도 욕망이고, 그 사랑으로 인해 기쁨이 수반하는 것도 나에게 유익한 것이어서 욕망이 선호하기 때문이다. 헤어져 슬퍼지는 것 역시 나에게 유익하지 않아서 욕망이 선호하지 않기 때문이다. 인간은 욕망의 존재이다. 욕망이 아닌 이성이라는 추상적 거울로만 인간을 들여다보니까 인간을 복잡하게 이해할 수밖에 없다. 이성은 인간의 본질을 이해하는 하나의 통로일 뿐, 그 본질은 아니다. 사랑도 미움도 기쁨도 슬픔도 욕망이 피운 꽃들이다.

그 많아 보이는 감정들도 그 뿌리는 단순하다. 이 단순한 뿌리에서 많은 감정 다발이 솟아난다. 이 뿌리는 기쁨과 슬픔이다. 사랑 역시 자기에게 유익한 기쁨의 감정이다. 인간은 본질적으로 자신의 존재를 위해 유익한 것으로 방향을 취하는 경향성이 있다. 자기에게 기쁨의 감정을 일으키는 것이 사랑이고, 슬픔의 감정을 일으키는 것이 미움이다.

그러므로 기쁨과 슬픔은 마치 음악의 플랫과 샤프처럼 진동한다. 아무리 기뻐도 절대로 완전한 기쁨이 아니며, 아무리 슬퍼도 절대로 완전한 슬픔은 아니다. 무슨 말인가? 기뻐도 항상 슬픔이 도래하며, 슬퍼도 기쁨의 그림자가 드리워져 있다. 인간에게 완전한 기쁨도 슬픔도 없다. 다만 모든 것이 욕망의 결과라는 사실을 인식하면서 영원한 평안을 추구할 뿐이다. 욕망을 감당할 수 있는 역량을 이성에 의해 지원받을 때 자유와 평안을 얻을 수 있다.

기쁨과 슬픔이 진동하는 추와 같이 교차하는 것이라면, 더 미운 만큼 덜 사랑하고, 덜 사랑하는 만큼 더 미워한다. 인간의 정서 역시 기하학적이다. 그 어디에도 우연의 정서는 없다. 반드시 그 정서를 생기게 하는 필연적인 원인이 있다. 기쁨과 슬픔이다. 더 기쁠수록 더 사랑하고, 더 슬플수록 더 미워한다. 필연적 인과관계 외에 다른 부가물은 없다. 스피노자는 인간의 다양한 정서를 욕망이란 공리(公理)에서 하나하나 연역해낸다. 48개의 다발로 인간 정서의 지도를 그린다. 인간은 그만큼 욕망의 존재라는 걸 증명한다. 욕망은 단순히 억누를 수 있는 하나의 정서가 아니다. 모든 정서의 원천정서이고 뿌리다.

한때의 사랑을 후회하는 것은 부질없다. 후회는 정신의 자유로운 결단으로 행했다고 믿는 어떤 행동으로 인해 생기는 슬픔이다. 마치 내가 내 의지대로 누군가를 사랑했고, 내 의지대로 헤어졌다고 착각하는 데서 오는 슬픔이다. 이 슬픔은 내 의지대로 누군가를 사랑한 것이 아니라, 내 욕망에 이끌려 선택한 것일 뿐이라는 걸 인식할 때, 사라진다.

누군가를 사랑한 것은 사랑하는 것이 사랑하지 않는 것보다 더 큰 기쁨을 주었기 때문이다. 사랑하고 싶은 욕망을 통제할 수 있는 역량이 부족했었다. 욕망의 크기는 욕망을 자제하는 역량의 크기와 반비례한다. 누군가를 사랑하고픈 욕망보다 사랑하지 않을 욕망을 선택할 역량이 당시에는 없었다. 누군가를 사랑하고픈 욕망은 나 자신을 능동적으로 작용하지 못하게 한다. 내가 덜 수동적일수록 더 능동적이다. 반면 더 수동적일수록 덜 능동적일 수밖에 없다. 인간은 몸이란 이름의 존재이다. 몸을 가지고 있는 한, 수동적 존재일 수밖에 없다. 욕망이 컸던 만큼 더 큰 기쁨이란 감정이 나를 지배했었다. 누군가를 사랑할 때는 이것 외에 다른 것이 원인이 될 수 없다. 사랑은 동기나 이유가 없다. 다만 사랑을 부추기는 원인만 있을 뿐이다. 동기가 있어 사랑하는 건 이미 계산된 사랑이다. 이유를 따져서 사랑하는 건 이미 거짓 사랑이다.

아무리 기뻐도 완전한 것이 아니듯이, 사랑 역시 완전한 사랑은 없다. 아무리 슬퍼도 완전한 슬픔은 없다. 슬펐다가 다시 기뻐질 수 있다. 그 반대 역시 가능하다. 다만 누군가에 관한 관심을 내려놓지 않는 한, 사랑은 여전히 진행형이다. 설령 그 사랑이 착각이라고 하더라도, 그 착각이 나를 기쁨으로 충만하게 하고 몸의 활력을 부추긴다면, 착각치고는 위대한 착각이다. 우린 누군가를 사랑하다가도 미워한다. 그 미움은 사랑이 이전보다 덜 완전한 것으로 이행하는 과정에서 오는 슬픔이다. 이 완전함은 몸의 활력이 넘치는 충만한 상태다. 슬픈데 활력이 넘칠 수는 없다. 누군가를 사랑함으로 생기는 활력의 증대와 충만이다. 이보다 더 완전한 선은 없다. 나에게 좋고 기뻐서 선한 것이지, 선한 것이어서 좋아하고 기뻐하는 건 아니다. 이 슬픔이 더욱더 완전한 것으로 이행할 때, 기쁨으로 바뀐다. 슬픔은 기쁨의 부재가 아니라 결여다.

집착

　지난 금요일, 한 달 전 귀에서 귀뚜라미 소리가 나는 이명(耳鳴) 때문에 다녔던 수성구 병원 앞을 지난다. 그런데 그동안 잊고 지냈던 이명이 문득 떠오른다. 그러면서 이상하게 귀에서 다시 이명이 시작된 것 같은 느낌이다. 귀에서 사라졌다고 믿었던 귀뚜라미 소리가 여전히 사라지지 않고 있었던 모양이다. 이명이 사라졌다고 좋아했었다. 열심히 걸으면서 이명에 대한 집착을 내려놓았기 때문이다. 그런데 다시 찾아온 기분이다. 집착이 그 원인이다.

　생로병사 자체가 고(苦)는 아니다. 태어나 늙고 병들어 죽는 건 원래 그러그러한 것이다. 그게 만유의 실체인 진여(眞如)이다. 그런데 태어나고 늙고 병들고 죽는 데 집착하는 것이 고의 원인이다. 태어나서 죽는 것은 자연스러운 변화인데, 영원히 살고 싶고, 병들고 싶지 않고, 늙지 않고 싶어 하는 갈애(渴愛)가 고의 원인이다. 나이 들면 귀에 소리가 나는 게 자연스러운 변화인데, 그것에 집착하는 게 오히려 병을 키우는 어리석음이다. 변화를 거부하는 것보다 더 큰 어리석음이 없다. 귀에서 소리 나는 현상 역시 당신이 변하고 있다는 진리를 전달하는 메시지이다. 물론 이명이 불편하다. 내 친구 배 소장은 평생 이명을 달고 산다고 자랑하듯 말한다. 그는 마치 이명에서 해탈한 사람처럼 얘기한다. 나도 달고 살 수밖에 없다.

집착은 욕망이다. 나에게 기쁨을 주는 것을 더 가지고 싶고, 슬픔을 주는 것을 더 멀리하고 싶은 욕망이다. 이별이 슬픈 것은 나에게 기쁨을 주지 않기 때문이다. 기쁨을 주던 사람과 헤어지는 것은 슬픈 일이기 때문이다. 사랑도 이별도 기쁨과 슬픔의 정서를 내려놓을 때, 나쁜 것도 좋은 것도 아니다. 사랑 역시 단지 나의 욕망의 결과일 뿐이다. 사랑으로 인해 나에게 이익이 되는 기쁨이 찾아왔기 때문에, 사랑을 좋은 것으로 느낄 뿐, 사랑 그 자체가 기쁨은 아니다.

이명은 내가 집착한다고 사라지지 않는다. 이명이 사라진 것으로 집착하면서 느끼는 기쁨은 비연속적인 기쁨이다. 비연속적인 기쁨은 언젠가 다시 슬픔으로 변할 수 있다는 의미이다. 난 이명이 사라진 것으로 근 한 달 정도 잊고 살았다. 그 순간 기쁨이 찾아왔었다. 하지만 집착하는 순간부터 다시 시작되었다. 사라지기를 바란 희망이 다시 공포로 변했다. 공포는 다시 이명이 계속될 거라는 생각에서 생기는 비연속적인 슬픔이다. 이 비연속인 슬픔이 언제까지 내 곁에 있을지는 모른다. 하지만 언젠가 그 슬픔이 기쁨으로 변할 날이 올 것이다. 이명이 사라지기를 희망하는 한, 공포는 여전히 계속된다. 사라지기를 희망할 뿐, 언젠가 내가 원하지 않는 이명이 다시 찾아오는 것을 두려워하기 때문이다. 동시에 나에게 찾아온 이명으로 지금은 슬프지만, 이 슬픔의 대상인 이명이 언젠가는 사라질 것을 바란다. 스피노자가 "공포 없는 희망은 없으며 희망 없는 공포도 없다."라고 말한 이유이다.

기쁨과 슬픔의 고리로부터 자유로워지는 것은 모든 게 욕망의 산물임을 인지하는 역량을 가질 때이다. 나에게 다소 불편한 이명을 주신 것도 감사한다. 이 작은 고통 하나 이겨내지 못하고 나이가 들어간다고 말할 자격도 없다. 나이 들어가는 것에 집착하기보다 나이 들어가면서 스스로 욕망의 덫을 내려놓는 연습을 하는 게 현명한 일이다.

가장 어리석은 일은 나이가 들어가는 것에 집착하는 것일 것이다. 변하는 것을 두려워하지 말자. 우리 인생에는 절대적 희망도 절대적 절망도 없다. 희망이 큰 만큼 공포 역시 크다. 기뻤다가 슬퍼지는 게 인생이다. 절대적으로 바랄 게 그리 없다. 그저 주어진 길을 가능하면 오래 걸을 수 있는 게 희망이면 희망이다. 과도한 희망은 과도한 욕망의 결과이다. 오늘은 욕망을 내려놓는 연습을 하려고 산을 오를 생각이다. 산에 오르는 동안만이라도 나의 작은 욕망에서 자유로워지고 싶다. 한순간의 희망이 공포로 다시 찾아오더라도, 그것이 내가 살아있음을 알려주는 메시지로 받아들이자!

얽힘

출처: 대구남구청 홈페이지

    어제 오랜만에 앞산을 올랐다. 통칭해 '앞산'이라 부르지만, 앞산은 몇 개의 산으로 된 큰 산맥이다. 어제는 고산골에서 산성산을 바로 올랐다. 산성산은 653m로 그리 높은 산은 아니지만, 오르기는 그리 만만하지 않다. 앞산 전망대로 옮겨 대구 시내를 내려다본다. 내 눈은 어느 한 지점(spot)을 집중하지만. 그 지점만 내 눈에 들어오지는 않는다. 그 지점을 둘러싸고 있는 주변의 풍광이 함께 눈에 들어온다. 우린 어느 한 지점만을 경험할 수 없다. 주변의 다른 것들이 함께 경험된다. 이것을 '공경험'(共經驗)이라 한다. 마치 실타래가 서로 얽혀 있듯, 그렇게 경험된다. 내 시선을 다른 곳으로 옮겨 보자. 역시 주변의 다른 풍광이 함께 얽혀서 경험된다.

근대철학은 나와 타자 그리고 세계를 서로 분리된 것으로 생각했다. '나'를 중심에 두고 생각하니 모든 게 나에게는 낯선 이방인이다. 서로 분리되어 하나하나 원자처럼 경험되는 것으로 착각한다. 우리의 시선은 분리해서 사물을 경험하지 않는다. 내 앞에 있는 머그잔 하나를 보더라도, 그 잔이 얹혀 있는 탁자와 그 탁자가 놓여 있는 방 그리고 그 방에 가득 찬 다른 사물들이 함께 경험된다. 책을 읽을 때, 내 시선이 한 구절에 집중되어 있지만, 사실은 문맥 전체가 내 시선의 배경으로 함께 주어져 있다.

우린 혼자 산다고 생각하지만 더불어 산다. 너무나 당연한 사실을 망각하고 마치 혼자 사는 것처럼 착각한다. 마치 내 눈앞에 한 나무를 보고 있지만, 그 나무를 둘러싸고 있는 주변의 모든 것들이 함께 보인다. 이 주변의 것들이 그 나무를 볼 수 있게 하는 배경인 셈이다. 나를 둘러싸고 있는 '타자'란 이름의 모든 것들이 나를 나로 존재하게 한다. 물론 이 '타자'는 타인뿐만 아니라 그 외 모든 사물을 통칭하는 개념이다. 이제 나를 내려놓고 타자로 시선을 돌려보자. 나와 타자는 분리될 수 없게 서로 얽혀 있다. 나와 세계는 서로 분리되어 있지 않다. 근대철학은 나와 세계를 분리했다. 나는 생각하는 존재고, 세계는 사물들의 총체로 생각하고 서로를 따로 떼서 생각했다. 근대철학에 의해 분리되기 이전의 얽힘의 관계를 회복하려는 것이 현대철학의 시작이다. 우린 서로 분리되어 원자처럼 살지 않았다. 마치 나무뿌리처럼 함께 웅크려져 살았다.

지금까지 나 중심으로 생각하는 데 너무 익숙해져 있다, 아니 길들어 있다. 그런 만큼 '나'를 내려놓기가 어렵다. 아무리 나를 내려놓으려 해도 나는 여전히 빛난다. 내가 죽어야 타자가 산다. 죽어야 할 것은 내가 아니라 나의 그릇된 편견이다. 이 편견을 죽이지 않고서는 나와 타자와의 얽힘이 드러나지 않는다. 나의 편견으로 타인을 재단하기 때문이다. 그런데 나의 편견 내려놓기가 여간 어렵지 않다. 아무리 편견을 내려놓으려 해도 여전히 편견이 작동한다. 아무리 중립적으로 세상을 본다고 하더라도 나는 여전히 나의 관점에서 세상을 본다.

그래서 철학자 후설은 편견으로 판단하는 것을 중지하는 것은 총체적인(total) 태도변경 없이는 불가능하다고 한다. 어중간하게 태도를 바꾸는 것으론 부족하다. 전(全) 인격적인 전환을 해야 한다. 지금까지 똑바로 세상을 바라보았다면, 물구나무서서 바라보는 게 판단중지이다. 지금까지 세상을 '소유'의 관점에서 보았다면, 이제 '존재'의 관점에서 보자는 것이다. 내가 소유한 것으로 남을 판단하는 데 너무 익숙하다. 그래서 나와 남을 '존재'라는 평등의 관계에서 보는 게 어려울 수밖에 없다. 쉽지 않다. 우린 똑바로 서서 세상을 보는 것에 너무 익숙해져 있기 때문이다.

내 방식대로 남을 재단하고 분류하는 데 너무 익숙하다. 프랑스 철학자 미셸 푸코는 그의 《말과 사물》 서언에서, 보르헤스의 텍스트에 인용된 '어느 중국백과사전'의 분류법을 인용하면서 시작한다. a) 황제에 속하는 것, b) 향기로운 것, c) 길든 것, d) 식용 젖먹이 돼지 … … n) 멀리 파리처럼 보이는 것. 이 얼마나 터무니없는 분류인가? 도대체 무엇을 기준으로 분류한 건가? 우린 남을 이런 터무니없는 규준으로 분류하지는 않는가?

손자병법

어제 KBS TV 〈한국 외교 기로에 서다〉를 보고 궁금한 것이 있어 같이 근무하는 김근중 선생님에게 물었다. 김 선생님은 〈농민신문〉 기자로 퇴직하신 분이다. 다방면의 전문가이다. 그도 그럴 것이 같이 근무하는 시간 중 대부분을 다양한 분야의 책을 읽고 글을 쓴다. 지금 그는 그 두꺼운 버트런드 러셀(Bertrand Russell, 1872~1970)의 《서양철학사》 열독 중이다.

나는 어제 본 내용 중 궁금한 게 있어 물었다. 기본적으로 파운드리가 무엇인지 그리고 미국과 중국 그리고 대만 사이에서 벌어지고 있는 반도체 전쟁의 역학관계를 물었다. 이 분야의 문외한인 내가 보기에, 김 선생님은 이 분야에 전문가 수준의 지식을 갖고 있다.

파운드리(foundry)는 원래 주형에 쇳물을 부어 금속이나 유리제품을 찍어내는 주조공장이다. 요즘은 주로 반도체 제조 전담 업체를 일컫는다. 칩을 생산하는 설비는 관리에 비용이 많이 들기 때문에 주로 칩 전문 생산 업체에 외주를 준다. 삼성이 반도체 1위 생산국이라고 알고 있는데, 그것은 메모리 분야이다. 비메모리인 시스템 분야는 타이완이 1위 생산국이다. 타이완의 TSMC가 있다. 반도체 시장의 7할 이상이 시스템반도체

다. 그리고 시스템반도체 시장의 대부분을 타이완이 지배하고 있다. 그러니 한국이 메모리에서 시스템반도체로 넘어가지 않으면 생존할 수 없다. 미국이 타이완을 선점하려고 온갖 외교를 벌이고 있는 형국이다.

그런데 한국은 지금 도대체 어떤 전략을 가졌는지 잘 모르겠다. 세계 반도체의 이니셔티브를 쥐고 있는 미국에 등을 지면서까지 중국에 베팅할 수 없다. 그렇다고 중국을 등한시한 채 미국에만 매달릴 수도 없다. 반도체 제조 공장이 중국 시안(西安)과 우시(無錫)에 있다. 삼성은 시안에, SK하이닉스는 우시에 있다. 미국으로부터 주문을 받아 생산하려면 중국 현지에서 제조해야 하는 상황이다. 그러니 한국은 미국과 중국 사이에서 어떤 태도를 보이는가에 미래 반도체산업의 명운이 걸려 있다고 해도 과언이 아니다. 미국과 중국 사이에서 우리 몫을 잘 챙기는 전략을 구성해야 할 시기이다.

어젯밤 대구교육대학에서 이우백 박사의 특강이 있었다. 윤리교육과 대학원 학생들을 대상으로 하는 수업이었다. 장윤수 교수 수업 시간에 이 박사를 초청한 특강이다. 그런데 장 교수가 모친상을 당해 이 수업에 올 수 없어 장 교수의 부탁으로 내가 대신 수업에 참여했다. 이우백 박사는 경북대학교 철학과에서 독일 철학자 헤겔 철학으로 박사학위를 취득했다. 그런 후 강사 생활을 조금 하다가 CEO로 일찍 나갔다. 이 박사의 학문적 역량이 사업으로 이어졌다고 할 수 있다. 그는 요즘 '한 문화아카데미'를 설립해 차세대 글로벌 인재 양성에 관심을 가지고 활동한다.

어제 강의는 손무(孫武)의 《손자병법》(孫子兵法)에 관한 것이다. 손무(B.C. 545~470)는 춘추시대 제나라 출신이지만, 오나라 왕 합려(闔

廬, B.C. 514 ~ B.C. 496)에 발탁되어, 그의 아들 부차(夫差, B.C. 495 ~ B.C. 473)의 재위 전기(前期)까지 전략가로 활약했다. 그는 합려를 도와 초를 격파하고, 부차를 보좌해 월나라를 굴복시키는 공을 세웠다.

이 박사는 손자병법을 기업의 철학으로 해석하여 그만의 특이한 역량을 발휘하고 있다. 철학을 전공한 사람만이 할 수 있는 일인 것 같다. 난 손자병법에 대해 아는 게 거의 없다. 사실 그리 관심을 가지지도 않았다. 그저 하나의 병서(兵書) 정도로만 이해하고 있었다. 그런데 나의 이런 생각이 어제 이 박사의 강의를 들으면서 달라졌다. 손자병법은 철학으로 접근할 때 많은 것을 퍼 담을 수 있는 마르지 않는 우물 같았다. 손자병법은 무(武)의 철학이다. 이 박사는 손자를 무성(武聖)으로, 문성(文聖)인 공맹과 나란히 놓는다. 손자병법은 싸움(전쟁)의 바이블이다. 무경(武經)이다.

내가 처음 듣는 강의라 내용을 전부 이해할 수는 없었다. 하지만 나름대로 들은 것을 요약하면, 손자병법은 한마디로 이(利)의 윤리학이다. 구체적으로는 상호이익의 윤리학이다. 가장 선한 싸움은 적과 싸우지 않고 이기는 것이다. 가장 악한 싸움은 공성(攻城)이다. 이 싸움은 아군과 적군 모두에게 치명적인 손상을 입힌다. 온전한 싸움[全勝]은 서로에게 손상을 덜 입히는 윈-윈의 싸움이다. 서로에게 이익이 되는 싸움이다. 공자는 의(義)와 리(利)를 구분하여 '군자는 의롭지 않으면 안 하고, 소인은 이롭지 않으면 안 한다'(君子喩於義 小人喩於利)(里仁篇)라고 말한다. 하지만 싸움은 '이익에 부합하면 움직이고 이익에 부합하지 않으면 움직이지 않는다'(合於利而動 不合於利而止)(九地篇). 리를 가장 극대화하는 공리주의적 전략이 중요하다. 이익이 되지 않는 싸움은 공리적으로 무용한 싸움이다. 최소한의 희생으로 최대의 성과를 얻는 것이 싸움의 목표이다.

리를 행동의 중심에 두는 것이 공맹에게는 소인배의 행태이다. 하지만 손자가 말하는 리는 공맹과 대척점에 있지 않다. 나에게 이익이 되는 것이 상대에게 손실을 입히는 것은 리(利)의 윤리에 맞지 않는다. 갈등은 나에게는 이익이 되고 상대에게는 손해를 입히는 데서 생긴다. 갈등의 해소는 나와 상대가 모두에게 이익이 되는 것에서 해소된다. 하지만 현실에서 상호이익의 균형점을 찾는 것이 그리 쉬운 것은 아니다. 마치 황새가 나뭇가지 위에서 균형을 잡듯이, 자국의 우세를 이용하여 적의 변화에 적절하게 대응하는 전략이 필요하다.

마스크

9월의 마지막 날이다. 야외에서는 마스크를 쓰지 않아도 된다. 그런데도 대부분이 마스크를 쓰고 다닌다. 새로운 정상(new normal)이다. 코로나는 우리의 일상을 바꾸어 놓았다. 예전에는 마스크를 쓰면 비정상적으로 여겨졌다. 독감이 걸렸거나 얼굴에 상처가 나 가릴 필요가 있거나 할 때 마스크를 어쩔 수 없이 썼다. 하지만 코로나는 이러한 일상을 바꾸어 놓았다. 지금은 마스크를 쓰지 않는 것이 오히려 비정상으로 여겨진다. 야외에서는 쓰지 않아도 되는데, 여전히 쓰지 않은 사람이 무언가 잘못하고 있는 것처럼 느끼곤 한다. (정부는 2023년 1월 30일부터 실내 마스크 쓰기 '의무'를 '권고'로 바꾼다고 한다). 그래도 당분간은 실내에서 마스크를 벗지 않을 것 같다. 사실 야외에서는 쓰고, 식당에서는 마스크를 벗는 것이 오히려 비정상적인 모습이다. 도대체 무엇이 정상적인지 헷갈린다.

정상성과 비정상성을 구분하는 것은 자의적이다. 일상에서 우리에게 친숙한 것이 정상성이다. 정상과 비정상 사이에 경계는 없다. 보다 친숙한가 아닌가의 차이일 뿐이다. 난 나이가 들면서 안경을 안 쓴 지 4년이 되어 간다. 이제는 안경을 쓰는 게 나에게 비정상이다. 예전에는 안경을 쓰지 않는 게 비정상이었다.

과학 이야기로 넘어가 보자. 뉴턴 물리학이 정상적이었던 시기에 비추어 보면, 아인슈타인 물리학은 비정상적이다. 하지만 아인슈타인 물리학이 새로운 정상으로 되면서, 뉴턴 물리학은 덜 친숙한 비정상적인 과학으로 규정된다. 우리가 '정상과학'(normal science)이라 부르는 것은 일정기간 과학자를 비롯해 동시대를 사는 사람들에게 친숙하게 된 과학이다. 그러던 것이 시간이 흐르면서 새로운 과학이 등장하면, 이 친숙했던 과학은 점점 덜 친숙하게 되어 비정상과학으로 바뀐다. 그렇다고 뉴턴 물리학이 틀린 건 아니다. 그리고 뉴턴 물리학과 아인슈타인 물리학 중 어느 것이 더 나은 것으로 판단할 수 없다. 그 시대마다 그 시대를 살았던 과학자들에 의해 정상과학으로 합의한 것이다. 시간이 지나면서 새로운 과학이 정상과학으로 새롭게 합의된다. 정상과학을 통상과학으로 번역하기도 한다. 통상적으로 과학이라 합의한 것이다. 다만 시대마다 패러다임이 다를 뿐이다.

과학철학자 토마스 쿤(Thomas S. Kuhn, 1922~1996)이 말하는 패러다임(paradigm)은 특정 시대 특정 과학을 결정짓는 인식체계이다. 패러다임에서 패러다임으로의 전환(shift)은 혁명이다. 코페르니쿠스적 혁명이다. 천동설에서 지동설로의 패러다임의 전환이다. 천동설은 한 시대의 정상과학이었고, 지동설은 또 다른 시대의 정상과학이었다. 새로운 정상으로 전환되었다고 해서 이전의 정상이 잘못된 비정상은 아니다. 다만 인식체계인 패러다임이 다를 뿐이다.

내가 타인의 삶을 비정상적이라고 하는 근거는 무엇인가? 결국, 정상적인 것과 비정상적인 것을 구분하는 기준은 나 자신인 셈이다. 나에게 익숙한 것들이 타인에게도 익숙한 것은 아닌데. 각자 자신에게 익숙한 삶을 산다. 그러니 비정상적인 삶이란 없다. 각자에게는 그 나름의 정상적 삶이다.

단지, 이성을 기준으로 볼 때, 비이성은 일종의 광기다. 미셸 푸코는 광기의 역사를 분석한다. 중세는 광인을 '격리'라는 방법으로 뱃사람이 되게 했다. 배 안에서 그들 나름의 자유를 즐기라고 한 것이다. 그러던 것이 17세기에 들어서면서 광인을 '치료'의 대상으로 정신병원에 감금한다. 그리고 19세기 이후, '감시'와 '처벌'의 대상이 되어 감옥에 감금된다. 죄인의 일거수일투족을 감시하기 위한 파놉티콘(panopticon), 즉 원형감옥이 등장한다. 파놉티콘은 모든 걸 다 볼 수 있도록 공리주의적 원리에 따라 제러미 벤덤(Jeremy Bentham, 1748~1832)이 설계한 감옥이다.

이렇게 비정상을 마치 병적인 것으로 규정해왔다. 하지만 그건 알량한 이성의 잣대로 분류한 것에 지나지 않는다. 삶은 이성으로 분류되는 것에 저항하는 비정상이다. '신'이란 이름으로 정상/비정상을 분류해온 허무의 역사를 바로 그 '신'의 죽음을 선언하면서 고발한 철학자는 프리드리히 니체(Friedrich Nietzsche, 1844~1900)이다.

현대 프랑스 철학자 들뢰즈는 오히려 비정상적인 삶을 살라고 주문한다. 우리가 정상적인 삶이라고 규정한 것에 예속된 삶은 자유가 아니다. 남들이 '정상적'이라고 부르는 '보편적' 규범에 예속될 수 없는 특이한 (singular) 삶을 살라고 주문한다. 나 역시 특이한 삶에서 오는 자유를 누리고 싶다. 모두가 정상적이라 하는 길을 따라 열심히 살아왔다. 하지만 나이 70이 된 지금의 내가 가야 할 길은 나만의 길이다. 누구의 삶이 아닌 나만의 삶을 살고 싶다. 누구나 다 가는 통상적인 길을 가고 싶지 않다. 물론 이 통상적인 길을 걷는 것이 위태롭지는 않다. 비교적 안정된 길이다. 하지만 안정된 길이지만 이 길이 나를 행복하게 하는 길은 아니다. 이제 행복한 길을 걷고 싶다. 누구의 눈치도 보지 않을 것이다. 그렇다고 아무렇게 살거나 다른 사람에게 해를 끼치면서까지 나만의 길을 걷지는 않을 것이다. 내가 행복한 길이면 주저 없이 질주해 갈 것이다. 질주의 시간도 그리 많이 남아있지 않다.

Oct.

10월

읍천항

오늘은 낚시 간다. 낚시를 내가 가고 싶어 간 적은 한 번도 없다. 20여 년 전에 후배 교수들을 따라가 본 적은 몇 번 있다. 오늘은 대구 영남이공 대학교 명예교수인 고재열 교수를 따라간다. 그는 낚시의 달인이다. 일박 할 예정이다. 목적지는 경주시 양남면 읍천항이다. '읍천'이란 어휘는 익숙하다. '읍천리 382'는 대구 봉산문화거리에 있는 카페 이름이다. 언젠가 아침 산책을 하다, 일찍 문이 열려 있어 들어간 적이 있다. 카페 이름에 관해서 물으니, 종업원은 사장님이 사는 곳이 경산 자인면 읍천리라 거기서 이름을 따온 거라고 설명해 준다.

읍천에 도착해 말로만 듣던 손 과장님과 인사를 나누었다. 고 교수를 통해 손 과장님에 대해 몇 번 얘기는 들었지만, 실제로 만나는 건 처음이다. 과장님은 연금관리공단을 퇴직한 분이다. 다리에 장애가 있는 분이다. 달마대사 같은 넉넉한 외모다. 과장님의 얼굴 그 어디에서 악한 품성이 묻어 있지 않다. 고 교수와 손 과장님이 낚시로 인연을 맺은 것이 30년이다. 고 교수는 과장님의 아들이 초등학교 4학년 때부터 같이 낚시하러 다녔다. 지금은 대학 1학년 학생이다. 이번에는 아들은 같이 오지 못했다. 고 교수는 이 학생의 멘토이다. 오랜 기간 상담자 역할을 했다. 아버지가

장애가 있는 분이라, 아들은 그 나름 마음의 짐을 지고 살았을 것 같다. 그때마다 고 교수는 스승으로, 때로는 친구 역할을 해 왔다. 낚시로 만난 인연이 이렇게 오랫동안 이어진다는 게 대단한 일이다. 그 힘은 사람에 대한 사랑이다. 낚시는 물고기보다는 사람을 낚는 일인 것 같다.

　텐트에 잔 기억이 가물가물한다. 읍천항은 참 조용한 항구이다. 항구의 옛 이름이 '죽전리'라고 방파제 벽에 써놓았다. 주변에 대나무가 많아서 그런지는 모르겠다. 신라 시대부터 어업의 중심지였고, 자연부락 가운데 가장 큰 마을이었다고 소개한다. '읍내', '읍냇개', '읍내포'로 불리다 현재는 '읍천'으로 부른다. 대략 205가구 385명의 주민이 거주한다. 이 작은 항구도 예전과는 달리 사람들이 몰려든다. 활어직판장 옆 주차장 옆에 텐트를 쳤다.

　작은 낚싯대를 들고 몇 번 시도했지만, 허탕이다. 마침 배가 들어와 방어 두 마리를 2만 원에 샀다. 저녁 만찬 거리다. 충분한 양이다. 손 과장님

은 양주 수집가이다. 집에 양주가 100병 정도 있다고 한다. 난 양주를 잘 모른다. 과장님은 주로 엔트리급으로 모은다고 한다. 아마 엔트리급 양주란 값이 비싸지는 않지만 질이 좋은, 가성비가 좋은 양주를 말하는 것 같다. 그날 두 병의 양주를 가져와 우리를 대접했다. 그중 하나가 탈리스커 (Talisker) 10년 산이다. 스코틀랜드의 스카이섬에서 생산된 것으로 지사제 정로환 향이 난다. 호불호가 강한 향이다. 거친 파도가 치는 스카이섬에서 생산한 술이라 앞뒷면에 MADE BY THE SEA라 쓰여 있다. 바다의 술이라 할 수 있다. 바다에서 마시는 바다의 술 풍미가 너무 좋다. 자신이 아끼는 양주를 처음 보는 나에게 선뜻 내어주신 마음이 참 고맙다. 양주 체질이 아니라 그런지 난 일찍 취해 텐트 안에서 잤다.

다음날 5시쯤 일어나 방파제를 걸었다. 이른 새벽 자그마한 항구의 방파제를 걸을 수 있는 일도 행복하고 감사한 일이다. 이런 기회가 거의 없는 도시 삶이라서 더욱 그런 것 같다. 어제 해거름 녘 텐트에서 바라본 방파제 풍광은 바탕화면 급이었다. 바닷가에서 만나는 저녁 풍광이 너무 아름답다. 석양이 일출보다 더 아름답다. 나이가 들면서 더 아름다워져야 한다.

나 같은 초보자에게 바다는 선뜻 고기를 내어주지 않는다. 그냥 자그마한 입질 맛만 선물한다. 고기가 미끼를 무는 순간을 잘 훔쳐야 한다고 하는데 난 쉽지 않다. 살아가면서 드물게 오는 기회를 잘 포착하기가 쉽지 않은 것처럼. 카이로스(기회)를 잘 포착하는 것이 삶의 지혜이다. 바다는 초보 낚시꾼에게 삶의 지혜를 일깨워준다. 그래서 지자요수(知者樂水), 지혜로운 사람은 물을 좋아하는 건가? 서두른다고 되는 일이 없다.

꾸준히 기다리는 덕목을 가르쳐 준다. 비록 한 마리도 잡아 올리지는 못했지만, 아름다운 저녁의 풍광과 바다가 전해주는 메시지를 듣는 것만으로도 이곳에 온 충분한 이유가 된다.

바닷가에 텐트를 치고 술잔을 나누다가 얼핏 눈에 들어온 저녁의 풍광 하나만으로도 나는 충분히 감동했다. 방파제와 그 배경을 이루는 넓은 바다와 그 바다의 끝을 잡고 이어지는 하늘의 동선이 명품이다. 방파제 파도 소리 길은 그저 회색 콘크리트로 쌓은 둑이다. 100여 미터 정도 되는 회색 콘크리트가 아름다울 리는 없다. 하지만 그 방파제 벽에 그려진 그림이나, 방파제 너머 보이는 푸른 바다와 하늘의 색깔이 겹쳐져서 아름답다.

읍천항의 등대는 특히 아름답다. 빨간 등대와 맞은편의 흰 등대 그리고 이 두 등대 사이의 녹색 등대가 앙상블을 이룬다. 등대는 모두 바다를 출입하는 배의 안전을 위해 설치한 내비게이션이다. 빨간 등대는 오른쪽이 위험하니 왼쪽으로 돌아오라는 표식이고, 흰 등대는 왼쪽이 위험하니 오른쪽으로 돌아서 들어오라는 표식이다. 녹색 등대는 암초가 많으니 조심해서 들어오라는 표식이다. 처음 안 사실이다. 이 세 개의 등대를 멀리서 보면 마치 삼 형제처럼 바다를 향해 서 있다.

인생길 역시 만만치 않다. 출항보다 귀항이 더 조심스럽다. 트로이 전쟁을 자신의 목마전략으로 승리로 이끈 오디세우스는 오만했다. 겨우 12척의 배로 참전하여 승리의 주역이 되었으니 그럴 만도 하다. 그와 일행의 귀향길은 당당했다. 일행은 거인족 키클롭스가 사는 시칠리아섬을 쳐들어가 행패를 부리다가, 보스인 폴리페모스의 하나밖에 없는 눈을 찔러

장인으로 만들고서야 겨우 그 섬을 빠져나왔다. 폴리페모스는 바다의 신 포세이돈의 아들이다. 그러니 이후의 귀향길은 어려움의 연속일 수밖에 없다.

우린 젊어서 무턱대고 한 일 때문에 노년이 힘들어진다. 자신만만한 오디세우스는 그 누구의 충고도 듣지 않는다. 하지만 위험에 처하자 보잘 것없는 요정 이노의 제안을 받아들인다. 포세이돈의 공격으로 뗏목이 산산조각이 나자, 그녀가 준 스카프를 감고서 헤엄쳐 자신을 환대해준 파이아케스족이 사는 스케리아섬에 겨우 도달할 수 있었다. 고향 이타카 바로 옆의 섬이다. 오만을 내려놓고서야 귀향할 수 있었다. 노탐(老貪)으로 가득 찬 나 자신을 들여다보는 거울이 되어 준 읍천의 등대였다.

기연(奇緣)

오늘은 선선하다 못해 조금 쌀쌀한 느낌이다. 대구 남구 대구중학교 정문을 지나 이천동 고미술 거리를 지난다. 이천동 고미술 거리는 골동품 거리이다. 고등학교 동기 박지형이 운영하는 '상우'라는 가게가 있다. 한자로는 相衧이다. 서로 상(相)과 두레박 우(衧)이다. 친구의 말을 빌리면 서로 두레박이 되어 상부상조하며 산다는 뜻이다. 친구는 경북대학교 지질학과를 나왔다. 산을 좋아하던 친구이다. 그 건강하던 친구가 다섯 달 전 동맥이 크게 부어서 서울 세브란스 병원에서 수술했다고 한다. 조금만 늦었어도 큰일이 날 뻔했다고 한다. 그는 중국에서 들여온 골동품은 취급하지 않는다. 중국에서 들여온 정체성 없는 물건을 경매하는 일에는 관여하지 않는다. 우리의 전통적인 골동품만을 취급하는 자존심이 반듯한 친구이다.

이런저런 얘기하던 중, 친구의 은사인 경북대학교 지질학과 장기홍 교수님 근황을 물었다. 예전에는 한 번씩 가게에 찾아오시곤 했었는데, 요즘은 뜸하다고 한다. 나와 장 교수님의 인연은 기묘하다. 기연(奇緣)이라고 할까. 나와 교수님은 학연이나 지연 그 밖의 어떤 인연의 고리도 없다. 그런데 어느 날 갑자기 학교 연구실 문을 두드리고 찾아오셨다. 무척 당황했다. 선생님이 어떤 분이란 정도만 알고 있던 때였다. 선생님은 서울대 지질학과를 나와 미국 프린스턴대학교에서 지질학 박사학위를 취득했다. 1963년 당시 경북대학교 문리대 지질학과에 부임했다. 1934년생으로 연세가 88세이시다.

나와 선생님의 인연의 고리는 희미하지만, 그래도 굳이 찾는다면, 철학과 지질학이 전혀 이질적인 학문은 아니라는 사실일 것이다. 지질학과가 당시 문리대에 속해 있었던 것 역시 우연은 아니다. 프랑스 철학자 미셸 푸코는 역사를 고고학적으로 분석하는데, 이 발상은 지질학과 무관하지 않다. 역사를 겹겹이 쌓아 올리고 있는 의미의 층들에 대해 분석한다. 프랑스 철학자 질 들뢰즈 역시 펠릭스 가타리(Pierre-Félix Guattari, 1930~1992)와 같이 쓴《천 개의 고원》제3장에서 '도덕의 지질학'을 다룬다. 물론 지질학이 철학은 아니지만, 철학의 문제를 분석하는 방법으로서 가치를 갖는다. 푸코나 들뢰즈에게 지질학, 지층화, 표층, 심층 등의 개념은 익숙하다. 선생님은 철학과 지질학의 학제적 연관성을 미리 꿰뚫고 계셨던 것은 아닐까?

선생님은 낡은 지프를 타고 다니신다. 책이 너무 많아 대구광역시 달성군 가창에 집을 따로 마련했다. 첫 만남 이후, 사모님과 같이 다시 오셔서 두 분이 한 번씩 들르는 학교 앞 식당에서 밥을 사 주셨다. 그때 연락처를 잘 챙겨 두지 못한 게 송구스럽다. 혹시나 해서 선생님의 자칭 수제자인 경북 군위(지금은 대구로 편입)에 사는 고등학교 동기 김한우에게 물어도 근황을 잘 알지 못한다고 한다. 그가 바로 어제(2023년 1월 27일) 연락을 해 왔다. 경북대학교 지질학과로 전화해 선생님 근황을 물었다고 한다. 상세하게는 모르고, 다만 요즘 건강이 안 좋으시다는 말만 들었다고 한다.

2019년 6월 25일 대구교육대학 앞 식당에서 식사하면서 찍어둔 선생님과 사모님 모습을 보니 참 그립다. 두 분 다 참 인자하신 모습이다. 씨알 함석헌(1901~1989) 선생의 5녀인 함은선 사모님이다. 1939년생이다. 때론 생각하지 않았던 우연이 귀한 만남으로 오래 기억되는 일이 있다. 나와 선생님 부부와의 만남이 그렇다. 짧았지만 긴 여운으로 남아 오래 기억될 것이다.

선생님에 대해 좀 더 알고 싶어, 선생님이 장인 함석헌 선생님에 관해

쓴 글을 찾아 읽어 보았다. '함석헌기념사업회' 홈페이지에 올려져 있는 글을 직접 그대로 옮긴다. 이 또한 선생님을 오래 기억하는 일이 될 것 같아서이다. 선생님의 근황을 알지 못해 송구하다. 다만 건강하시길 기도할 뿐이다.

우리는 1963년 가을에 결혼했는데 그해 봄 함선생님은 미국에서 뜻밖의 편지를 집으로 보냈다. 자기 귀국 전에 결혼을 해도 좋다는 편지였다. 물론 그 편지는 없었던 것 같이 되었으나 다만 그런 일이 있었다는 것뿐이다. 결혼 후에는 대구에서 살았으므로 서울 모임에는 자주 참석을 못했고 학술관계로 외국을 드나들기에 바빠 정신없이 지냈다.

차츰 그이는 반독재 운동에 더 많이 투신하게 되었고 나는 과학에 전념하고 박사학위를 하는 등 외국을 자주 드나들게 되었으므로 장인과는 거리가 멀어진 것 같이 보였으리라. 그 무렵 나는 장인에게 족자용 붓글씨를 부탁했는데 그이는 萬事無求眞理外 一心不言相照中(만사무구진리외 일심불언상조중)이라 써주셨다. 1973년 봄 바보새 씀이라 적혀 있다. '진리 이외에는 아무것도 구하지 않으며 한 마음으로 말 없는 가운데 서로 비추어보고 있다'는 뜻이다. 월남 이상재 선생의 문장을 조금 변형한 것이었는데 이선생의 원문은 一心相照不言中임을 후에 알았다. 一心相照不言中이나 一心不言相照中이나 뜻은 같다. 나와의 거리감이 전제되어 있는 듯한 내용이다.(이하 생략, 2005.4.4.)

외로움

어제 오후 우연히 유튜브에서 시인 정호승을 만났다. 등단 50주년 기념으로 낸 시집《슬픔이 택배로 왔다》를 소개한다. 시인은 죽음의 불가역성을 택배 배송으로 은유한다. 그의 시 〈택배〉를 감상하자.

슬픔이 택배로 왔다 // 누가 보냈는지 모른다 // 보낸 사람 이름도 주소도 적혀 있지 않다 // 서둘러 슬픔의 박스와 포장지를 벗긴다 // 벗겨도 벗겨도 슬픔은 나오지 않는다 // 누가 보낸 슬픔의 제품이길래 // 얼마나 아름다운 슬픔이길래 // 사랑을 잃고 두 눈이 멀어 // 겨우 밥이나 먹고 사는 나에게 포장돼 왔나 // 포장된 슬픔은 나를 슬프게 한다 // 살아갈 날보다 죽어갈 날이 더 많은 나에게 택배로 온 슬픔이여 // 슬픔의 포장지를 스스로 벗고 // 일생에 단 한 번이라도 나에게만은 // 슬픔의 진실된 얼굴을 보여다오 // 마지막 한 방울 눈물이 남을 때까지 // 얼어붙은 슬픔을 택배로 보내고 // 누가 저 눈길 위에서 울고 있는지 // 그를 찾아 눈길을 걸어가야 한다

대구 수성구 중앙고등학교(옛 중앙상고) 옆 범어천 둔치 정호승 시인의 시비(詩碑) 앞에 섰다. 꽤 큰 시비다. 하지만 나무에 가려져 눈에 확 띄지는 않는다. 난 이 시인의 〈바닥에 대하여〉란 시를 여러 번 읽고 강의하

면서 인용하기도 했다. 참 좋아하는 시다. 그러면서도 그가 대구와 인연
이 있는 건 오늘 알았다. 그는 1950년 경남 하동에서 태어났지만, 유년기
를 보낸 곳이 대구라고 소개되어 있다. 삼덕초등, 계성중, 대륜고를 다녔
다. 범어천을 거닐며 시를 썼다고 소개한다. 그의 시비에 〈수선화에게〉가
새겨져 있다.

울지 마라

외로우니까 사람이다

살아간다는 것은 외로움을 견디는 일이다

공연히 오지 않는 전화를 기다리지 마라

눈이 오면 눈길을 걸어가고

비가 오면 빗길을 걸어가라

갈대숲에서 가슴 검은 도요새도 너를 보고 있다

가끔은 하느님도 외로워서 눈물을 흘리신다

새들이 나뭇가지에 앉아 있는 것도 외로움 때문이고
네가 물가에 앉아 있는 것도 외로움 때문이다
산 그림자도 외로워서 하루에 한 번씩 마을로 내려온다
종소리도 외로워서 울려 퍼진다

수선화는 그리스 신화의 나르키소스가 죽어서 핀 꽃이다. 미청년인 나르키소스는 뭇 님프로부터 구애를 받지만 냉정하게 거절한다. 강한 자존심 때문에 그 누구도 그의 사랑을 얻을 수 없다. 님프 에코는 수다쟁이다. 제우스와 님프가 바람을 피우는 현장을 급습한 헤라는 에코의 수다 때문에 제우스를 놓친다. 화가 난 헤라는 에코에게 남의 말 끝부분만을 따라 하는 벌을 내렸다. 에코는 나르키소스에게 사랑을 고백하지만, 나르키소스의 말끝만 따라 하다가, 사랑을 이루지 못하고 결국 죽고 만다.

나르키소스에게 거절당한 많은 님프 중 한 명이 복수의 여신 네메시스에게 님프들이 당한 만큼 그에게 복수해 달라고 기도한다. 기도를 들은 네메시스는 나르키소스를 지나친 자기애에 빠지게 했다. 물속에 비친 자기 자신을 사랑하도록 한다. 물속에 비친 자신을 잡으려 하면 도망가 버린다. 그는 자신을 받아 주지 않는 사랑 때문에 차츰 기력을 잃고 죽는다. 그가 죽은 자리에 피어난 꽃이 수선화이다. 지나친 자신감으로 결국은 자기애에 빠진 나르키소스에서 '나르시시즘'이란 단어가 나온다. 수선화의 꽃말은 자기애, 자기도취, 그리움 등이다. 자기도취와 수다로 서로의 사랑을 이루지 못한 나르키소스와 에코는 죽어서 서로에 대한 그리움을 메아리와 수선화로 승화시켰다.

이 시의 주제는 외로움이다. 나르키소스가 물에 비친 자신을 사랑하지만, 다가가면 도망가 버린다. 그리움이 큰 만큼 사랑은 더 멀리 도망간다. 시인은 그림자도 종소리도 그리고 하나님도 외로워한다고 말한다. 자신의 외로움을 타자에게 감정 이입한다. 신은 외로워하지 않는다. 종소리도 그림자도 그렇다. 자신의 외로움을 혼자 안고 있기에는 억울한 듯, 시인은 외로움을 공유하고 싶어 한다.

사람이니까 외롭다. 사랑을 잃어 더 외롭다. 그림자나 종소리는 외롭지 않다. 누군가를 사랑하지 않기 때문이다. 사랑이 없으면, 외로울 이유가 없다. 외로움도 사랑하는 자만이 누리는 특권이다. 아무나 누릴 수 없다. 나는 외로워 글을 쓴다. 나에게 글쓰기는 자기 치유이고 자기 초월이다. 시인은 이 외로움을 쉬운 언어로 탁월하게 그린다. 그의 언어에 귀를 기울이지 않을 수 없다. 언어로 존재를 실어나른다. 철학자의 언어보다 존재에 더 친밀하다. 시인은 언어를 무기로 존재의 진리를 지키는 파수꾼이다. 오늘 출근길에서 그 파수꾼이 보낸 외로움의 택배를 선물로 받았다.

노년에 대하여

　내일 고등학교 졸업 50주년 기념행사가 대구 인터불고 호텔에서 있다. 고등학교를 졸업한 스무 살 청년이 70 노인이 되어 만나는 날이다. 과연 내일 몇 명이나 나올지? 아마 이전보다는 많이 참석할 것 같다. 나이가 들어서 공식적으로 만나는 모임이 이번이 마지막일지도 모른다. 남학생 다섯 반, 여학생 두 반 420여 명이 졸업했다. 다른 고등학교에 비하면 적은 수이다. 그 당시 대구에서 남녀공학인 고등학교는 우리 학교뿐이었다. 다른 학교 남학생들이 부러워하기도 했다.

　노년이 되어 만나는 동기들이다. 젊은 시절 각 분야에서 열심히 살았던 동기들이다. 각 곳으로 흩어져 살았던 동기들이 모교가 있는 고향에서 만나는 설렘은 크다. 무엇을 하고 살았든, 그건 내려놓고 학창 시절로 돌아가는 마음이 자못 싱숭생숭하다. 어제 머리를 깎았다. 마치 장가가는 신랑의 마음처럼. 내일 모임에 나갈 때는 얼굴에 로션도 바르고 나갈 것이다. 어떤 옷을 입고 나갈지도 살짝 고민 아닌 고민이 된다. 나이 70이 되어서 만나지만 여전히 남학생과 여학생이다. 마음은 항상 청춘이다. 나이가 들어가는 것을 단순히 늙어가는 것으로 인정하고 싶지는 않다. 오늘이 제일 젊다. 오늘은 항상 청춘이다. 아프니까 청춘이라면 우리만큼 청춘은 없다. 나이가 들어가면서 몸도 마음도 아프다. 아직도 할 게 많지만 잘 안되어서 아프다. 좀 더 성실하게 살지 못한 마음이 아프다. 앞으로 어떻게 사는 게 좀 더 잘사는 것인지를 고민하면서 마음이 아프다. 노년의 삶도 청춘 못지않게 아프다.

70이 되어 만나서는 자식 이야기는 하지 않을 것이다. 젊을 때 그만큼 했으면, 더 할 얘기도 남아있지 않다. 이젠 서로의 얼굴에 책임을 져야 할 나이다. 아픈 친구의 얼굴을 보면서 함께 아파해야 할 나이다. 친구의 얼굴은 자신을 들여다보는 거울이다. 하찮은 일로 서로를 미워하지 않을 나이다. 자신의 주장을 과감하게 내려놓고 친구의 얼굴을 살필 수 있는 역량을 가진 나이다.

소주 한잔 마실 수 있는 건강을 유지하는 것만으로 감사해야 할 우리다. 소주 한잔 마시면서 지난 얘기를 털어놓고 맘껏 웃을 수 있다면, 우리 잘 산 것이 아닌가? 삶이란 게 뭐 별거 있나! 좀 더 오래 살지 못하고 일찍 저세상으로 간 동기 때문에 마음 찡한 구석이 있다면, 소수 한잔으로 달래면 된 게 아닌가? 동기 중 많이 아픈 친구가 있어, 그 친구의 건강을 함께 걱정할 수 있다면 우리 잘 사는 게 아닌가? 불편해서 가끔 병원을 찾을 일은 있어도, 여전히 걸을 수 있고 책 읽을 수 있고, 친구들과 소주 한잔 마실 수 있는 정도의 건강이 허락된다면, 우리 모두 잘 살아 낸 게 아닌가?

키케로(Marcus Tullius Cicero, 기원전 106~43)는 노년의 불행을 네 가지로 든다. 더 큰 일을 할 수 없다는 것, 몸이 허약해진다는 것, 쾌락을 앗아간다는 것 그리고 죽음에 가까이 간다는 것이다. 물리적으로 보면 당연히 찾아오는 불행이다. 하지만 그는 이 불행을 정신적인 행복으로 바꿀 수 있다고 말한다. 그는 노년에도 더 큰 일을 할 수 있다고 한다. 젊어서는 할 수 없는 정치나 농사일도 할 수 있다고 한다. 그리고 체력이 약해져 쾌락을 앗아가면 오히려 정신 활동에 더 집중할 수 있다고 한다. 그리고 죽음에 가까이 올 때까지 오래 산 것 자체가 축복이고, 젊은 사람에 비해 죽음에 대해 덜 불안한 게 오히려 행복이라고 노년의 삶을 예찬한다. 키케로는 로마 정치가이자 철학자이다. 그는 정치가로서는 실패했다. 공화정을 꿈꾸다가 결국 정적(政敵)에 의해 암살당한다.

2천 년 훨씬 이전의 그의 말이지만, 지금도 설득력이 있다. 그는 금욕주의자인 스토아학파이다. 육체적 쾌락보다 정신적 쾌락을 더 중요한 가치로 생각한다. 그런데 틀린 말은 아니지만, 현실적으로 받아들이기는 쉽지 않다. 고대 그리스 철학에서는 영혼과 육체를 분리하고, 육체를 영혼을 가두는 무덤이라 생각했다. 육체를 악의 근원이라 생각했다.

근대에 이르기까지 영혼과 육체를 분리해 왔다. 이때 육체(肉體)는 영혼의 외피와 같은 고깃덩어리다. 갑골문 육(肉) 자는 고깃덩어리에 칼집을 낸 모양이다. 그러나 육체가 아닌 신체(身體)는 영혼과 분리될 수 없다. '신'(身) 자의 갑골문은 임신한 여자가 그려져 있다. 임신한 여자의 몸 상태나 몸을 의미한다. 임신한 여성의 몸은 바로 마음의 체현이다. 몸이 건강해야 마음도 건강하다. 몸이 즐겁지 않으면 정신적 즐거움도 사라진다. 몸이 허약해지면 정신도 집중력이 약해진다. 죽음에 더 가까이 와 있다고 해서 젊은 사람보다 죽음에 대해 덜 불안해할 수 있는가? 젊을 때는 보이지 않던 죽음을 나이 들어 바로 앞에서 볼 수 있는데, 과연 죽음에서 자유로울 수 있는가?

물론 젊을 때부터 앉으나 서나 죽음을 생각하는 것은 바람직하지 않다. 마치 적(敵)이 적당한 지점에 왔을 때 총을 쏘아야 적중하듯이, 죽음도 생각할 시기가 있다. 그 시기가 노년이다. 그런데 살 만큼 살았다고 해서 죽음을 있는 그대로 받아들일 수 있는 용기가 있을까? 그 누구도 이 물음 앞에서 자유로울 수 없다. 그 누구도 죽음의 불안에서 벗어날 수는 없다. 불안은 우리를 유(有, 존재)를 떠나 무(無, 죽음)에 직면하도록 한다. 나이가 들어갈수록 더 절실하게 직면한다. 그만큼 더 불안하다. 하지만 그 불안을 외면하지 않고 받아들여서 나의 존재를 깊게 성찰할 수 있는 계기로 삼는 역량이 숙성되어 있다. 그래서 노년의 불안은 오히려 실존의 선물이다. 하루하루를 성실하게 살아가는 게 잘 죽는 삶이 아닐까? 잘 사는 건 결국 잘 죽는 연습이다. 죽음을 만지작거릴 여유조차 없을 정도로 열심히 살자! 열심히 걷고, 열심히 사랑하자!

자목련으로 사신 김은경 권사님

지난 9월 25일, 혼자 앞산을 오르던 중 형제처럼 지내는 대구교대 장윤수 교수 모친이 소천하셨다는 연락을 받았다. 산행을 멈추고 하늘을 한참 올려다 보았다. 그날따라 하늘이 어두웠다. 며칠 전만 해도 어머님이 잘 계신다고 들었었는데, 이렇게 갑작스럽게 돌아가실 줄 미처 생각하지 못했다. 산 정상에 올라 몇 분에게 장 교수 모친상을 전했다. 산에서 내려오는 내내 생전의 어머님 모습이 생생하게 소환되었다. 장 교수의 어머님은 어진 산(山)과 같은 분이시다. 항상 변함없이 반겨 주시던 인자한 분이셨다. 어머님은 당신의 장남인 장 교수보다는 열 살이나 많은 나를 대하기가 그리 편하지는 않았을 것이다. 그래서인지 나를 항상 '김 교수님'이라고 호칭해 주셨다.

내가 기억하는 권사님은 참 조용하신 분이시다. 대구 북구 칠곡 동행교회에 5년간 함께 출석한 적이 있다. 교회에서는 말씀이 없으시면서 항상 같은 자리에 인자한 모습으로 앉아 계셨다. 한복으로 말끔히 차려입으신 모습이 마치 한 떨기 자목련처럼 우아한 모습이셨다. 어머님은 당신의 집에 찾아오는 손님을 그냥 돌려보내지 않는 분이셨다. 항상 따뜻한 식사로 응대해 주시며, 찾아오는 손님이 편하게 머물다 가도록 배려해주신다. 집에 찾아온 아들 친구인 중국 손님에게도 아들처럼 대해 주셨다. 백화점에 같이 가 옷을 사 입히고, 미장원에 데려가 머리를 정리해 주셨던 분이다.

어머니가 돌아가시기 2주 전쯤 나와 식사를 하던 자리에서 장 교수는 몹시 힘들어했다. 내가 아는 장 교수는 어지간한 일에는 마음이 흔들리지 않는 강한 사람이다. 그런 그가 매제인 안 목사가 많이 위중하다고 하면서 힘들어했다. 장 교수는 자신이 감당할 수 있는 일이라면 극복할 수 있지만, 매제의 일은 어쩔 도리가 없다고 하면서 힘들어했다. 그때만 해도 어머니가 그렇게 갑자기 돌아가실 줄은 상상도 하지 못한 것 같았다.

그랬던 장 교수는 어머니와 매제 안 목사를 같은 날 주님 곁으로 보내 드려야 했다. 그는 서울대병원에서 안 목사의 마지막을 지켜본 후, 대구로 내려와 동산병원 장례식장에서 장례를 준비하는 동안 어머니의 소천 소식을 듣게 되었다. 어머니의 임종을 지키지 못한 사실을 장 교수는 너무 죄송해하고 안타까워했다. 나는 안 목사가 소천했다는 소식을 어머니 장례를 치르는 9월 27일에야 처음 알았다. 권사님께서는 사위가 하늘나라로 가는 것을 보고 곧장 주님 곁으로 나란히 가셨다. 안 목사가 오후 2시에, 그리고 어머니께서는 오후 9시에 소천했다고 들었다. 참 안타까운 일이다. 어머니와 매제를 같은 날 보내드려야 하는 장 교수와 남은 가족들의 마음을 곁에서 지켜볼 뿐이었다. 안 목사는 대구 서광교회 담임 목사로 시무하던 중 주님 곁으로 갔다. 생전에 안 목사는 내 연구실로 여러 번 찾아왔었다.

나는 권사님의 장례를 치르는 과정을 곁에서 지켜보았다. 나도 언젠가는 똑같은 장례절차로 나의 어머니 주순이 권사님을 보내드려야 한다. 나도 장 교수와 같이 다섯 형제의 장남이다. 나의 어머니는 올해로 93세이시다. 내 기억으로는 장 교수의 부친과 나의 부친이 소천한 날도 일주일 차이다. 장 교수와 내가 상주로서 입을 검은 양복을 같이 사던 날, 나의 아버지가 소천하시고, 장 교수 아버님은 일주일 후에 소천하신 것으로 기억한다.

옆에서 지켜보는 그는 참 효자다. 맛있는 것을 먹다가도 어머니 몫을 꼭 챙겨 집에 들어가는 아들이다. 내가 부러울 정도로 어머니에게 잘했다. 모든 일의 순서는 어머니가 중심이고 제일 먼저였다. 그러던 장 교수는 이제 그 사랑했던 어머님을 주님 곁으로 놓아 드려야 한다.

장 교수 연구실 책장에는 가족 사진이 몇 개 꽂혀 있다. 고운 한복을 차려입으시고 온화한 미소를 띠고 계신 어머니 사진이 눈에 가장 잘 띄는 곳에 있다. 어머님은 한 떨기 자목련처럼 우아하게 살다 가신 분이시다. 가끔 장 교수와 어머니가 통화하는 소리를 옆에서 들을 때가 있다. 아들과 통화하는 소리가 옆에서 모두 들릴 정도로 목소리가 크다. 아들과 통화하는 걸 그렇게 좋아하셨던 분이다. 난 장 교수와 중국 여행을 많이 다녔다. 장 교수는 외국에 나가서도 어머니의 안부를 여쭙는 것이 최우선이다. 장 교수는 이런 면에서 나를 많이 부끄럽게 한다.

내가 생각하는 김은경 권사님은 행복하게 살다 가신 분이다. 당신 차남인 대구 동구 대명교회 담임목사인 장창수 목사를 한국 교계의 큰 지도자로 키우셨다. 당신의 친·외손 모두 반듯하게 키우셨다. 장 교수의 맏딸은 서울대 의대 안과를 마치고 현재 을지대학교 병원 안과 조교수로 재직 중이다. 둘째 손녀는 대구한의대학교 한의학과를 졸업한 한의사다. 막내아들은 대구 계명대학 의과대학을 졸업하고 경북대 병원에서 인턴을 하고 있다. 맏아들의 자녀 세 명을 직접 키우셨기 때문에 그들을 남달리 사랑하신 권사님이었다. 그 손주들이 모두 훌륭한 인물이 되어 할머니를 닮아 어려운 이웃을 보살피는 사람이 될 것을 확신한다. 불우한 이웃을 그냥 스쳐 지나치지 못했던 할머니처럼, 그들 모두가 따뜻한 사랑을 나누며 살아가기를 바란다.

권사님, 주님 곁에서 평안히 안식하시기 바랍니다. 당신이 베푸신 사랑이 꽃이 되어 이웃들에게 그 향기가 널리 퍼져 나가기를 기도합니다. 우아한 자목련과도 같은 당신의 인품과 사랑이 항상 우리와 함께 있기를 소망합니다. 당신께서 생전에 부족한 저에게 베풀어주신 깊은 사랑을 잊지 않겠습니다. 당신의 장남 장 교수가 기도하는 것처럼, 어머니 천국에서는 꽃길만 걸으세요. 권사님 그림은 부산에서 활동하는 박진효님이 장교수에게 선물한 것이다.

일상(日常)

대백프라자 앞 신천 둔치의 의자에 앉아서 잠시 쉰다. 의자에 앉으니 신천대로 우안(右岸), 그러니까 동로 쪽에서 햇살이 얼굴에 비친다. 가을 햇살은 선물이다. 가을 햇살이 얼굴에 내려앉을 때 행복하다. 햇빛은 존재를 비추는 거울이다. 햇빛은 은폐된 것을 폭로하는 밝음이다. 인간의 생각으로 어두워졌던 존재의 실상이 가을 햇살의 밝음 속에서 폭로된다. 자연은 인간의 어리석은 생각을 비추는 거울과 같다. 노란 코스모스는 망념에 사로잡히지 않는다. 목적도 의도도 계획도 없기에 그저 필연의 질서에 따라 변해 갈 뿐이다. 의자에 잠시 앉아 상념에 빠졌다. 온갖 생각으로 번잡해진 나의 마음을 가을 햇살을 거울삼아 성찰해 본다.

매일 지나다니는 대백프라자 앞 지하철 3호선 밑에 서 있다. 대봉교 위에 설치된 현수교 위를 천천히 움직이는 도시 기차다. 매일 보는 일상이지만, 오늘도 볼 수 있어서 감사하다. 너무 일상적인 일이라서 당연한 것으로 생각했다. 일상은 매일매일 반복되는 생활이다. 일상의 한자 日常도 하루하루 같음이다. '일상성'의 영어는 everydayness다. 영어로는 이 명사형을 잘 쓰지 않는다. 독일어 사전은 일상성인 Alltäglichkeit를 '다반사, 진부함, 평범' 등으로 정의한다. 매일매일 반복되는 일상의 지루함을 뜻

하는 다소 부정적 뉘앙스이다. 하지만 일상성은 인간 존재를 이해하는 중
요한 키워드이다. 매일 만나는 나의 노트북과 책상, 머그잔과 안경과 친
구들 그리고 신천의 백로와 잉어 등등 모든 것들이 나의 존재와 연결된
소중한 것들이다. 나를 있게 해주는 소중한 선물들이다. 나의 존재와 가
장 친밀한 것들이다.

　하지만 어느 날 이 일상이 당연하지 않은 것이 될 수도 있다. 매일 볼
수 있는 게 얼마나 다행인가? 어쩌면 우리가 매일 살아간다는 것은 놀라
운 사건이다. 눈으로 하늘을 보고, 멋진 현수교 위를 달리는 기차를 보는
게 평범한 일이 아니다. 존재는 사건이다. 사건은 이미 일어난 사태이다.
그 사태는 인간의 생각으로 바꿀 수 없다. 죽음이라는 사태가 언제 찾아
올지 인간의 생각은 미처 헤아릴 수 없다. 그렇기에 살아서 매일 보는 풍
경을 오늘도 볼 수 있음에 감사하지 않을 수 없다. 살아있다는 게 참 고마

운 일이다. 삶은 사건이다. 그저 주어진 대로 살아내야 할 사건이다. 나의 알량한 생각으로 그 놀라운 사건을 다 표현할 수 없다. 주어진 사건을 매일 감사한 마음으로 맞이할 수밖에 없다. 삶은 주어짐이다. 주어짐은 선물이다. 나에게 주어진 이 선물을 매일매일 감사한 마음으로 살아가리라!

옷

　오늘은 오후 출근이다. 오늘은 무엇을 입을까 하다가 카디건을 걸치고 나왔다. 카디건은 가을에 입기 좋은 옷이다. 가벼운 웃옷이다. 갑자기 궁금해진다. 왜 이 옷을 선택했는가? 내가 이 옷을 선택할 수밖에 없는 이유가 있는가? 아니면 자유로운 선택인가? 옷의 사회학적 의미가 궁금해진다. '패션'의 현상을 어떻게 이해해야 할까? 패션은 일정 기간 그 시대를 사는 사람의 의식을 구조적으로 결정하는 양식이다. 내가 아무리 개성적으로 옷을 입는다고 하더라도 이미 사회적 구조를 벗어날 수 없다. 이른바 패션 구조주의이다. 마치 특정한 과학자가 그 시대의 과학적 패러다임을 벗어날 수 없는 것과 마찬가지다. 일정 기간 통상적으로 합의된 패션이 있다. 이 패션은 개인의 옷 입기를 구조 짓는 사회적 통념이고 문법이다. 제아무리 개성을 연출한다고 해도 이 문법에서 자유로울 수 없다. 이 문법을 벗어나면, 마치 애피타이저를 후식(後食)으로 먹는 것처럼 어색하다.

　그러나 이 보편적 문법에서 자유로울 수 없다면, 패션은 개성적 옷 입기를 구속하는 이데올로기가 된다. 그런 점에서 객관적으로 주어져 있는 구조를 새롭게 창조적으로 변형시키면서 개성적인 자유를 연출하는 옷 입기가 필요하다. 이것은 패션에 대한 후기구조주의자의 관점이라 할 수 있다. 만약 나의 옷 입기를 구속하는 형식이 있다면, 그것은 플라톤의 이데아와 다를 바 없다. 따라서 항상 주어진 것에서 벗어나 새로움을 연출하는 창조적 옷 입기가 필요하다. 물론 이 창조적 패션이 사회적 통념을 무너트리거나 질서를 교란하는 것이 되어서는 안 된다. 자신의 패션을 창조하려는 노력은 옷 입기에서뿐만이 아니다. 모든 활동에서 요구된다.

철학 역시 새로운 옷 갈아입기이다. '모던'(modern)이라는 말은 새로운 패션을 의미한다. '근대'로 번역되는 이 단어는 중세와 대비되어 사용된다. 중세의 신 중심의 세계관이라는 낡은 옷을 벗고 인간중심주의라는 새로운 옷을 갈아입은 것이 근대이다. 근대의 인간중심주의란 낡은 옷을 탈인간적 패션으로 갈아입은 것이 탈현대(postmodern)이다. 이처럼 철학 역시 패션이고, 지속해서 새로운 패션을 창조하는 활동이다. 자신의 몸에 맞지 않은 옷을 입고 있으면 불편하다. 헤겔에게는 칸트의 옷이 불편했고, 마르크스에게는 헤겔의 옷이 몸에 맞지 않았다.

자신의 몸에 맞지 않는 옷을 입으면 불편한 것은 나이가 들면서 더 그런 것 같다. 젊을 때는 멋을 내기 위해서 다소의 불편함을 감수했다. 내가 대학 강단에 처음 섰던 1983년 3월 첫 강의 시간에 입었던 옷에 대한 기억이 생생하다. 반듯한 양복 차림에 넥타이를 맨 정장이었다. 그다지 불편하지 않았다. 오히려 패셔너블하지 않은 것이 부담이었다.

하지만 나이가 들면서 편한 게 미덕이다. 나이가 들면서 공식적인 자리에 옷을 차려입고 나갈 기회가 자연스럽게 적어진다. 가끔 강의할 때도 캐주얼 차림이다. 구두 대신 편한 운동화를 신는다. 경상북도 지자체에서 실시하는 선비 아카데미에 가끔 강의한 적이 있다. 그때마다 옷에 신경을 쓴다. 참석하시는 분들이 그 지역의 유지분들이고 유림(儒林)이다. 그런 만큼 옷차림에도 신경을 써야 한다. 넥타이를 맨 정장이 좋은데, 고심하다가 캐주얼한 옷을 입는다. 심리적 부담은 다소 있었지만 편한 게 좋다.

옷은 단순한 물리적 보호막이 아니다. 옷은 그 옷을 입은 사람의 정체성이다. 비너스는 거의 옷을 입지 않은 게 그의 패션이고 정체성이다. 이와는 대조적으로 아테나는 옷으로 몸을 다 가리고 있다. 만약 비너스가 온몸을 옷으로 감고 있다면 그의 정체성을 상실한다. 사랑의 여신인 그녀의 정체성은 그의 옷이 결정한다. 그가 입는 옷이 그의 인격과 지성을 결정하기도 한다. 자유분방한 청바지를 즐겨 입는 사람과 청바지를 한 번도 입어 보지 않은 사람의 정체성은 다를 수밖에 없다. 옷은 사회적으로는 문화이고 개인적으로는 품성이다. 옷은 그 사람만의 향기이다. 영혼의 피부이다. 잘 어울리지 않는 옷을 입으면 향기가 나지 않는다. 다른 사람이 입는다고 따라 입으면 자신의 향기가 사라진다. 자신만의 개성을 연출하는 옷이 좋다.

물론 요즘은 다른 사람이 어떤 옷을 입었는지에 그리 관심이 없다. 누군가 내가 입은 옷을 본다고 착각한다. 옷을 잘 입고 못 입고를 판단하는 보편적 기준은 따로 없다. MZ 세대의 패션을 나이 든 사람의 잣대로 저울질할 수 있는 규준은 따로 없다. 좀 더 나가면 '옷은 아무렇게나 입어도 좋다!'이다.

다른 사람의 옷 입기를 모방하는 것 자체가 나쁜 것은 아니다. 단지 무조건 모방하는 것은 창조적이지 않다. 모방하면서도 창조하는 것이 바람직하다. 옷은 자기 자신을 표현하는 거울이다. 자기 마음에 들면 된다. 하지만 지나친 자기 연출이 가끔은 사회적 문법에 어긋날 때도 있다. 그래서 패션도 윤리다.

문득 대구한의대학교 명예교수인 김주완 교수가 15년 전 나에 관해 쓴 글이 떠올라 옮겨 본다. "김영필 교수는 키가 훤칠한 신사이다. 키가 있고 몸매가 있어 아무 옷이든 잘 어울리고 멋이 난다. 머리카락을 추켜올리며 바람처럼 휘적휘적 걷는 걸음걸이가 일품이다. 노래방에서의 노래 솜씨는 가히 프로급이라고 한다. 일 처리도 그렇게 시원시원하게 한다. 재직하고 있는 대학이 어려움에 처했을 때 부총장으로서 난관을 잘 타개해 나간 분이다."

핫립세이지

오후 3시에 집을 나섰다. 대구 수성구 궁전네거리에 있던 대백마트가 집 가까이 이전해 왔다. 대구 남구청 옆이다. 오픈한 지 얼마 안 되어 싸게 판다는 소문이 있어 우유와 필요한 몇 개를 사려고 나섰다. 매일 아침 생마를 우유와 같이 갈아서 마시는데, 우유가 떨어졌다. 우유를 산다는 핑계로 조금이라도 걸으려고 나선 것이다. 걷다가 지난번 꽃 이름을 몰라 그냥 지나쳤던 꽃 앞에 다시 섰다. 인근 교회에서 심어 놓은 예쁜 꽃이다.

꽃 검색을 해보니 '핫립세이지'라고 뜬다. 마트에서 필요한 것 몇 개를 사서 서둘러 집에 왔다. 컴퓨터를 열고 핫립세이지를 검색하니, 이 분야의 숨고들이 글을 올려놓은 게 있다.

이 꽃은 '체리세이지'로도 '핫립세이지'로도 불린다. 체리세이지는 꽃 전체가 붉다. 핫립세이지는 흰색과 붉은색이 혼합되어 있는데, 흰색 아래의 붉은 색이 마치 입술 같아 핫립세이지라는 매혹적인 이름으로 불린다. 같은 나무가 두 종류를 피워낸 것은 햇빛을 많이 받으면 온통 붉게 피고, 덜 받으면 흰색과 붉은색이 반반씩 섞여 있다. 같은 나무에서 피지만 햇빛을 받는 방향이나 각도에 따라 체리세이지 혹은 핫립세이지로 이름이 다르다. 난 핫립세이지가 더 매력적으로 보인다. 나만 그럴까? 그야말로 앵두 같은 입술이다. 햇빛을 어느 각도에서 받는가에 따라 붉은 입술의 크기나 색깔이 각양각색이다. 마치 여인의 입술이 그렇듯. 잎의 아래 가장자리만 엷은 붉은 색을 띠기도 하고, 붉은색이 좀 더 퍼져 있는 입술 모습이기도 하다. 굵은 입술과 엷은 입술이 한데 어울려 산다.

체리로 피느냐 핫립으로 피느냐는 외부환경이 결정한다. 흰색이던 게 여름에는 전체가 붉게 핀다. 늦여름 일교차가 심해지고 기온이 차가워지면 아랫입술만 붉게 남는다. 그러나 정열의 입술은 아무리 추워도 뜨겁다. 한여름 정열의 입술로 붉게 피었다가 늦여름을 지나 늦가을이 되면 흰색으로 바뀌어, 아랫부분만 붉게 살아있다.

젊을 땐 모든 게 붉다. 정열의 꽃으로 산다. 어떤 일을 해도 재미있고 정열적이다. 난 젊은 시절 책 쓰고 논문 쓰는 일에 온 정열을 쏟아부었다. 참 재미있었다. 하루를 어떻게 보냈는지 모를 정도로 열심히 살았다. 중년에 들면서도 여전히 정열로 살았다. 하던 일을 열심히 하고 살았다. 학교 연구실에서 밤을 새운 일도 적지 않았다. 독일어 원서를 번역한 원고가 200자 원고지 3천 매 분량이다. 낮에는 강의하고 밤에는 번역하면서 열심히 살았다. 이 원고가 책으로 나온 건 1990년이다. 《에드문트 후설》이라는 제목의 책이다. 대구 이문출판사에서 출판했다. 내 나이 서른일곱 살 때이다. 그렇게 밤을 새워도 피곤하지 않았다. 그리고 내가 전공한 분야인 현상학을 전문적으로 다룬 책인 《현상학의 이해》는 마흔다섯 살이었던 1998년 울산대 출판부에서 출간했다. 나에게는 가장 소중한 책이다. 그 당시 내 모든 것을 투자해서 쓴 책이다. 나의 분신이라고 할 정도로 이 책은 지금도 내 머리맡에 있다. 참 붉게 살았었다. 마치 체리세이지처럼…

　나이가 들면서 흰색에 밀려나 붉은 입술은 가장자리에만 남아있다. 정열의 붉음이 이젠 거의 가쁜 숨을 내쉬는 듯해서 애처롭다. 하지만 이 여리고 가는 입술이 더 매력적인 모습이다. 세월이 흘러 정열이 탈색되어 많은 부분이 차분한 흰색 옷으로 갈아입었다. 하지만 이 흰색은 젊은 시절 열심히 살고 나서 얻어낸 값진 보물이다. 붉게 화려하지는 않지만, 화려함을 안으로 숨기고 차분한 선비의 옷으로 갈아입었다. 그래서 핫립세이지의 꽃말이 '존경'인지도 모르겠다.

　난 나이가 들어서도 여전히 핫립세이지로 살고 싶다. 비록 엷어지고 가늘어지긴 했지만, 열정은 젊을 때 못지않다. 물론 여릿하게 남아있는 붉은 입술이 때론 애처롭게 보이긴 한다. 그러나 난 여전히 붉은 정열과 사랑을 호흡하며 살고 있다. 글 쓰는 일도 체리세이지의 시절 때보다 더 열정적이다. 체리세이지의 꽃말은 건강이다. 온통 붉음으로 가득 찼던 젊은 시절은 건강했다. 이제 입술의 붉은 핏기가 점점 사라져 건강에 문제가 가끔 찾아오긴 하지만, 그래도 삶은 여전히 열정적이다. 체리세이지의 붉은 건강은 조금씩 잃어가지만, 이나마 건강하게 살고 있음에 감사하면서 남은 시간 더 열정적으로 붉게 살고 싶다. 이제 많이 남아있지 않은 붉은 열정을 이전보다 더 열정적으로 태울 것이다. 오늘 오후 늦게 걸으면서 만난 핫립세이지가 나에게 좋은 글감을 선물해 주었다.

음식과 정치

정치는 별난 퍼포먼스가 아니다. 정치는 우리의 생명이고 삶이며 호흡이다. 우린 매일 음식을 먹듯, 정치를 먹고 마신다. 우리의 모든 일상이 정치 아닌 게 있을까? 재채기하는 것조차도 정치적 퍼포먼스(?)가 아닐까?

입만큼 간사한 데가 있을까? 입보다 더 보수적인 기관이 있을까? 맛이 없는 식당은 죽을 때까지(?) 다시 가지 않는다. 맛집은 웨이팅한다. 단 한 번으로 맛을 판단하듯, 우린 자신의 정치적 지향성도 잘 바꾸지 않는다. 한번 싫으면 절대 타협하지 않는다. 음식과 정치가 닮은 점이다. 입은 참 교만하다. 인내할 줄 모른다. 내 식성에 맞지 않으면 음식도 아니다. 정치 역시 내 취향에 맞지 않으면 모두가 적이다. 한국 정치의 맛집은 없다.

미각은 사람마다 다르다. 같은 음식이라도 누구에게는 싱거운데 누군가에게는 짜다. 맛은 주관적 경험이다. 영국 철학자 존 로크(John Locke, 1632~1704)는 사물의 성질을 둘로 나눈다. 사물 자체가 가지는 고유한 속성을 1차성질로, 사물을 경험하는 주관적 경험을 2차성질로 구분한다. '맛'이란 성질은 음식 자체가 가지고 있는 1차성질(primary quality)이 아니라, 내가 먹어보고 느끼는 2차성질(secondary quality)이다. 한 걸음 더 나아가 조지 버클리(George Berkeley, 1685~1753)는 모든 성질이 2차적이라 한다. 모든 경험이 주관적 경험이다. 아마 대표적인 주관적 경험이 맛 경험이 아닐까? 사람 따라 식성도 다르지만, 젊었을 때는 그렇게 맛있었던 음식이 나이 들면서 싫어지는 경우도 허다하다. 마치 젊었을 때 진보 성향을 가졌던 사람이 나이 들면서 극보수로 바뀌듯이.

하지만 맛있는 음식은 모두에게 다 맛있다. 특정한 음식이 모두에게 맛있게 느껴지는 것은 그 음식을 맛있게 만드는 공통분모가 있기 때문이다. 그 공통분모는 다름 아닌 사랑이다. 타자에 대한 사랑이 실종된 것은 음식도 정치도 아니다. 오로지 시장기를 메우기 위한 한 끼 먹거리이고, 권력을 얻기 위한 수단에 지나지 않는다.

음식은 사랑이다. 사랑이 이념이 아니듯이, 음식은 이념을 구분하지 않는다. 그러기에 나와 식성이 달라도 적은 아니다. 정치적 지향(志向:intention)도 일종의 맛이다. 나와 지향성이 다르다고 적이라는 할 수 없다. 다양한 정치적 지향이 공존하면서 연대하여 이루어내는 정치가 맛있는 정치이다. 정치가 편향된 이념의 옷을 입는 순간 이미 맛을 잃는다.

음식은 이념으로 갈라진 정치를 소통하게 하는 채널이다. 중국의 궁중음식 만한전식(滿漢全席)은 청의 강희제가 고안한 음식으로 소수의 만주족이 다수의 한족과 소통하는 음식이다. 전석(全席)은 풀코스 정도로 이해하면 된다. 만주족 음식과 한족 음식을 융합한 궁중음식이다. 다 먹는 데 2, 3일은 족히 걸린다. 청이 근 300년 가까이 지속할 수 있게 한 것 중하나가 음식을 통한 다문화정책일 것이다.

한국의 대표적인 음식인 비빔밥은 재료 하나하나는 다 다르다. 모양이

나 맛이나 크기 등등. 하지만 그 다양한 재료가 모여서 화합을 창조한다. 서양의 샐러드에 해당한다고 할까? 정치도 마찬가지다. 다양한 정치적 지향들이 모여 새로운 맛을 창조해내는 것이 정치의 맛이다. 그런데 우리의 정치는 그 맛을 잃었다. 창조할 역량도 없다.

《논어》〈자로〉편에, '군자화이부동 소인동이불화'(君子和而不同, 小人同而不和)란 구절이 나온다. 다양한 해석이 가능하다. 나름으로 읽으면 '군자는 서로 다름을 인정하며 화합하고, 소인은 서로 다름을 인정하지 않아 화합할 줄 모른다' 정도로 해석하면 좋을 것 같다. 우리의 음식 속에는 이미 '화이부동'의 진리가 함축되어 있다. 이른바 K-음식이라 불리는 비빔밥, 잡채, 김밥 등이 대표적이다. 화이부동의 정치가 아쉽다. 한국은 아직도 후진국형 동이불화의 동화(同化)주의(assimilation) 정치이다. 여는 야를, 야는 여를 자신의 입맛에 길들이려는 정치이다. 그러니 대화와 타협은 없다. 한국 정치는 군자정치 보다는 소인통치에 가깝다.

난 남도 음식을 좋아한다. 아니 그리워한다는 게 맞다. 대구의 '따로'와 '막창'에 길들은 나의 입이 자연스럽게 다른 남도 음식을 동경하게 된 것인지도 모른다. 나와 다른 것은 틀린 게 아니다. 우린 일상적으로 '다르다'와 '틀리다'를 잘못 사용하는 경우가 허다하다. 나와 다른 생각을 틀렸다고 말하는 것은 내 생각이 항상 옳다는 전제에 근거한다. 하지만 내 생각이 옳다는 것은 나만의 생각일 뿐이다.

이제 상대의 정치적 지향을 상호 인정하는 마음으로 대할 나이가 되었다. 나이가 들면서 식성도 바뀐다. 간사한 입도 겸손해지기 시작한다. 내 입을 음식에 맞춘다. 인터넷으로 주문한 운동화가 오늘 도착했다. 신어보니 코앞이 좀 크다. 바꾸려 하다가 그냥 신기로 했다. 내 발을 신에 맞추기로 했다. 나이 들면서 신을 내 발에 맞추기보다 내 발을 신에 맞추는 여유가 생긴 것 같다.

난 중국을 40여 차례 다녀왔지만, 아직도 저잣거리 음식에는 부담을 느낀다. 그래도 꽤 익숙해졌다. 그 음식에 담긴 문화를 이해하고 존중하는 겸손한 입으로 바뀐 것 같다. 입이 물리적으로 무뎌진 것이 아니라 문화적으로 숙성된 것일지도 모르겠다.

Nov.-Dec.

11-12월

빠체

오늘 저녁, 중고등학교 동기인 김성태가 속해 있는 빠체 남성합창단 연주회에 다녀왔다. 대구 수성구 범어성당 르망즈 홀에서 저녁 7시 30분부터 9시까지 공연했다. 사랑 평화 그리고 나눔의 정신을 전하는 남성합창단의 중후한 소리가 홀을 가득 채운다. '빠체'는 이태리어 Pace인데, '평화'란 의미이다. 40대에서 60대의 중후한 소리는 듣는 사람에게는 평화의 메시지로 다가온다. 2009년 창단해 그동안 꾸준히 연습해온 합창단이다. 음악의 최고의 가치는 평화가 아닐까? 평화는 위로의 메시지이다. 이번이 10회 정기연주회이다. 여성 지휘자와 30명의 남성이 전하는 소리는 말 그대로 중후함이다. 친구는 베이스 파트다. 평상시에도 그의 목소리는 낮고 깊다.

친구가 초청장을 보내왔다. 그저 고마운 마음에 연주회를 간 것도 있지만, 친구에 대한 미안함이 있어서 가 보고 싶었다. 친구는 20여 년 전 중국에 가서 간이식 수술을 받았다. 젊을 때 증권회사에서 역량을 발휘하던 친구였다. 갑자기 간경변이 와 수술 이외는 방법이 없었다. 당시는 중국에 가서 이식수술을 받을 수 있었다. 물론 이 일도 쉬운 것은 아니다. 내 기억으로는 동기들이 이런저런 방법으로 지원을 했던 거로 알고 있다. 난

당시 친구에게 아무런 도움이 될 수 없었다. 그게 지금도 미안하다. 그렇게 수술을 받고 아직 건강을 유지하고 있다.

친구는 항상 하회탈처럼 웃는 얼굴이다. 다시 살아난 기분이 어떤지는 모르지만, 사람에 대한 고마움과 살아있음의 소중함을 그는 웃음으로 표현한다. 그의 웃음이 노래로 표현된다. 눈이 부리부리하고 쌍꺼풀이 짙다. 그의 모습 어디에도 평화가 내려앉지 않은 곳이 없어 보인다. 젊은 시절 죽음 앞에까지 갔었던 친구는 이제 다시 살아난 고마움을 다른 사람에게 평화의 메시지로 선사한다.

친구는 현재 경상북도 문화관광해설가 회장으로 일을 하고 있다. 청도에 산다. 그의 직업은 공인중개사이다. 꽤 오래전부터 중개사 자격을 취득하고 이 일을 해왔다. 젊었을 때, 친구는 경북대 사학과 대학원에 다닌 것으로 안다. 그는 한국사에 관심이 많았는데, 특히 성(城)에 관해 관심이 있다고 한 말을 기억한다. 그런 관심이 지금은 청도 지역뿐만 아니라 전국을 다니면서 해설사로서 역량을 발휘하는 자산이 된 것 같다. 지난달 얼핏 방송에서 친구 얼굴을 봤다. 좀 더 보려니 끝나버렸다. 청도 운림고택이라는 곳을 소개하고 있었다. 이 고택은 내시로서는 최고위직 통정대부 정3품에 오른 김일준(金馹俊, 1863~1945)을 이어 400년간 16대 후손이 사는 집이다. 2021년 나온 나의 책《욕망으로 성찰한 조선의 공간》에서도 소개하고 있는 특이한 양식의 고택이다. 내시라는 특이한 직업이 그의 고택에 고스란히 표현되어 있다.

내일은 양산 통도사 반야암에 특강을 하러 간다. 강의 주제 역시 삿된 마음을 내려놓고 평화로운 마음을 회복하는 방법이다. 오늘 친구가 선사해준 평화의 메시지가 내일 강의로 잘 이어졌으면 좋겠다. 합창단의 오른쪽 끝줄의 가운데 이마가 살짝 벗겨진 친구이다. 그 하회탈 같은 웃음으로 우리 곁을 오래오래 지켜주었으면 한다.

반야

늦가을 통도사 옆길을 걸어 반야암으로 간다. 오늘 반야암에서 개최하는 '산사에서 만나는 인문학' 강사로 초청되어 설레는 마음으로 걷는다. 약 50분을 걸어야 반야암에 이른다. 통도사까지는 차로 왔고, 반야암까지는 혼자 걸어서 들어간다. 참 걷는 걸 좋아하는 나다. 걷다 보니 한글로 '반야암'이라고 쓴 큰 바위가 보인다. 이곳에 오면 목적지에 거의 다 온 것이다.

이곳에서 새들의 떼창을 듣는다. 눈에 보이지 않지만, 나무 숲속의 새들의 합창이 하늘을 찌른다. 가만히 보니 산수유 군락이다. 이 나무들 사이에 숨어 새들의 만찬이 한창이다. 그 시각이 오전 11시경이다. 아! 산수유는 이 새들의 먹잇감이 되기 위해 한여름 그리고 늦가을까지 자신의 정체성을 지키고 있었구나 하는 생각이 든다. 얼마나 행복한 만찬이었으면 새들의 합창이 조용한 산길을 흔든다. 어떤 새들이 이 열매를 좋아하는지는 알 수 없다. 굳이 알 필요도 없다. 겨울에 먹거리가 귀한 새들에게 이 산수유 열매는 자연이 허락한 최고의 선물이다.

누군가를 위해 자신을 내어 주는 일이 흔한 일은 아니다. 누구도 쉽게 할 수 없는 귀한 일이다. 먹거리가 부족한 겨울새를 배불리 먹이기 위해

자신의 모든 걸 바쳐 기꺼이 맛있는 먹거리를 준비한다. 눈에 보기에도 빨간 앵두처럼 먹음직하다. 그 수를 헤아릴 수 없을 정도로 많이 맺는다. 자신을 위해서가 아니라 타자를 위해서. 새들의 눈에 잘 띄게 붉은색 옷을 잔뜩 입었다. 기꺼이 새들의 만찬의 재물로 자신의 붉은 심장을 희생하면서 새들의 배설물이 되어 번식을 이어간다. 자연의 이치는 신비롭다. 붉은색으로 새를 유혹하여 기꺼이 새의 먹이가 된다. 그리곤 새의 배설물이 되어 자신의 정체성을 이어간다. 이게 자연의 질서이다. 자연은 말 그대로 저절로(自) 그러그러(然)하다. 저절로 그러그러한 것이 진여이다. 진여(眞如)는 진진여여의 준말이다. 진진여여는 그러그러하게 있는 그대로의 모습이다.

이 '있는 그대로의 모습'을 깨닫는 지혜가 반야(般若)이다. 자신의 욕망으로 세상을 보면 그 세상 역시 욕망의 대상이다. 철학자 스피노자는 자연을 신이라 한다. 그러그러하게 변해가는 질서 자체를 '신'이란 말로 표현했다. 그의 신은 초월적 인격신이 아니다. 신은 누구를 사랑하지도 미워하지도 않는 자연이다. 자연은 욕심이 없어 누군가를 사랑하지 않는다. 그래서 사랑하는 사람과 헤어지는 고(愛別離苦)는 없다. 이 신을 인식하는 것이 바로 반야이다. 스피노자는 '신에 대한 지적 사랑'이라 한다. 자연은 그러그러하게 연기의 질서에 따라 변할 뿐이다. 이걸 있는 그대로 인식하는 게 반야이다. 더 보탤 것도 뺄 것도 없다. 우린 생각을 경제적으로 해야 한다. 너무 복잡하게 생각할 필요가 없다. 진리는 단순하니까.

오늘 나의 강의 주제는 '내려놓기'이다. 나의 주장과 선입견을 내려놓고(放下) 세상을 있는 그대로 읽는 지혜가 반야이다. 지금까지 자신의 관점에서 세상을 판단하던 것을 중지하고(止) 사물의 실상을 인식하는(觀) 지혜가 프라즈나(prajna), 즉 반야이다. '내려놓기'를 서양철학에서는 '에포케'(epoche)란 말로 사용한다. 에포케는 고대 그리스 회의학파에서 사용하던 용어이다. 사물의 실상을 객관적으로 알 수 없다면, 차라리 무엇이 참이고 거짓이라는 판단 자체를 보류하는 것이 에포케이다. 에드문트 후설의 현상학에서는 '환원'이라는 말로 다시 사용된다. 지금까지의 내 주장을 내려놓고 사물 자체의 모습으로 되돌아가는 절차이다. 즉 본질로 돌아가 그것을 있는 그대로 직관하는 절차이다.

오늘 난 '반야암'이라는 큰 글씨가 새겨진 바위 앞에서 새들의 즐거운 합창을 들었다. 나무와 새의 놀라운 주고받음의 관계 속에서 주객의 분리를 초월하는 경지를 체험한다. 나무와 새 중, 어느 것이 주체이고 어느 것이 객체인지 분별하는 것은 어리석다. 나무가 새이고 새가 나무이다. 주객 분리를 초월한 무분별지(無分別智)를 체험한다. 반야암 경내의 단풍 풍광이 외경스럽기까지 하다. 자연의 경이로운 질서 앞에서 나의 알량한 이론적 수다를 내려놓는다.

은행잎

　대구 남구 봉명네거리에서 희망교로 가는 길은 은행나무 가로수 길이다. 매일 걷는 길이다. 은행잎이 노랗다 못해 황금빛이다. 어제는 바람 불어 황금비가 내려 땅이 온통 황금 주단으로 물들었다. 기꺼이 겨울 나목(裸木)이 되기 위해 거추장스러운 옷을 미련 없이 털어내고 있다. '황금비'란 기호는 나를 그리스 신화 속으로 데려간다.

　제우스의 변신은 거의 달인급이다. 에우로페에게는 황소로, 이오에게는 구름으로, 레다에게는 백조로 그리고 알크메네에게는 그의 남편 암피트리온으로 변신하여 접근한다. 그의 가장 화려한 외출은 다나에와 나눈 사랑이다. 다나에는 아르고스 왕 아크리시오스의 딸이다. 아버지는 딸이 낳은 손자에게 살해당할 것이라는 신탁을 듣는다. 아버지는 딸을 높은 청동 탑에 유폐시킨다. 물론 이 신탁은 먼 훗날 결국 이루어진다. 외할아버지 아크리시오스는 외손자 페르세우스가 던진 원반에 맞아 죽는다. 페르세우스는 제우스가 탑에 갇혀 있는 다나에에게 비로 변신하여 접근해 사랑을 나누고 낳은 자식이다.

　오스트리아 황금의 화가 구스타프 클림트(Gustav Klimt, 1862~1918)는 황금색으로 그림을 그린다. 그는 〈다나에〉를 그렸다. 황금비로 변신해

다나에에게 접근해 사랑을 나누는 제우스의 모습을 욕정적으로 그린다. 같은 오스트리아 출신인 에곤 실레(Egon Schiele, 1890~1918)와 화풍이 닮았다. 내가 보기에 실레의 그림이 더 욕정적이다. 그를 '욕정의 화가'라 부르는 이유이다. 실레는 스물여덟 살이 많은 클림트의 영향을 많이 받았다. 아니 서로 영향을 주고받은 오스트리아의 대표적인 화가들이다. 클림트는 비에 촉촉이 젖어 들어 황홀해하는 다나에를 아르누보(신예술, Art Nouveau) 양식으로 그렸다. 아르누보는 식물의 유기적이고 유동적인 곡선을 사용하는 양식이다. 그녀의 몸과 살포시 내려 감은 눈 그리고 하반신으로 밀려오는 남성성을 그린다.

아침 출근길을 황금빛으로 화려하게 장식한 은행나무 잎을 보면서, 인간의 야수성을 생각해 본다. 황금색보다 더 화려한 색은 없다. 인간의 욕망보다 더 화려한 정서는 없다. 클림트는 욕망을 더 욕망스럽게 그렸다.

욕망은 인간의 본성이다. 너무 화려해서 이성의 옷으로는 온전히 감출 수 없다. 이성으로 아무리 갈고 닦아도 욕망은 더 화려하게 빛난다. 마치 황금빛 은행잎처럼.

괴테(Goethe, 1749~1832)의 예리한 관찰력에 의하면, 은행잎은 두 쪽이 하나로 된 것이다. 이 두 쪽은 원래 하나였었는데, 둘로 갈라져 있었다가 다시 하나로 된다. 1815년 추운 가을 어느 날 66살의 괴테가 31살의 유부녀 마리아네에게 편지를 쓴다. 편지 봉투 속에 은행잎 두 장을 동봉해서 보낸다. 이에 감동한 마리아네는 사랑의 고백을 받아들인다. 괴테의 시 〈은행나무 잎〉이다.

> 동방에서 건너와 내 정원에 뿌리내린
> 이 나무엔
> 비밀스러운 의미가 담겨 있어
>
> (중략)
>
> 둘로 나누어진 이 잎은
> 본래 한 몸인가?
> 아니면 서로 어우러진 두 존재를
> 우리가 하나로 알고 있는 걸까?

플라톤의 대화편 《향연》은 기원전 416년 아가톤이 비극경연대회 우승 기념으로 그의 저택에서 벌인 뒤풀이를 담은 책이다. 뒤풀이에 참석한 일곱 명이 다룬 주제는 에로스(Eros), 즉 사랑이다. 네 번째로 등장한 희극 작가 아리스토파네스(기원전 450년경~기원전 385년경)는 사랑을 원래 하나였던 인간이 갈라졌다가 다시 결합하려는 욕망이라 정의한다. 인간은 원래 지금 모습의 몸 두 개가 결합한 형태였다. 머리가 두 개, 팔다리도 각각 네 개, 생식기도 두 개였다.

제우스는 원래 인간의 강한 힘이 두려워 불멸의 실을 들고 인간을 반으로 쪼갠다. 두 동강이 난 인간의 절단면을 추슬러 마치 고기만두 빚어내듯이 한 군데로 오므려 묶었다. 이게 바로 배꼽이다. 배꼽은 인간이 원래 형태에서 둘로 쪼개져 동강이 났던 아픈 추억의 증표다. 반으로 갈라진 인간은 막강한 힘을 잃는다. 잘려나간 반쪽에 대한 그리움과 우울한 허전함으로 의욕을 잃는다. 사랑은 이렇게 갈라진 두 쪽이 서로 하나가 되려는 열망이 바로 사랑이다. 하나가 되어 원래의 상태로 돌아가려는 갈망이 사랑인 셈이다. 은행잎은 둘이 하나로 다시 결합한 모습이다. 오늘 아침 은행잎은 어제보다 많이 떨어졌다. 하루하루 나목(裸木)으로 변신 중이다. 마르스와 열정적으로 사랑을 나누는 반나(半裸)의 비너스처럼.

반려자

게을러도 한참 게을렀다. 근 3년을 동거하면서도 그 이름을 오늘에야 정확히 알았다. 나의 존재 곁을 말없이 지켜준 동반자이다. 그저 한 번씩 물주기 세리머니를 하는 정도로 그에게는 그리 관심을 주지 않았다. 하지만 그는 말없이 내 곁을 지켰다. 그냥 지킨 게 아니다. 나의 호흡이 맑아지도록 자신의 모든 것을 내어주었다. 그 고마운 동반자의 이름이 '스파티필룸'이란 것을 오늘에야 확인했다. 이 꽃을 살 때 이름을 들었었지만, 그 후 그의 이름을 불러 본 적은 없다. 그리곤 잊어버렸다.

나의 유일한 반려식물이다. 물론 반려동물도 없다. '반려'란 말이 무색하다. 그냥 내 곁에 서 있었다. 내가 봐서 물기가 없이 잎이 늘어진 것 같으면, 물을 흠뻑 적셔 주었다. 물을 달라는 제스처가 또렷하다. 대충 30초 정도 뿌려준다. 그리곤 다시 관심을 거둔다. 이파리가 어느 정도 말랐으리라는 추론으로 다시 물을 준다. 오늘 네이버 렌즈로 검색을 하고서야 이 이름을 정확하게 확인했다. 스파티필룸. 혹 필름이라고도 한다. 국어사전에는 필름으로 등재되어 있다. 사실 이름은 그리 중요하지 않았다.

내가 이 반려자와 인연을 맺은 것이 그리 오래되지는 않았다. 2019년 여름 대구교대 연구교수로 있던 후배 성회경(成會慶) 박사가 나에게 선물한 것이다. 그의 연구실에 있던 것을 내 집으로 가져왔다. 어떻게 키우는지 몰랐다. 전혀 관심이 없었다. 조금만 검색해봐도 생태적 특성을 알 수 있는데도 그것조차 게을렀다. 폰으로 찍어 집 근처 시장 꽃집 사장 아주머니에게 물었다. 물을 얼마 만에 주어야 하는지를. 많이 주면 안 되고 한 15일마다 한 번씩 흠뻑 주라고 한다. 시키는 대로 했다. 그런데 오래가지 못했다. 말라 죽었다. 식물을 말려서 죽이는 것만큼 폭력은 없다. 선물을 준 성 박사에게 미안했다. 말라버린 화초는 빼버리고 큰 화분은 버리기 아까워 그대로 방치했다. 진한 청색의 큰 화분이다. 그러다가 화분만 덩그러니 자리를 차지하고 있는 게 싫어서 대구 동구 불로동에서 같은 스파티필룸을 구입해 화분으로 옮겼다. 사면서 얻은 정보이다. 물을 많이 주라고 한다. 많이 줄수록 좋다고. 그때부터 일주일에 한 번 정도 많은 양의 물을 주었다. 그리곤 그런대로 잘 커 나의 유일한 반려자로 내 등 뒤를 지키고 있다.

이 화초에 대해 내가 지금까지 행한 처사가 크게 잘못된 것은 아니다. 초보자가 키우기 쉬운 화초이다. 아니 키우기보다 스스로 큰다. 새하얀 촛불 같은 꽃이다. 진한 녹색 잎 가운데 우뚝 선 순백의 촛불이다. 꽃을 감싸는 포를 불염포(佛焰苞)라고 한다. 왜 이리 어려운 한자로 표현하는가? 도저히 알 수 없다. 내 나름대로 풀이한다. 우린 佛(불) 자를 부처 불 자로만 생각한다. 부처님의 이름인 붓다를 한역하여 부르면서 佛 자를 빌려 쓴 것이다. 그러나 이 경우는 佛 자의 원래 의미인 도울 '필'로 읽어도 좋다. 염(焰)은 불꽃 염이다. 그리고 포(苞)는 쌀 포이다. 그러니 촛불이 바람에 꺼지지 않도록 감싸는 포와 같다. 그래서 붙여진 이름인 것 같다.

이파리가 수분이 말라 늘어지면 물을 주고 물을 줄 때는 이파리가 늘어질 정도로 주지 않아야 한다. 하지만 쉬울 것 같아도 쉽지만은 않다. 중용의 덕이 필요하다. 배우지 않아도 몸에 익어야 한다. 근 3년을 동거하다 보니 어느덧 나름대로 전문가(?)가 다 되었다. 지금 상태는 잎의 가장자리가 약간 말라간다. 물을 너무 많이 준 것이다. 오늘에야 깨닫는다.

화초 하나에도 그만의 존재의 진리가 함의되어 있다. 인간 주체는 그저 이 존재의 진리에 귀만 기울이면 된다. 인간 주체가 꽃의 의미를 구성하고, 조작하는 가운데 꽃은 인간의 방식으로 규정되기가 십상이다. 난 다행스럽게도(?) 이 반려자의 존재를 내 방식대로 키워보겠다고 욕심을 부리지 않았다. 게으름이 오히려 나의 반려자에게는 덕(德)이 되었다. 그저 그의 존재가 드러나는 방식을 그대로 옆에서 물끄러미 보아온 것이다.

난 '스파티필룸'이란 어려운 이름을 알지도 부르지도 않았었다. 그런데 오늘 이 꽃의 이름을 불러 본다. 그리고 이 꽃의 생태적 의미를 확인했다. 인간 주체가 의미를 부여하기 전에도 '그' 꽃이었다. 다만 이름이 붙여진 후로는 '그' 꽃의 정체성이 언어에 구속당하게 된다. 난 이름을 모른 채, 그리고 생태적 조건을 모르면서도 그냥 함께 동행해왔다.

주체가 타자의 이름을 지어서 부른 것은 결국 타자의 존재를 나의 의미로 전환하려는 욕망 때문인 것은 아닌지? 언어는 인간의 개념으로 불러들이기 위한 달갑지 않은 도구이다. 인간을 위한 의미로 개념화하기 위한 수단이 언어이다. 난 사실 이 꽃의 이름을 매번 확인하지 않고서는 부를 수 없다. 그것도 이곳에서는 '필름'으로, 다른 곳에서는 '필룸'으로 혼용한다. 인간을 위한 의미체로 전환된 꽃은 관상용으로, 그리고 인간을 위한 생태공원의 도구로 사용된다. 나를 위한 대상이어야 한다는 인간중심주의가 해체되지 않는 한, 꽃은 그저 인간의 언어로 포장된 개념에 지나지 않는다. 차라리 특정한 이름으로 거명되기 이전, 하나의 몸짓으로 존재하도록 내버려 두자! '나'란 주체를 내려놓을 때 꽃이 꽃 그 자체로 내 안으로 들어온다.

　법정 스님도 지인으로부터 꽃을 얻어서 키웠다. 하지만 나는 스님처럼 애지중지 키우지 않았다. 그래서 집착에서 벗어나는 깨달음을 얻지 못했다. 난 내 방의 꽃을 한 번도 소유해 본 적이 없었다. 그냥 그대로 내버려두었다. 스님처럼 사랑으로 만지작거리지는 않았다. 그 사랑이 집착인 걸 알고 집착을 내려놓고서야 비로소 무소유의 행복을 얻었다. 물론 스님의 '난초 예화'(例話)는 나와 같은 속물을 깨우쳐 주기 위한 화두이다.

백팩

항상 아침 7시 반에 집을 나선다. 걸으면서 그 시각에 항상 만나는 세 사람이 있다. 나와는 반대 방향에서 두 사람이 걸어온다. 한 사람은 젊은 여성이다. 항상 폰과 대화하면서 걸어온다. 조금 지나면 젊은 남자가 걸어온다. 그의 손에는 항상 작은 카스 캔맥주가 들려 있다. 마시면서 걷는다. 나로서는 선뜻 이해할 수 없다. 나도 술을 좋아하지만, 아침에 매일 약 복용하듯 마시지는 않는다. 나름의 이유가 있을 듯. 조금 더 걸으면 젊은 남자 청소부와 만난다. 청소하다가 의자에 앉아 담배 연기를 길게 내품으며 쉬고 있다. 무슨 사연이 있어 그렇게 긴 연기를 만들어내고 있을까? 내가 보기엔 참 행복해 보이는데(?). 물론 그 세 사람이 나를 보면서 저 멋쟁이 노인(?)은 검은 백팩 메고 빠른 걸음으로 어디 가는가 하고 한 번이라도 생각했는지는 나로서는 알 수 없다. 사실 요즘 사람들은 타인에 대해 거의 관심이 없다. 누가 무슨 옷을 입었는지, 어디로 가는지 전혀 관심이 없다. 그저 걷기 바쁘다.

우린 모두 어디론가 가고 있다. 그곳으로 가는 이유는 다 있다. 그것은 목적이다. 목적을 가지고 어느 지점을 목표로 삼아 걷는다. 목표(target)와 목적(purpose)은 동의어로 사용해도 무방하다. 목적을 가지고 목표점을 향해 간다. 고양이는 쥐를 잡는 게 목적이다. 하물며 단풍이 떨어지는 것도 목적이 있다. 내년에 다시 새롭게 태어나려는. 이처럼 인간뿐만 아니라 모든 존재가 다 목적지향적이라고 생각한 대표적인 철학자가 아리스토텔레스이다. 그러나 근대 과학이 발달하면서 이런 목적론적 관점을 비판한다. 인간이 목적을 가지고 활동한다고 해서, 자연도 그럴 것이라고 추론하는 것을 프랜시스 베이컨은 '종족의 우상'에 빗대어 비판한다. 스피노자 역시 자연에는 목적이 없다고 한다. 모든 게 필연일 뿐이다. 내가 목적을 가지고 행동한다는 것은 착각이다. 그렇게 행동할 수밖에 없는 필연적 원인을 목적으로 착각한다. 우리는 원인을 가끔 이유 혹은 동기로 착각한다. 우린 무슨 이유나 동기가 있어 행동하는 게 아니다. 그렇게 할 수밖에 없는 원인이 있을 뿐이다.

어제는 퇴근하면서 수성구 대구여고 앞을 지났다. 마침 수능을 치고 나오는 여학생들 속을 같이 걸었다. 아버지가 애쓴 딸의 손을 꼭 잡고 걷는다. 다들 목표한 점수를 받았으면 하는 마음으로 같이 걸었다. 내가 학창시절 때 선생님으로부터 못이 박히도록 들은 소리다. 공부를 잘해야 좋은 대학에 가고, 좋은 대학에 가야 좋은 직장에 들어갈 수 있다. 그래야 좋은 사람과 만나 결혼하고 좋은 집에서 잘살 수 있다. 그렇다. 우린 모두 좋은 것을 지향한다. 이 좋아 보이는 것들은 최고로 좋은 것(최고선)인 행복 때문에 그렇게 보인다. 인간은 결국 행복이라는 최고의 목적을 이루기 위해 살아간다. 하기야 요즘 젊은 사람들은 이렇게 생각하지도 않는 것 같다. 그저 목적 없이 하루하루 최선을 다해 살아내는 것처럼 보인다. 이게 현명한 삶이다.

만약 행복이라는 최고의 목적을 실현하는 게 우리의 삶이라고 한다면, 우리가 목적하는 것들이 다 실현되지 않은 경우는 불행한가? 우선의 목적인 좋은 점수를 받지 못하면 최고의 목적도 이룰 수 없는가? 불행하게 살아야 하는가? 하지만 행복은 우리가 찾아가야 할 저 멀리 있는 목적은 아니다. 바로 지금이 행복하면 된다. 행복의 원인은 기쁨이라는 정서이다. 슬프면 불행하다. 우린 그때그때의 정서에 휘둘려 행복했다가 바로 불행해지기도 한다. 행복도 필연이다. 행복의 원인이 바로 기쁨이다. 행복해지고 싶은 목적이 행복하게 하지는 않는다. 행복은 목적도 이유도 아니다. 이유가 있는 것으로 믿을 뿐이다. 삶은 필연이다. 행복한 데는 반드시 그 필연적인 원인이 있다. 그 원인은 바로 항상 행복 연습이다. 행복도 습관이다. 행복이 습관이 된 사람은 평생 행복하다.

거대한 목적을 가지고 산다는 게 오히려 불행의 씨앗이다. 우린 이유가 있어 사는 게 아니다. 어제 수능을 친 학생이 자기가 원하는 대학을 갈 수 있는 점수를 얻었다고 해 반드시 행복한 내일을 사는 것은 아니다. 반대도 마찬가지다. 시험을 잘 못 친 학생이 반드시 불행한 미래를 맞는 게 아니다. 순간은 힘들지만, 내일은 다른 일로 행복할 수 있다.

나이가 들면서 내려놓아야 할 것이 거대한 계획이다. 젊었을 때 세웠던 목표를 얼마나 이루었는지는 개인마다 다를 것이다. 나는 많이 이루지는 못했다. 그러나 지금 이 글을 쓰는 순간보다 더 행복한 때는 없다. 물론 목표 없이 살 수는 없다. 다만 오늘이 행복할 수 있는 작은 목표를 세워서 살면 된다. 걷기나 책 읽기 아니면 친구들과 술 한잔. 거대한 프로젝트는 거두어들이자. 12월 16일이면 출근이 마무리된다. 말 그대로 다시 백수로 돌아간다. 작은 목표는 내년 1월 딸이 있는 파리로 가서 '한 달 살기'이다. 그곳에서의 일상을 글로 써 볼 계획이다. 이 생각만 하면 벌써 너무 행복하다.

행복 연습 없이 행복할 수 없다. 행복은 내가 이루어내는 것이다. 어제 오후 반월당 지하철에서 로또복권을 사려는 긴 줄을 봤다. 혹시나 해서 나도 줄을 서 보려다, 내가 무슨 생각을 하노! 하면서 지나쳤다. 난 복권이란 걸 한 번도 사 본 적은 없다. 때로는 그저 가져다주는 행복이 나에게도 찾아들 것이라고 잠시 착각하기도 한다. 행복은 노력 없이 성취할 수 없다. 스스로 행복해지는 연습이 필요하다. 난 오늘도 행복 연습 중이다. 백팩을 메고 걷는다. 이 속에는 노트북, 몇 권의 책, 폰 충전기 그리고 검은색 안경과 장갑, 수건 등이 들어 있다. 내 가방은 소소하지만, 나에겐 더없이 소중한 것들이 '행복'이란 이름으로 채워져 있다.

고산골

아침 7시가 덜 되어 집을 나선다. 오늘은 휴일이라 고산골로 간다. 고산골을 갔다가 신천 둔치를 걸어 집으로 왔다. 1시간 20분, 9천 보 정도 걸었다. 집으로 오면서 뚜레쥬르에서 식빵을 사 왔다. 커피를 올려놓고, 식빵을 구워 좋아하는 필라델피아 크림치즈를 발랐다. 커피와 함께하는 나만의 아침 만찬이다. 그러는 동안 어느덧 내 손이 노트북에 얹혀 있다. 이 시간이 참 좋다.

대구 남구 고산골 초입 '메타 숲길 250'이 나를 반긴다. 250미터에 이르는 메타세쿼이아(수삼나무) 가로수 길이다. 2022년 9월 4일에 찍은 사진이다. 가로수길을 걸으면 똑같은 나무들이 연이어진다. 사실은 똑같은 나무는 하나도 없다. 비슷하다. 그런데 우리는 비슷한 것들을 똑같은 것으로 재단하는 데 익숙하다. 나를 기준으로 비슷하면, 다 같은 것으로 일반화하는 경향이 있다. 우린 동일성에 익숙하다. 서로 비슷한 것을 동일한 것으로 여긴다. 동일성에 안주하지 않으면 무언가 불안하다. 우린 비슷한 옷을 입고, 비슷한 대학에 가고, 비슷한 차와 집을 가져야 한다. 적어도 비슷하게는 살아야 불안하지 않다.

비슷해 보이게 살지만, 사실은 그렇지 않다. 각자 특이한 삶을 산다. 그

만의 다른 삶을 살고 있다. 가로수 길의 나무들이 비슷해 보이지만 하나
도 같은 게 없다. 다 다르다. 우린 차이를 외면하고 동일성에 집착하는 근
성을 가지고 있다. 나와는 다른 사람을 그리 별로 좋아하지 않는다.

　우린 비슷하지만 다르게 산다. 비슷하지만 어느 하루도 같은 날을 살
수는 없다. 오늘이 최고의 날이다. 난 동기 단톡방에 글을 올리기까지 나
름 많은 생각을 했다. 내 글을 읽어 줄 동기가 몇 명이나 되겠는지. 그리
고 내 글을 필요 없는 정보로 외면하는 동기도 있을 거라는 생각 등으로.
친구의 권유로 블로그를 만든 지 이제 한 달이다. 그러면서 동기 단톡방
에 조심스럽게 글을 올린다. 요즘 몇 동기들 사이에 다소 이견이 노출되
는 걸 읽었다. 당연히 일어날 수 있는 일이다. 우린 같은 고등학교를 나
와 비슷하게 사는 것 같아도, 결국 자신의 특이성을 가지고 산다. 특이성

(singularity)은 보편성으로 수렴될 수 없다. 타자의 특이성을 나의 삶으로 동화(同化)시키는 것은 가능한 것도 아니고 그렇게 해서도 안 된다. 의견이 다르면 다른 것으로 인정하면 된다. '다른 것'과 '틀린 것'은 다르다. 세상에 틀린 삶은 없다. 각자 자신의 삶을 산다.

우린 다 다르다. 나의 기준으로 남을 재단하지 말자. 서로 달라서 소통할 필요가 있다. 원래 대화는 다른 생각을 하는 사람끼리 하는 것이다. 같은 생각을 하고 있으면, 대화할 필요가 없다. 특정한 결론을 정해 놓고 합의를 끌어내는 것은 대화가 아닌 독백이다. 서로의 차이를 인정하는 곳에서 대화는 완성된다. 어쩌면 우린 독백의 달인일지 모른다. 우리 세대는 대화 교육을 제대로 받지 못했다. 대화엔 서툴다. 대화도 연습이 필요하다.

지문

　필요한 서류가 있어 동사무소에 갔다. '행정복지센터'란 명칭에는 무언가 정이 아쉽다. 그런데 지문이 없단다. 지문이 없는 손가락은 없는 줄 알았는데. 어머니만 지문이 닳은 줄 알았는데. 평생을 아버지를 도와 대장간에서 해머질을 하신 어머니의 손이다. 나도 지문이 없어 다른 방법으로 신분을 확인하고 서류를 뗐다. 지문으로 사람의 정체성을 확인하는 방법은 기원전부터 있어 온 유일하고도 가장 신뢰할 만한 신분 확인방법이다. 그런데 난 그 증표를 나도 모르게 세월에 도난당했다.

　지문은 손가락 끝에 생긴 주름이다. 각자의 정체성을 확인하는 그만의 주름이다. 다른 사람과 공유할 수 없는 그만의 특이성이다. 지문이 왜 없어졌는지는 알 수 없다. 굳이 변명해 본다. 30대부터 지금까지 30여 권의 책을 썼다. 물론 그때는 자필로 쓰는 경우가 많았다. 연구비를 받아 논문 쓴 게 많다. 그리고 나이가 든 지금까지도 노트북에서 손이 떠날 날이 없다. 물론 이외 부엌 지킴이의 경력도 지문 도난에 한몫했을 것이다. 이유야 어떻든 중요한 건 몸의 무늬가 아니라 마음의 무늬이다. 마음결이 몸결보다 더 중요하다.

　지문은 곡선이고 주름이다. '주름'이라는 메타포를 즐겨 사용하는 철학자는 질 들뢰즈(Gilles Deleuze, 1925~1995년)이다. 르네상스 시대는 곡선이 악이고 직선이 선이었다. 르네상스 양식은 엄정한 기하학적 질서를 자랑하면서 곡선의 불경스러움을 배척한다. 바로크는 포르투갈어로 '일그러진 진주'를 의미한다. 곡선은 관능적이다. 직선은 이성적이다. 들뢰즈는 이러한 관행을 해체한다. 곡선을 상징하는 주름은 어떤 모양인가? 마치 뫼비우스의 띠처럼 처음도 끝도 없이 서로 이어진 모습이 주름이다. 들뢰즈는 이 주름을 '고원'(高原)에 비유하기도 한다. 고원은 높은 산과 깊은 계곡이 양립하는 장소이다. 그 어디에도 산과 계곡이 따로 없다. 서로 이어져 있다. 잘난 사람도 못난 사람도 없다. 고원은 평등한 장소이다.

우리는 정해진 규범에 따라 살지는 않는다. 정해진 규범은 없다. 겹쳐지고 펼쳐지고, 모였다간 다시 풀어지는 굴곡진 삶이다. 안과 밖이 따로 없다. 안주해야 할 안전한 곳은 그 어디에도 없다. 담장이 없다. 서로 이어져 있다. 남들이 많이 거쳐 가서 파인 홈에 안주하기보다 과감하게 담장을 허물고 자신의 길을 만들면서 질주한다. 아들은 아버지가 만들어 놓은 구덩이에 안주할 수 없다. 각각 차이 나는 삶을 산다. 그것이 바로 자유이다. 그리스인 조르바의 자유이다. 아버지와 아들의 지문이 같을 수 없듯이, 부자는 각각 자신만의 삶의 주체이다.

모든 게 연결이다. 안과 밖은 생각의 차이일 뿐이다. 근대철학의 문을 연 데카르트는 의식 '안'에 거주하면서 자위(自慰)한 철학자이다. 따로 존재하는 실체는 없다. 관계이다. 타자 없이 나는 존재할 수 없다. 건물 역시 따로 떨어져 있지 않다. 서로 이어진다. 몇 년 전 대구에 생긴 동대구버스환승센터는 지하철과 백화점이 이어져 있다. 우린 초연결 사회를 산다. 우린 이어진 존재이다. 마치 주름처럼 서로 이마를 맞대고 함께 엉클어져 살아야 할 존재이다. 헝가리 시몬 한타이(Simon Hantai, 1922~2008)는 주름을 표현한 대표적인 화가이다. 그의 작품은 얼른 보기에 무질서하다. 시작도 끝도 없다. 서로 이어져 있다. 물감을 사용해 자유롭게 만든 작품이다. 구기고 펼쳐서 만든 작품이다. 하지만 무질서 속에도 그 나름의 질서는 있다. '연결'이라는 질서가.

작위성

월드컵 시즌이다. 2002년 월드컵 때 동기 몇이 대구 남구 봉덕동 미리내 맨션 앞 치킨집에서 맥주를 마시면서 응원을 했었다. 그때 어느 나라와 경기를 했는지는 기억나지 않는다. 20년 전의 일이다. 시간이 많이 흘렀다. 어제 2022년 카타르 월드컵 독일과 일본의 경기가 있었다. 일본이 2 대 1로 이겼다. 이건 누구도 예측할 수 없는 부자연스러운 연출(?)이다. 누군가가 꾸며낸 일 같다. 꾸며내지 않고서야 이런 일이 일어날 수 있는가? 작위적 연출인 듯 착각할 정도이다. 독일은 의도적일 정도로 무기력했다. 하지만 일어날 수 있는 일이다. 우리는 살면서 이러한 작위적 사건을 가끔 경험한다. 전혀 예상치 못했던 부자연스러운 사랑이 찾아온다. 마치 영화처럼.

국어사전은 작위성(作爲性)을 '자연스럽지 못하고 일부러 꾸며서 한 듯한 성질'로 정의한다. 다소 부정적인 뉘앙스를 풍긴다. 하지만 가끔 작위성이 없으면 재미가 없다. 의도적으로 부자연스러운 삶을 즐기기도 한다. 요즘 추운 날씨에도 젊은 학생은 짧은 바지에 모자를 꾹 눌러쓰고 다닌다. 신발도 집에서 신던 그대로 거리를 다닌다. 꼰대인 내가 보기엔 작위적인 느낌을 받는다. 의도적으로 부자연스러움을 연출하는 듯하다. 내 생각이 그렇다는 것이다.

축구 경기의 작위성, 즉 예측과는 달리 마치 꾸며낸 것 같은 결과가 나왔다. 독일이 이기는 게 자연스러운데. 작위성이 없으면 재미없다. 그게 축구의 매력이다. 독일은 한 골 넣은 후 소극적이었다. 그들만의 기술 축구에 취했다. 우리가 생각하기엔 자연스럽지 못한 작위적인 연출이었다. 마치 의도적으로 지려고 마음을 먹은 것 같았다. 반면 일본은 한 골 먹은 후, 후반전에 선수를 대량 교체를 해 공격적 축구로 바꾸었다. 한 골 먹었으면 바로 밀고 나가야 자연스러운데, 후반전이 되어서야 공격 축구로 돌변했다. 감독의 다분히 작위적인 연출이었다. 우리가 보면 한 골을 먹었는데 왜 저렇게 소극적일까 했는데, 후반전을 대비한 작전이었다. 독일 분데스리가에 진출한 일본 선수들이 많다. 일본은 그만큼 독일 축구에 대해 많이 안다. 이에 비해 독일은 일본 축구를 너무 몰랐다. 일본 축구의 작위적 성격을 잘 알지 못한 것이다.

어릴 적 레슬링 경기를 상상해 보면 얼마나 작위적인지 알 수 있다. 물론 어릴 때는 전혀 느끼지 못했다. 작위적이면 어떤가? 재미있으면 그만이다. 권투와는 달리 레슬링은 규칙을 어길수록 더 재밌다. 짜고 치는 고스톱인 줄 알면서도 본다. 레슬링은 승패가 조작적이고 흥미 위주의 쇼다. 레슬링은 작위적이라서 재미있다. 김일 선수의 박치기가 작위적 쇼라는 걸 알기까지는 시간이 꽤 걸렸다. 만약 권투 선수가 레슬링 선수처럼 쇼한다면, 규칙 위반으로 퇴장당할 것이다.

일본 정원의 작위성을 생각해 본다. 가레산스이(枯山水)는 자연을 돌과 모래로 인위적으로 축소하여 만든 정원이다. 산이 돌로, 물이 모래로 부자연스럽게 만들어진 정원이다. 축경(縮景)이고 고경(枯景)이다. 대표적인 곳이 료안지(용안사)이다. 선불교의 정원이다. 수행을 위한 도구로 자연을 돌과 모래로 작위적으로 꾸몄다. '덜 미학적일수록 더 윤리적'이라는 메시지가 함축되어 있다. 일본 정원은 성형정원이다. 자연을 지나치게 오리고 도려내어 부자연스럽게 만든다.

틈

지난 10월 2일 읍천항을 다녀온 후, 다시 찾았다. 때마침 한파 예보가
있는 날이라 어젯밤 텐트에서 추운 밤을 보냈다. 감기 기운이 살짝 있어
서 몸이 그리 편하지 않았다. 하지만 일행과 약속을 한 것이라 다소 무리
하게 다녀왔다. 그래도 이번엔 매가리 열 마리를 잡았다. 전갱이 새끼가
매가리다. 지난번은 한 마리도 잡지 못했다. 이번엔 입질도 잦고, 나름 잡
는 요령이 늘었다. 미끼가 물속으로 들어가 다시 떠오르지 않을 때 낚아
채라고 같이 간 고수들이 충고한다. 지난번에는 너무 빨리 당겼었다. 그
러니 한 마리도 못 잡을 수밖에.

잡은 고기와 직판장에서 사 온 고기로 네 명이 저녁 만찬을 했다. 지난
번 만났던 손 과장과 울산에서 온 젊은 김 사장 그리고 나의 친구 고 교수
가 참석했다. 나는 낚시와 인연이 없다. 낚시 연예 프로를 제일 싫어한다.
그런데 이번엔 손맛(??)을 봤다. 난생처음 내 손으로 10마리나 잡았다.

나는 아버지를 따라 낚시를 몇 번 가본 적은 있다. 하지만 구경꾼이었
다. 아버지는 당신의 이산의 한을 낚시로 치유하셨다. 당신에게 낚시는
거의 신앙에 가까웠다. 낚시하는 순간은 당신의 한을 치유하는 기도의 시
간이었을 것이다. 어릴 때 나는 아버지의 깊은 한숨을 거의 의식하지 못

하고 살았다. 북한에 가족을 두고 남쪽으로 내려와야 했던 당신만의 아픔을 어린 자식은 알 수가 없었다. 낚싯대를 쥐고 앉으니 돌아가신 아버지 생각이 난다.

집 나가면 고생이다. 하필이면 제일 추운 날 텐트에서 자야 한다. 슬리핑 백 안으로 들어가자마자 잠이 들었다. 술기운 덕이다. 한기가 몸을 덮는다. 10시에 잠들어 4시 반에 깼다. 깬 게 아니라 깨어졌다. 요즘 4시 반은 깜깜하다. 해는 7시가 돼야 뜬다. 주상절리를 가보지만 아직 어둡다. 누군가 컴컴한 데서 길을 묻는다. 청주에서 일출 사진을 찍으러 오신 분이다. 아직 1시간을 더 기다려야 한다. 한 컷을 찍으려고 청주에서 이곳까지 왔다. 작가의 열정이 대단하다. 일출을 찍으려고 카메라를 만지는 시간이 20여 분이다. 옆에서 한참 지켜봤다. 사진이 무슨 예술인가 하고 생각해 본 적이 있다. 오브제를 정해서 찍으면 다 사진이 되는데? 내 폰으로 어설프게 찍은 사진도 잘 나오는데. 내 생각이 잘못이라는 게 바로 이 현장에서 들통났다. 자연이 카메라에 담기는 순간 작품으로 태어난다. 한 컷을 찍기 위해 많은 시간을 준비하는 작가의 모습을 보면서, 내가 찍은 사진은 작품이 될 수 없다는 걸 알았다. 큰 깨달음이다.

이곳 경주 양남의 주상절리군을 사진에 담았다. 동행한 고 교수 차를 타고 대구로 오는 동안 주상절리의 기괴한 모습이 떠오른다. 지표로 분출한 용암이 식으면서 생긴 수직 돌기둥 모양으로 갈라진 틈이 바로 주상절리이다. 절리(節理)는 규칙적으로 갈라진 틈이다. 마치 몽당연필처럼 가지런하게 누워있다. 그런데 나에겐 틈으로 보이지 않는다. 무슨 말인가? 마치 주름처럼 보인다. 하나하나를 분리해서 보면 틈이 생긴다. 하지만

이어진 것으로 보면 주름과 같다. 틈과 주름은 보기 나름이다. 분리된 것
으로 보면, 틈이고, 이어진 것으로 보면, 주름이다.

　틈의 철학은 세상을 둘로 분리해서 본다. 플라톤이 이데아와 현상을 분
리하고, 그 사이에 틈을 생산한다. 아리스토텔레스는 이 틈을 메우려고 애
쓴다. 이런 틈새 메우기는 근대철학에 이르기까지 계속된다. 눈에 보이는
현상세계와 눈에 보이지 않는 본질 세계 사이의 틈을 주조한다. 그리고는
메우려고 애쓴다. 칸트 역시 현상과 본질의 틈을 메우지 못했다. 헤겔은
변증법이라는 모호한 개념으로 이 틈을 메우려고 애쓴다. 하지만 틈은 여
전히 존재한다.

　현대철학은 현상과 본질 사이에 틈을 애초부터 만들지 않으려고 애쓴
다. 현상과 본질은 분리할 수 없을 정도로 엉클어져 있다고 생각한다. 그
래야 틈이 생기지 않는다. 후기 현대철학은 틈 자체가 생길 수 없도록 현

상과 본질은 서로 주름처럼 얽혀 있다고 생각한다. 들뢰즈의 주름의 철학은 바로 틈이 생길 가능성 자체를 차단한다. 뫼비우스의 띠와 같이 현상과 본질이 얽혀 있어서, 어디까지가 현상이고 본질인지 경계를 그을 수 없다고 생각한다. 현상학자인 프랑스 철학자 메를로 퐁티는 현상과 본질은 분리할 수 없을 정도로 애매하게 얽혀 있다고 한다. 그의 모호성의 철학이다.

어젯밤 역시 양주 파티다. 손 과장님은 양주 컬렉터다. 술이 이어지면서 자연스럽게 정치이야기가 나온다. 손과장님과 나는 정치지향이 비슷하고 고 교수와는 다르다. 물론 우린 보수와 진보의 양극단에 서 있지는 않다. 울산에서 온 젊은 김 사장은 나이 많은 세 사람의 정치 담론에 끼어들지 않는다. 아니 끼어들고 싶지 않아 보인다. 별 흥미가 없을 것이다. 잠시 정치 얘기하다가 서둘러 이전 토크로 돌아간다. 서로 불편하다. 자신의 정치적 지향성을 남에게 강요할 권리는 없다. 나는 자장면을 좋아하는데 왜 당신은 짬뽕을 좋아하는가 하고 따질 수는 없는 일이다. 정치적 지향성도 식성과 같다. 나는 곱슬머린데 왜 당신은 직모인가 하고 항변할 수 없듯이, 우린 그저 자신만의 정치적 지향을 띠고 있을 뿐이다.

보수와 진보로 갈라져 서로의 틈을 만들지 말자. 보수든 진보든 서로 주름처럼 잇대어 살자. 물론 관점의 차이가 다를 뿐이다. 다르기 때문에 존중해야 한다. 똑바로 서서 보는 세상과 물구나무서서 보는 세상이 같을 수는 없다. 주상절리를 틈으로 볼 수도 있고 주름으로 볼 수도 있다. 그건 관점의 차이다. 노자의 《도덕경》 제2장 첫머리만 인용해 본다.

天下皆知美之爲美 (널리 알려진 미를 미라고 알고 있지만)

斯惡已 (그것은 사실 혐오스러운 것이다)

皆知善之爲善 (널리 알려진 선을 선이라고 알고 있지만)

斯不善已 (그것은 선하지 않은 것이다)

우리가 미추(美醜)라고 하는 것 그리고 선악이라고 하는 것은 상호의존적이다. 계속 이어서 말하는 내용은 유무(有無), 쉬움과 어려움(難易), 길고 짧음(長短), 높고 낮음(高下), 노래와 소리(音聲), 앞뒤(前後) 등도 상호의존적이라는 것이다. 노자《도덕경》제2장의 키워드는 '상'(相)이다. 서로 '상'이다. 모든 게 상대적이다. 관계적이다. 두 개의 실체가 따로 존재해 틈을 생산하지 않는다. 두 개의 실체 사이의 틈은 관계성에 의해 해체된다. 서양 근대철학의 감초처럼 등장하는 '실체'는 '다른 것 없이 홀로 존재하는 것'이라는 의미이다. 하지만《도덕경》에서는 실체가 존재할 공간이 없다. 모든 존재가 관계적 존재이다. 주상절리의 주름처럼, 우린 서로 잇대어 사는 존재들이다.

올빼미

헤겔은《법철학》서문에서 '미네르바의 올빼미는 어둑어둑한 황혼에야 비로소 날개를 편다'라고 했다. 모든 현실을 관조하는 철학의 역할에 대한 말이다. 오늘 저녁 6시 모임이 있다. 퇴근하고 집에 갔다가 다시 나오려니 그렇고 해서 영화관을 찾았다. 기다리지 않고 바로 볼 수 있는 영화인 〈올빼미〉를 보고 방금 나왔다. 현대백화점 뒤 자주 가는 카페 펠리체에 들렀다. 이 카페는 개업한 후 10년 동안 다니는 곳이다. 펠리체(Felice)는 이탈리아어로 '행복'을 뜻한다. 여사장님은 항상 행복한 얼굴로 손님을 맞아준다. 아직 약속 시각이 한 시간이 남아서 노트북을 열고 오늘 본 영화 감상문을 써 본다.

영화에 대한 정보를 살펴보지 않고 봤지만, 스토리는 우리에게 너무 익숙한 소현세자의 죽음에 관한 얘기다. 소현세자의 죽음에 대한 여러 가지의 버전이 있다. 이 영화는 대부분 창작에 의해 이루어진 것임을 영화 마지막 자막으로 밝힌다. Faction의 성격을 띠면서도 Fiction에 더 가깝다. Faction은 Fact와 Fiction의 합성어이다. 사실에 기초하면서도 어느 정도의 픽션을 가미한 형식의 내러티브를 말한다.

영화를 다 보고 나서야 제목이 올빼미인 이유가 확연해진다. 올빼미는 지혜의 동물이다. 낮에는 보지 못하고 밤에만 활동한다. 올빼미로 은유되는 이 영화의 주인공 맹인 침술사 경수는 낮에는 보지 못하지만, 밤에는 어렴풋이 본다. 그가 본 것은 궁에서 일어나는 밤의 사건이다. 소현세자의 죽음에 관련된 사건이다. 이 사건을 계기로 일어나는 궁중의 이야기다.

아버지 인조가 어의(御醫)와 짜고 아들 소현세자를 독살한다. 그래 놓고서 며느리 강빈에게 죄를 덮어씌운다. 이 모든 사실을 경수는 비록 흐릿하지만 직관했다. 하지만 역사는 경수가 원하는 대로 가지 않는다. 권력 나눠 먹기로 모든 일은 없었던 것으로 덮는다. 경수는 참수를 면하고, 동생과 의원을 차려 살고 있다. 4년 후 인조가 위급해지자 궁궐에서 경수를 찾아 인조를 치료해달라고 한다. 경수는 치료하는 척하면서 인조를 독살한다.

스토리 전체는 나름 스릴이 있다. 하지만 상당한 상상력이 동원된 스토리이다. 역사적 사실을 있는 그대로 구성하면 재미는 없다. 그렇다고 역사적 사실 자체를 과도하게 픽션화하면 사실로부터 멀어진다. '역사는 과거와 현재의 대화'라고 말한 카(E. H. Carr, 1892~1982)의《역사란 무엇인가》는 역사 교과서이다. 하지만 대화는 아무리 과거의 사실과 대화한다고 하더라도 역사가의 상상력이 개입될 수밖에 없다. 역사적 사실은 자연적 사실과 다르다. 루비콘강에 홍수가 났다는 사실과 카이사르가 루비콘강을 건넜다는 사실은 다르다. 어떻게 의미부여를 하는가에 따라 다양하게 해석되는 것이 역사적 사실이다. 주관과 객관 사이의 대화이다. 문제는 주관이 나름으로 자의적 해석을 하지 않을 수 없다.

이런 관점에서 보면 이 영화가 사실 자체와 어느 정도 일치하는가가 절대적인 기준이 될 필요는 없다. 다만 역사적 사실을 마치 피자 반죽하듯 주무르는 것은 자칫 사실 자체로부터 멀어질 위험이 크다. 그런데도 중요한 것은 비록 사실 자체와 거리가 멀다고 하더라도 비판적 역사의식을 가질 수 있느냐 하는 것이다. 우린 신화가 사실이 아닌 줄 알면서도 신화로부터 많은 것을 배운다. 극단적으로 영화가 전적으로 픽션이라고 하더라도, 그 영화를 통해 우리가 얻는 것은 너무나 소중한 가치이다. 사실만 얘기할 것 같으면 다큐멘터리로 족하다. 이런 관점에서 〈올빼미〉는 잠자던 역사의식을 일깨우는 좋은 텍스트라고 말할 수 있다. 영화가 끝나고 나오는데 옆에서 내 나이만큼 돼 보이는 아주머니 두 분이 '바로 우리 정치 이야기네'라고 주고받는 걸 훔쳐 들었다. 그렇다. 그렇게 느끼고 보면 사실인지 아닌지는 그리 중요한 것은 아니다.

여목

　오늘 오후 4시 대구 중구 봉산문화회관에서 대학 동기 여목(如木) 조용길의 서각(書刻) 전시회 개막전에 참석했다. 다녀와 노트북을 연다. 친구는 인사말에서 1년 걸려 만든 작품이 자신에게 가장 소중하다고 말한다. 〈대방광불화엄경변상도(大方廣佛華嚴經變相圖) 제22〉이다. 화엄경의 내용을 묘사한 통일신라 시대의 변상도이다. 754~755년 작으로 닥종이에 금가루와 은가루를 아교풀에 개어 만든 안료로 채색한 그림이다. 세로 26cm, 가로 23cm의 크기이다. 1979년 국보로 지정된 작품이다. 난 이 작품 앞에서 입이 다물어지지 않는다. 내 친구가 존경스럽다.

　친구는 대구 중앙상고(지금은 중앙고등학교) 교사로 퇴직했다. 오늘 친구의 인사말을 들으니, 서각(書刻)에 입문한 지 15년이다. 우연히 서각 작품을 보고 꽂혔다고 한다. 인생 여정에서 단 한 번으로 꽂힐 수 있는 일을 만나는 게 그리 쉬운 일은 아니다. 친구는 정년을 몇 년 앞두고 퇴직하면서 서각에 몰두하기 시작했다. 작품을 하는 것 자체가 수행이다. 평정심을 유지하지 않으면 손에 든 칼이 제멋대로 놀 것 같다. 정교하게 새기기 위해 망념을 내려놓지 않으면 안 된다. 그의 작품을 내 폰에 다 담을 수 없다. 그 디테일한 선을 폰에 담기란 여간 어려운 일이 아니다. 1년 동안 이 작품을 하는 동안 그는 지속해서 욕망 내려놓는 연습을 했을 것이다. 친구의 마음이 평화롭지 않고서는 화엄의 요체를 목판에 새길 수 없다. 그 자신이 화엄이 되지 않고서 화엄을 새길 수 없다. 친구는 서각 중 목판을 주로 한다. 그의 말을 빌리면 서각은 주로 현대인이 취미로 하는 것이고, 목판은 전통적인 것을 주제로 한다. 목판 작업을 하는 사람은 그리 많지 않다. 그는 우리가 살고 있는 현대 사회에 맞게 재구성하는 작업을 한다. 그는 전시회 때마다 찾아오는 분에게 목판을 인쇄해서 액자로 만들어 선물로 전달한다.

　나는 이 작품 앞에서 한참 서 있었다. 그러면서 친구를 잠시 생각했다. 친구는 학사 장교 출신이다. 마음이 매우 여린 친구다. 하지만 마냥 여리지 않다. 그는 명예퇴직했다. 교직을 일찍 떠난 허한 마음을 서각으로 채우지 않았을까? 그는 정화여고를 퇴직한 대학 동기 박영균 선생과 오래전부터 같이 활동했다. 두 동기는 지금도 통일실천연대라는 단체를 만

들어 통일과 관련된 일을 실천해오고 있다. 강하지 않으면 할 수 없는 일이다.

그는 여리다 못해 미숙하다. 지난 일요일 친구를 잠시 만났다. 그의 무용담(?)을 늘어놓는다. '친구들이니까 할 수 있는 말인데……. 나 며칠 전 보이스피싱 당했다. 낫살 먹어 어디에다 대고 말할 수 있겠노? 친구니까 하지'. 옛날 버전인 '아빠 내 폰 액정이 나가서…….' 하고 시작하는 보이스피싱을 당했다. 친구가 말한다. '그 순간에는 누구도 당할 수밖에 없을 끼다'. 정신이 혼미해서 그저 손 놓고 당한 꼴이라고 쑥스러워한다. 사실 나도 그 문턱까지 두 번이나 갔다가 살아 돌아온 전적이 있다. 나이가 들면 미숙해진다. 친구는 적지 않은 돈을 당했다.

어차피 일어난 일이다. 다시 칼을 들고 마음을 추스르면서 작업에 몰두할 수밖에 없는 거 같다. 우리가 살면서 당하는 숱한 일들로 인해 그때그때 마음을 추스르기가 쉽지 않다. 친구는 서각을 통해 마음 내려놓은 연습을 수없이 해왔을 것이다. 그의 호처럼, 그는 작업하는 동안 나무가 되고, 나무는 그가 되어 물아일여(物我一如)를 이룬다.

난 불교를 한낱 이론으로만 접했다. 문자로만 이해한 나의 공부가 한없이 부끄러운 오늘이다. 친구의 작품을 보면서 그렇게 느꼈다. 1년 동안 '사사무애 이사무애'(事事無碍 理事無碍)의 화엄의 진리를 목판에 한 자 한 자 새겨가는 친구가 바로 부처다. 친구는 항상 웃는다. 오늘 그의 작품을 보면서 더 여리고 맑아진 친구의 얼굴을 읽었다.

5014

〈영남일보〉 검색창에 '성회경'을 쳐 본다. '하늘도 감동한 효심의 간병일기'란 제목이 눈에 띈다. '15년 전'이라 기록되어 있다. 2008년 3월 12일 자 영남일보에 성 박사에 관한 기사가 실렸었다. '2006년 7월 14일 저녁 무렵 어머니가 쓰러졌다'로 시작되는 기사이다. 10일도 살지 못한다는 어머니가 무려 595일을 더 살고 계신다고 쓰고 있다. 이날로 어머니가 병원에 입원한 지 605일째 된다고 기록되어 있다. 그는 담뱃갑에 메모지를 끼워서 다닌다. 메모지에는 병원에서 일어난 일이나 어머니와 관련된 일이 빼곡히 적혀 있다. 일종의 간병일기인 셈이다.

그러던 어머니는 만 13년 9개월, 일수로는 5014일을 사셨다. 그의 메모지에는 하루하루 체크한 기록이 그대로 남아있다. 그는 매일 대구 수성구 시지노인전문병원으로 어머니 문병하러 간다. 아니 문병이 아니라, 막내아들의 안부를 전하러 가는 셈이다. 내 기억이 정확하다면, 성 박사 친구인 대구교대 장 교수 부친 장례식에 참석한 일로 한 번 빠졌고, 나와 전남 강진 다산초당을 갔다가 계획과 달리 일정이 늘어지는 바람에 여수에서 잔 것으로 하루 빠졌던 게 전부다.

난 대구 시내를 다니다가 정법 택시를 가끔 본다. 어쩌다 타기도 한다.

이 택시를 볼 때마다 성 박사가 생각난다. 그는 어머니 병원에 갈 때나 올 때나, 혹 다른 일을 볼 때도 항상 이 택시를 호출해서 탄다. 지금도 마찬가지다. 그 세월이 얼마인가? 어제 우연히 이 택시를 탔다. 성 박사를 물으니 기사님이 모를 리가 없다. 아마 이 택시회사 기사님 중 성 박사를 병원으로 태워주지 않은 분은 없을 것이다. 기사 분은 성 박사가 이 병원 의사인 줄 안다. 그렇지 않고서는 매일 출근할 이유가 없기 때문이다. 내가 기사 분에게 농담한다. 회사 사장님에게 말해 성 박사에게 감사장이라도 하나 해 드리라고 하세요. 이런 고객이 어디 있어요. 성 박사는 이 택시 회사와는 아무 연고가 없다. 그런데 왜 이 택시만 고집하는지 알 수 없다. 그러나 그의 성정(性情)을 보면, 그럴 수도 있다는 생각이 든다. 그의 이상한 고집이다. 누구도 간섭할 수 없는 착한 고집이다. 이 고집이 어머니를 매일 만나러 간 힘이 되었을 것이다.

난 성 박사를 안 지 거의 20년이 다 되어 간다. 대구교대 윤리과 장 교수 소개로 알았다. 장 교수와 성 박사는 경북대학교 철학과 동기다. 나이는 둘 다 나보다 10년 아래 후배이다. 나이 차이는 있지만 오랜 친구이다. 어제도 셋이서 만나 저녁을 했다. 헤어지면서 장 교수가 나에게 귀띔한다. 요즘 선생님 글을 매일 읽는 열렬 독자로서 한마디 하겠단다. 글이 다 좋은데, 우리가 살아가는 얘기가 더 좋다고 하면서, 성 박사 얘기를 한번 써보라고 일러준다. 글을 쓰고 있는 이 순간까지도 성 박사에게 자신의 얘기를 내 블로그에 올려도 될지 물어보지는 않았다. 미담이라 소개하고픈 마음에서 쓴다.

나는 성 박사 어머니가 입원하고 계시던 병원을 몇 번 같이 간 적이 있다. 옆에서 보면 존경스럽다. 그냥 어머니를 케어하는 정도가 아니다. 어제 있었던 일 하나하나를 어머니 귀에 대고 속삭인다. 어머니는 의식이 없이 이 병원에 오셨다. 그런데 이제는 아들과 대화를 한다. 아들이 무슨 말을 하면 눈으로 응답하신다. 아마 이것이 어머니가 5천 일을 견디시게 한 힘이 아닐까? 주변 사람들은 말한다. 이제 아들을 위해서라도 눈을 감으시면 좋겠는데. 그런 얘기는 우리끼리 하는 말이다. 혹여 성 박사 귀에 들어가면 큰일 날 일이다.

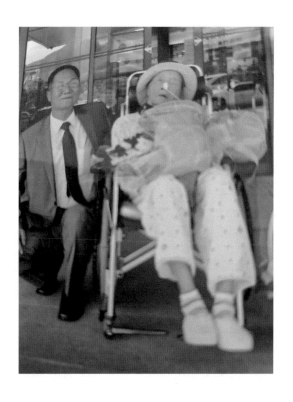

성 박사는 참 효자다. 오죽했으면 하늘도 감동한 효심이라고 했을까? 93세 어머니가 계시지만 효도 한번 제대로 못 하는 나로서는 후배에게 부끄러운 선배이다. 장 교수의 모친도 지난 9월 24일 소천하셨다. 내가 아는 장 교수 역시 성 박사 못지않은 효자이다. 나는 이 두 후배에게는 부끄러운 선배이다. 난 불효자이다. 불효자라고 말하기조차 어머니께 송구스럽다.

어머니를 모신 세월 15년이 너무 빨리 지나갔다. 그러다 보니 자신의 결혼은 생각조차도 못했다. 영남일보 기자와 인터뷰하면서 성 박사는 어머니가 앞으로 10년은 거뜬할 거라고 했다. 어머니는 2020년 4월 5일 돌아가셨다. 10일을 넘기지 못할 거라는 의사의 진단과는 달리, 15년 가까이 사시다가 돌아가셨다. 의학적으로도 기적이다. 어머니가 아들 곁을 쉽게 떠나지 못한 것은 아직 결혼하지 못한 막내아들 걱정 때문일지도 모른다. 우리는 성 박사에게 결혼할 여자 분과 함께 어머니 문병하러 가면 어머니가 벌떡 일어나실 거라고 농담 반 진담 반으로 말하곤 했었다. 그의 논지는 또렷하다. 결혼에 신경 쓰면 어머니 모시는 데 소홀하게 된다는 것이다.

영남일보에 기사가 실릴 당시 성 박사 나이가 44세였다. 지금 60이다. 세월이 많이 흘렀다. 효를 그리 소중한 덕목으로 여기지 않는 우리 사회에서 아름다운 얘기라 생각되어 글을 써 본다. 성 박사를 아끼는 주변 사람들은 당시 영남일보에 미담이 소개되면 혹 성 박사에게 혼사 문제로 연락이 올지도 모른다는 기대를 했었다. 어머니를 모시다가 결혼도 놓친 노총각 성 박사가 드디어 결혼하는 게 아닌가 하고 내심 연락을 기다렸다.

물론 성 박사 본인은 이런 생각을 전혀 하지 않았겠지만. 그런데 성 박사는 아직도 총각이다. 효심 지극한 아들을 별로 좋아하지 않는 세상인가 보다. 우리 모두 그 당시 아름다운 착각을 했었다. 올리지 말라는 성 박사를 설득해서 글을 올린다. 아름다운 얘기는 널리 알리는 게 좋은 게 아닌가? 난 이 얘기를 그의 효심이 이루어낸 '5014일의 기적'이라 부르고 싶다.

모란동백

우린 그저 산 게 아니라 살아낸 것이다. 담쟁이 넝쿨처럼 끈질기게 살아냈다. 어제 담쟁이 넝쿨에서 온몸을 부대끼며 살았던 군성의 무리가 '송년'이란 이름으로 모였다. '군성'(群星)은 대구 경대사대부설고등학교를 상징하는 별 무리란 의미다. 무리를 이루어 별처럼 지낸 게 벌써 50년 전 일이다. 매년 보내는 한 해이지만, 나이가 들어서 보내는 한 해라서 오늘은 더 아쉽다.

중학교 교무실에 붙어있던 '소년이로학난성 일촌광음불가경'(小年易老學難成 一寸光陰不可經)이란 메시지가 더 절실하게 다가온다. 중국 남송 주희(주자, 1130~1200)의 시에 나오는 구절이다. 소년은 늙기 쉽고 학문은 이루기 어려우니, 한순간의 짧은 시간도 가볍게 여기지 말라고 한다. 시는 이어진다. '미각지당춘초몽 계전오엽이추성(未覺池塘春草夢 階前梧葉已秋聲)' 못가의 봄풀은 아직 꿈에서 깨지 못했는데, 섬돌에 떨어지는 오동나무 잎사귀는 가을을 알린다.

나이가 들어가면서 우린 자신의 얼굴에 책임을 져야 할 때가 된 것 같다. 젊은 시절엔 거울을 보면서 역시 난 나야! 난 그래도 잘 나가고 있어! 하고 자위했다. 그때 나의 거울은 나였다. 하지만 나이가 들면서 나의 존재를 방문하는 타자의 존재에 귀를 기울이지 않을 수 없다. 난 타자 때문에 나일 수 있었다는 걸 깨닫게 된다. 그저 내가 내가 된 게 아니다. 그래서 프랑스 철학자 라캉은 '나는 타자'라고 외친다. 우린 별 무리가 되어 서로를 닮아가면서 살았다. 정체성이 가장 민감한 6년을 같은 공간에서 살았던 우리다. 그 공간 안에서 서로를 닮으려고 애썼다. 친구가 공부를 잘하면 닮고 싶었고, 멋진 여학생을 사귀면 나도 그러고 싶었다. 친구는 나의 거울이었다. 그 얼굴이 내 얼굴이었다. 나는 나를 들여다볼 수 없다. 거울이 있어야 본다. 그 거울은 친구이다. 그저 친구인 줄 알았는데 그는 바로 나였다. 나를 나로 볼 수 있게 하는 거울이 친구다. 머리는 하얗게 서리를 맞아도 얼굴은 50년 전 그 얼굴이다. 우리 동기의 영원한 리더인 한영환 회장의 얼굴에 하얀 세월이 고스란히 내려앉았다. 내려앉은 그 모습이 내 모습이다. 내 삶의 거울이었고, 앞으로 영원한 거울이 되어 줄 동기들이 고맙다.

어제 송년 모임 장소인 연경 반점 2층, 큰 둥근 탁자를 중심으로 10명씩 서로의 얼굴을 마주 보며 둘러앉았다. 우린 어쩌면 친구의 얼굴에 책임을 져야 할 때일지도 모른다. 젊을 땐 나 중심일 수밖에 없었다. 하지만 이젠 내가 아닌 친구가 내 존재의 주인으로 성큼 와 있다. 살기 바빴던 시절에는 망각하고 살았던 친구가 이제 내 존재의 빛이 되어 나를 비추어준다. 참 고마운 친구들이다. 이젠 친구가 힘들고 아플 때 아픔을 함께 나누며 살아야 할 나이다. 나를 '나'로 있게끔 해 준 친구들이 정말 고맙다. 나에게 '동기'라는 정체성을 허락해준 친구들이다. '고등학교 동기'라는 맑은 공동체의 일원으로 함께 있다는 것 자체가 감사할 따름이다.

조선의 선비들은 담쟁이를 군자에 빌붙어 사는 소인처럼 규정했다. 빌붙어 사는 소인배 취급을 했다. 그런데 우린 그 소인배들 숲에서 자라 이제 모든 사람이 부러워하는 군자로 자랐다. 담쟁이 넝쿨 속에서 우린 저마다의 군자의 꿈을 꾸었고, 그 꿈을 실현했다. 당당한 군자로 마주하는 동기들이 오늘따라 더 자랑스럽다.

나이 70이면 이제 죽음에 가까이 온다. 우리 곁을 최근에 떠난 친구도 있고, 먼저 서둘러 떠난 친구도 있다. 죽음은 단 한 번이다. 그래서 삶도 단 한 번이다. 삶은 리허설이 없다. 이제 남은 시간 서로 서로의 거울이 되어 비추어주는 우리였으면 좋겠다. 언제 찾아올지 모르는 게 죽음이다. 죽음의 불확정성이다. 그리고 다른 사람이 아닌 내가 죽어야 한다. 우린 죽음이라는 길고도 지루한 장례를 치르는 중이다. 그 애달픈 여정에 서로의 별이 되자. 군성, 별 무리가 되어 서로를 위로하자. 그 시간도 그리 길지 않다. 모든 걸 내려놓고 군성의 정자(亭子)에 앉아 쉬면서 천천히 가자.

아쉽게도 먼저 서둘러 떠난 동기가 꽤 있다. 나는 올해 고등학교 동기 절친 둘을 잃었다. 한 친구는 고등학교와 대학 다닐 때 나의 빈 주머니를 우정으로 채워 주었던 김영권이다. 그는 넉넉한 집안에서 태어나 귀공자처럼 여유 있게 살았다. 밥값도 술값도 누구보다 먼저 계산을 했던 마음이 풍성한 친구였다. 그랬었던 친구가 석 달 전 세상을 떠났다. 당뇨로 고생했다. 나이가 들어 서울에서 하던 사업을 접고 가족이 경북 예천으로 내려왔다. 하나밖에 없는 발달 장애가 심한 장성한 아들을 케어하기 위해 아무런 연고도 없는 시골로 내려왔다. 장애를 가진 자식을 둔 부모가 다 그렇듯, 친구 역시 자식 때문에 많이 힘들었을 것이다. 자신은 일주일에

세 번을 투석하려니 안동 병원 가까이 집을 얻어 혼자 지냈다. 그러던 어느 날 안동경찰서에서 나에게 전화가 왔다. '김영권 씨가 사망했다'고, 혼자 자다가 숨을 거두었다고. 숨지기 일주일 전 대구에 와 2박 3일 동안 보고 싶은 친구과 좋은 시간을 보냈었다. 아마 그때 자신의 죽음을 예상한 것 같기도 하다. 죽기 전 나와 통화한 기록이 있고, 이름이 나와 비슷하니까 형제로 알고 경찰서에서 나에게 전화를 했다. 그렇게 친구과 이별했다.

그때 친구와의 이별을 누구보다 슬퍼했던 또 한 친구 신윤환이 어제, 2023년 9월 7일 불의의 사고로 세상을 떠났다. 우린 그를 '육백'이라 불렀다. 재밌는 별칭이다. 대학 다닐 때, 생맥주 500cc 한잔을 시켜 먹고 더 먹고는 싶은데 돈은 없고 해서 100cc만 더 주면 안되겠냐고 주인에게 농담을 건냈던 게 이 별칭의 유래라고 들었다. 그 별칭만큼 그는 철학적 에토스가 듬뿍 담긴 만담으로 우리에게 늘 웃음을 선물했다. 그는 영남대학

교 건축가를 졸업했다. 평생 건축과 음악 두 나무를 키우며 살았다. 건축과 음악은 일란성 쌍둥이다. 건축은 얼어붙은 음악이다. 이런 점에서 보면 그는 드라이한 건축을 음악으로 화장한 예술가였다.

그는 나이 들어 경주에 살면서 음악 동호회인 모임인 문리버 밴드 회장을 맡아 봉사활동을 많이 했었다. 다음 달 있을 하나밖에 없는 아들 결혼식 준비를 하다가 홀연 떠났다. 참 먹먹하다. 어제 싸늘한 시신이 된 친구와 이별했다. 그는 우리에게 모란동백을 남기고 떠났다. 갑자기 들려오는 나지막한 색소폰 소리가 영안실을 울음바다로 만들었다. 그가 속해 활동했던 경주 음악 동호회 회원이 황망하게 떠난 그에게 이 노래를 헌정했다. 평소 친구는 회원들에게 자기가 죽으면 이 노래를 연주해달라고 했다고 한다. 그렇게 그는 음악을 하다가 음악과 함께 떠났다.

이 노래의 원곡자는 경남 밀양 출신 이제하이다. 그는 김영랑의 시 〈모란이 피기까지는〉과 조두남의 〈또 한 송이의 나의 모란〉을 좋아해서 그것들을 모아 '김영랑, 조두남, 모란, 동백'이라는 노래를 직접 작곡하고 직접 불렀다. 2012년 조영남이 〈모란동백〉으로 리메이크해 불러 유명해졌다. 이 노래는 조영남도 자신의 장례식장 곡으로 미리 정해 놓은 노래로 알려져 있다. 라훈아 역시 2020년 리메이크한 곡이다. 가수의 나이가 70이 다 되거나 넘어서 부른 노래다. 원곡자 역시 환갑에 작곡해 불렀다. 아마 이 노래는 나이 들어 인생을 회고하면서 부르기에 적합한 가사와 곡인 것 같다. 우린 모두 모란동백으로 이렇게 살다가 모란동백으로 저렇게 떠날 방랑객이다. 나 역시 언젠간 저 세상으로 앞서 소풍 떠난 친구를 뒤따라 가야 할 힘겨운 방랑객이다. 친구는 모란동백으로 다시 살아 우리 곁에 늘 함께 있으리라! 그를 추념하며 읊조려 본다.

모란은 벌써 지고 없는데
먼산에 뻐꾸기 울면
상냥한 얼굴 모란 아가씨
꿈속에 찾아오네(중략)

세상은 바람 불고 고달파라, 나 어느 변방에
떠돌다 떠돌다 어느 나무 그늘에
고요히 고요히 잠든다 해도
또 한 번 모란이 필 때까지
나를 잊지 말아요(하략)

신앙고백

일요일 주일 아침. 오늘 아침도 여전히 유튜브로 몇몇 대형교회 예배를 생방송으로 본다. 그냥 본다. 일요일마다 관람하듯 본다. 습관이 된 것 같다. 보지 않으면 왠지! 일종의 나만의 세리머니인 셈이다. 항상 방문하는 대형교회이다. 분당의 교회는 목사의 설교가 좋아서, 서초의 교회는 성가대가 좋아서, 그리고 용인의 교회는 그 교회에 참석하는 연예인 장로를 만나고 싶어서이다. 나야말로 전형적인 날라리 신자이다.

대구에도 몇 개의 대형교회가 있다. 대학원 다닐 때 읽고 리포트를 썼던 하비 콕스(Harvey Cox, 1929~)의 《세속도시》(1965)가 생각난다. 내가 기억하는 그 책의 내용은 도시 교회의 세속화를 부정적으로 분석하지 않는다. 그는 성(聖)과 속(俗)의 이분법에 묶여 교회가 세속화되어서는 안 된다는 주장을 비판한다. 그가 말하는 도시 교회의 세속화는 종교의 대중화이며, 교회는 자정 능력이 있어 세속화되면서 나타나는 역기능을 치유해 갈 수 있다고 말한다. 그가 말하는 세속화는 현대 종교의 필연적이며 또한 필요한 과정이다. 세속화가 극에 달해 속물화된다면, 스스로 치유할 수 있는 자정 능력이 있다고 희망적으로 진단한다.

나는 한때 교회를 다녔었다. 나는 모태신앙이다. 나는 교회 성가대 테너로 열심히 봉사했고, 장립 집사라는 중직(重職)을 감당(?)하기도 했었다. 난 그 당시 선데이 크리스천(sunday christian)이었다. 주일이 되면 성경을 들고 마치 출근하듯 도장을 찍고 오는 정도의 얕은 신앙생활을 했다. 나는 부모의 신앙을 본받지 못한 탕자 생활을 청산하지 못하고, 아직도 교회 문턱을 다시 찾지 않고 있다. 교회에 다닌다고 반드시 구원을 받는 것은 아니다. 그렇다고 교회에 속하지 않고서는 구원을 받을 수 없다. 아우구스티누스의 고백이다. 이 고백에 의하면 나는 구원의 대상이 될 수 없다.

한국교회는 자본으로 거대화되고 있지만, 과연 마르틴 루터의 개혁적 메시지를 어느 정도 지키고 있는지? 콕스의 말처럼 한국 대형교회가 자정 능력이 있는가? 물론 나의 이런 초라한 변명이 설득력이 얼마나 있을지는 모른다. 하지만 난 대형교회의 세속화를 속물화로 진단하는 데 주저

하지 않는다. 세습하는 대형교회를 남 일 보듯 하는 한국 기독교가 얼마나 더 속물화되어야 할지?

며칠 전 페이스북에서 고등학교 후배인 이광호 목사님을 만났다. 이 목사님과는 오래전 튀르키예를 두 번 같이 다녀왔다. 당시 이 목사님은 이슬람 선교단체의 한국 대표였다. 이 선교단체는 영국에 본부를 두고 있는데, 이슬람권 국가에 기독교를 전하는 단체이다. 튀르키예는 비교적 배타적이지 않아 가볍게 선교 활동을 할 수 있었다. 난 그저 목사님을 따라다니면서 관광을 하는 셈이었다. 벌써 30년 전의 일이다. 당시 항공료 포함 백만 원 정도로 2주간을 다녔다. 이스탄불과 에베소, 이즈미르 그리고 안탈리아 등지로 다녔다. 이 목사는 훌륭한 가이드였다. 영어는 물론이고 현지어로도 어느 정도 소통이 가능했던 가이드였다.

오랜만에 페이스북에서 만난 이 목사님은 여전하다. 우선 교회 홈페이지에 소개된 이 목사님 저서가 엄청나다. 많은 책을 꾸준히 내고 있다. 특강도 많이 다니면서 여러 곳에 글을 기고하는 공부하는 목사이다. 특히 사회적인 문제에 대해서도 올곧은 목소리를 내는 목사다. 이 목사는 튀르키예와 한국의 종교문화를 비교하는 주제로 철학 박사학위를 취득했다. 그의 페이스북의 팔로우가 1400명이나 된다. 그의 활동영역은 전 세계이다.

이 글을 쓰면서 이 목사님이 소환되는 것은 그의 개혁적 의지 때문이다. 그가 시무하는 교회는 한국개혁장로회 소속으로 경북 영천시 금호에 있다. 인터넷으로 보니 오래전 가보았을 때보다 많이 성장했다. 이 목사는 십일조나 주일성수를 강요하는 기존 교단에 대해 쓴소리했다는 이유로, 2003년 소속 교단과 노회에서 추방당했다. 이 목사가 시무하는 교회는 모든 연보(헌금)를 무기명으로 한다. 기존교회처럼 연보한 사람의 이름을 거명하며 기복적 기도를 하는 것을 금한다.

이 목사의 목소리는 작아서 신경을 써서 들어야 한다. 큰 목소리로 텍스트 자체를 지배하는 것을 금하는 듯하다. 작은 목소리에 더 집중하게 된다. 말씀 자체에 대한 과도한 해석이나 견강부회하는 설교는 지양한다. 텍스트 중심이다. 텍스트를 확대하거나 축소하는 설교를 피한다. 설교는 문학도 아니고 정치학도 그리고 철학도 아니다. 엄격히 말하면 신학도 아니다. 신학은 말씀을 온전하게 전하기 위한 도구일 뿐이다. 그 도구에 집착할 이유는 없다. 마치 물고기를 잡기 위해 그물이 필요했지만, 물고기를 잡고 나면 그물은 버려야 하듯. 현란한 신학적-이론적 설교는 일종의 도그마일 수 있다. 주어진 텍스트 바깥으로 소풍 나가 마치 피자 반죽하듯이 말씀을 요리하는 것은 흥미롭지만 자칫 말씀과는 다른 길을 가기 쉽다.

'솔라 스크립투라'(Sola Scriptura), '오직 성경으로'를 실천하는 개혁적 교회이다. 물론 내가 이 목사의 목회 방향에 대해 평가할 자격은 없다. 다만 그의 개혁적 의지가 존경스럽다. 유대교의 신을 부정했다는 죄로 유대인 집단으로부터 추방당한 철학자 스피노자를 연상하게 하는 대목이다. 잘못된 제도를 개혁하려는 그의 의지가 대단하다. 자신의 신념을 굽히지 않고 당당하게 말할 수 있는 그의 용기가 대단하다. 이 목사가 시무하는 교회는 대형교회의 부속 건물 정도의 크기다. 하지만 나에게 이 교회는 작지만 큰 교회이다.

내 창문 머리맡에 항상 와 계시는 주님, 벼룩의 간에도 와 계시는 주님, 이 게으른 늙은 탕자의 마음을 붙들어 주십시오. 교회는 건물이 아님을 다시 한 번 깨우치게 해 주십시오. 근대철학자들의 논리에 희생되어 실종된 주님, 이 알량한 철학의 커튼을 열고 들어와 저를 만나 주십시오. 철학으로 오염된 마음을 정결케 해주십시오. 오늘도 대구 남구 봉덕동 나의 집 창문으로 찾아오시는 주님을 떨리는 마음으로 맞는다.

철학자의 편지

지금보다 위로의 메시지가 절실할 때가 있을까? 오늘 아침 400년 전 네덜란드에서 출생한 한 철학자로부터 위로의 편지를 받았다. 우리 모두 너무 지쳐 있다. 스피노자가 우리에게 보내온 위로의 편지다. 오늘은 도서관 출근을 마무리하는 날이다. 6개월을 거의 신천 둔치를 걸어서 출근했다. 그 후유증으로 오른쪽 다리에 문제가 생겼다. 이젠 너무 무리해서 걷지 말라는 경고로 듣는다. 아침 일찍 병원에 들러서 침을 맞고 도서관으로 마지막 출근을 할 예정이다.

매일 보는 대구 신천의 물이지만, 오늘이 가장 아름답다. 매일 보는 백로고 잉어지만 오늘이 가장 활력이 넘친다. 조금 편해진 마음이 동신교 다리를 건너면서 불편했다. 무엇을 위한 공사인지는 모르지만 굴착기로 나무 둥치를 베어낸다. 자연에 대해 인간이 막말을 쏟아내는 현장이다. 나무 둥치를 가차 없이 끊어내는 인간의 비정함은 비릿함을 넘어 역겹다. 자연을 인간의 도마 위에 올려놓고 이리저리 마사지하고 요리하는 현장이다. 모두가 인간의 편의를 위한 퍼포먼스이다.

근대가 잉태한 인간중심주의는 자연에 대한 인간의 지배를 가능하게 한 이데올로기이다. 하지만 근대에도 탈근대를 선언한 철학자가 있었다.

스피노자이다. 근대는 인간이 보편이고, 다른 존재는 그 보편에 종속되어야 할 개체들이다. 하지만 스피노자에 의하면 이 개체 하나하나가 완전한 실재이다. 하나하나가 신의 양태다. 이 경우 '신'이라는 어휘는 인격적 초월자 개념과는 별개이다. 이런 생각은 유대인인 스피노자를 민족으로부터 추방당하게 하기에 충분하다. 민족의 이름도 사용하지 못하고 개명한다.

그는 평생 안경렌즈를 가는 일로 생활했다. 그가 죽기 4년 전, 1673년 2월 16일 군주로부터 하이델베르크대학 교수직을 수락해 줄 것을 요청받는다. 군주는 당신이 우리 대학에 오시면 철학자로서 만족한 삶을 누릴 수 있을 거라 하면서 교수직을 수락할 것을 정중히 요청한다. 하지만 스피노자는 이 편지를 받고 한 달 반 후인 3월 30일 교수직을 정중히 사양하는 답장을 보낸다. "학생들을 가르치는 데 몰두하자면, 저 자신의 철학 연구를 포기해야 하지 않을까 생각합니다. 또한, 공적으로 확립된 종교를 어지럽히는 모든 행동을 피해야 한다면, 제가 가르치고 연구하는 자유가 결국 제한받지 않을까 생각합니다.…… 삼가 말씀 올리오니, 저를 움직이는 것은 좀 더 나은 지위에 대한 희망이 아니라 다만 평안에 대한 사랑입니다."

그에게 정작 필요한 것은 자유와 마음의 평안이다. '자유'란 말마디는 도처에 있는데, 그 어디에서도 자유의 향기를 느낄 수 없다. 자유의 부재 시대에 우린 한 철학자의 편지에서 위로를 얻는다.

· 에필로그 ·

2022년 7월 12일부터 2022년 12월 16일까지 출근일기를 썼다. 첫 일기는 신천 둔치 수성교 하류 징검다리 건너 동로 쪽 파란색 벤치에 앉으면서부터 시작되었다. 글을 쓰기 시작한 지 정확히 일 년이 지난 오늘, 출판사로 최종 원고를 넘긴다. 넘기기 전 그 벤치를 다시 한 번 찾아서 앉고 싶다. 아침 일찍 신천 둔치로 나간다.

파라칸다는 자신의 붉은 심장을 한겨울 새의 먹이로 기꺼이 내어주기 위해 이제 막 푸른 싹을 틔우고 있다. 나비바늘은 꽃을 피워 막 나비처럼 날아갈 기세이다. 배롱나무는 샹들리에 같은 분홍빛 꽃을 피워 자신의 정체성을 다듬어 가기 시작한다. 며칠 사이 많이 내린 비로 무성히 자란 풀들은 지난 폭우로 쓰러졌던 상처를 치유한 듯 역동적으로 자랐다. 주변의 개나리도 내년 봄을 앞서 준비하는 듯하다. 신천의 수변 공원화 프로젝트로 인해 생태적 여건은 다소 바뀌었지만, 백로와 왜가리 그리고 잉어와 비둘기는 여전히 자유로움을 맘껏 연출한다.

살아있는 개체 하나하나에서 자유와 행복을 느낀다. 난 그 느낌을 재료로 나만의 철학 카페를 신천 둔치에 지었다. 척박한 현실에서 스스로 치유할 수 있는 사색의 정원을 지었다. 지나고 나니 짓는 매 순간이 행복했다. 벅차다. 살아있음에 벅찼고, 매일 걸을 수 있어서 감사했다. 난 나름대로 걸으면서 그리스인 조르바가 되었다. 나이가 들어가면서 오는 공허함을 걸으면서 생각하는 기쁨으로 채웠다.

내 나름의 철학 카페를 상상 속에 지을 수 있었던 것은 주변의 도움 없이 불가능했다. 후마네르 도서관 김노열 관장님의 배려에 감사드린다. 6개월 동안 책 속에 묻혀 사는 기쁨을 허락해준 관장님이다. 그는 경북대학교 철학과를 졸업하고 독일에서 유학했다. 특히 스피노자를 전공해 스피노자와 관련된 책이 많다. 나에겐 횡재다. 그 외에도 다양한 책이 많다. 말이 작은 도서관이지 8만 여권의 장서를 보유하고 있다. 책 속에 묻혀서 책 향기에 취해 참 행복하게 근무했다. 다시 한 번 관장님의 배려에 감사드린다. 그리고 나와 직장생활을 같이한 김기동, 김근중 두 분께 감사드린다. 행여나 내가 글 쓰는 데 방해가 될까 노심초사하면서 나를 도운 분들이다. 만약 이 세 분의 도움이 없었다면, 나의 철학 카페는 지을 수 없었다. 나의 글 행간 행간에 이분들에 대한 감사가 녹아 있다.

오늘 수성교 징검다리를 건너 동로를 지나 올라서면 항상 계시던 과일 파는 아저씨가 아직도 계신지 궁금해 확인했다. 여전히 같은 모습으로 그 자리를 지키고 계신다. 건강하면 된다. 그곳을 지날 때마다 힘든 세상을 함께 살아내는 동반자처럼 느끼곤 했었다. 내가 보기엔 그 아저씨가 가장 행복해 보였다. 여전히 그 자리에 계셔 주심에 감사드린다.

지금까지의 내 사유의 실마리는 독일 철학자 에드문트 후설이었다. 그는 독일 화가 알브레히트 뒤러(Albrecht Dürer, 1471~1528)의 동판화 〈기사, 죽음 그리고 악마〉(1513년)를 좋아했다고 한다. 기사(騎士)는 죽음과 악마의 유혹에도 흔들리지 않고 앞만 보고 간다. 후설은 1933년 이후, 나치의 탄압으로 깊은 생활고를 겪는다. 하지만 그는 한순간도 한눈팔지 않고 오직 학문의 길에만 정진했다. 나 역시 학문에 대한 열정 하나만으로 어두운 긴 터널의 출구를 향해 달려왔다. 벌써 '고희'(古稀)라는 매듭에 서 있다. 긴 세월, 크게 흔들리지 않고 한길만 달려올 수 있게 도와준 건 가족이었다. 무엇보다 불초한 이 자식을 위해 기도의 끈을 여전히 붙잡고 계시는 주순이 권사님, 죄송합니다. 사랑합니다.

(2023년 시월 둘째 날, 일흔 번째 생일 아침, 2022년 7월에 시작한 나의 출근일기를 마무리하다.)

신천에 철학 카페를 짓다

초판인쇄 2023년 10월 13일
초판발행 2023년 10월 13일

지은이 김영필
펴낸이 채종준
펴낸곳 한국학술정보(주)
주 소 경기도 파주시 회동길 230(문발동)
전 화 031-908-3181(대표)
팩 스 031-908-3189
홈페이지 http://ebook.kstudy.com
E-mail 출판사업부 publish@kstudy.com
출판신고 2003년 9월 25일 제406-2003-000012호

ISBN 979-11-6983-748-4 03100